中井陽子 編著
Yoko Nakai

大場美和子
Miwako Ohba

寅丸真澄
Masumi Toramaru

増田将伸
Masanobu Masuda

宮﨑七湖
Nanako Miyazaki

尹 智鉉
Jihyun Yoon
著

文献・インタビュー調査から学ぶ会話データ分析の広がりと軌跡

● 研究から実践まで

ナカニシヤ出版

はしがき

　本書の目的は，これまで国内外において会話データを用いたさまざまな分析（会話分析，談話分析など）がどのような社会的・歴史的変遷のもとで行われてきて，その研究成果がどのように社会に貢献してきたのか，その研究と実践の特徴を探ることです。そのため，本書では，談話レベルでの会話データを分析対象とした研究の総称を「会話データ分析」（中井 2012）とし，より広い枠組みから，その変遷や研究意義を再考したいと考えます。

　筆者らは，これまで日本語教育などの第二言語教育に携わってきており，また，さまざまな会話データを分析して，その成果を教育に活かそうとしてきました。そして，これまで日本語教育の分野でどのような会話データを用いた研究が行われてきて，その研究成果がどのように教育現場に還元されてきているのかといった「研究と実践の連携」のあり方に関心をもちました。そこで，実際に学会誌に掲載されている論文の調査を行いました。さらに，そうした論文のなかの記述だけではわからない教育者・研究者たちの研究に対する考え方や研究の経緯，会話データ分析の研究成果の活かし方の具体例についてもより深く探りたいと思いました。そこで，会話データ分析を行ってきた教育者・研究者に実際に会ってインタビュー調査を行い，具体的にどのような経緯で研究と教育の世界に入り，どのように会話データ分析の意義を見出し，社会に役立てようとしてきたのか，各々の軌跡について，貴重なお話を色々伺いました。

　本書では，そうした会話データ分析の論文と教育者・研究者を対象とした調査結果をもとに，これまでの会話データ分析の特徴がどのように変わってきたかという変遷と，その研究成果がいかに活用されてきているのかといった「研究と実践の連携」の具体例を豊富に紹介します。本書を通して，より多くの方に会話データ分析の研究と実践の軌跡とその魅力を体感していただきたいと思います。そして，これまでの会話データ分析の傾向と変遷を知り，読者自身の研究方法や今後の研究の方向性を考える際の参考にしていただけることを願います。また，これまでの会話データ分析の活用法を知ることで，読者自身の研究がいかに社会に役立てられるかのヒントにしていただくことも目指したいと思います。

　本書では，日本語教育の分野において行われてきた会話データ分析を主に取り上げています。そのため，日本語教師を目指す学部生・大学院生，現職日本語教師，

日本語教員養成を行う教員の方々の参考になると考えます。それだけでなく，その他の外国語教育の分野や会話データを扱うさまざまな分野の教育者・研究者にとっても教育や研究の大いなるヒントになると信じます。また，会話データ分析を専門に行う教育者・研究者，会話データ分析の研究手法に興味のある方，会話データ分析の活用法を知りたい方などにもぜひ読んでいただきたいと思います。

本書の構成は，まず，第1部で会話データ分析を活かした「研究と実践の連携」とは何かについて述べます。まず，会話データ分析にはどのようなものがあり，どのような変遷のもと発展してきたのかについてみます。次に，会話データ分析と教育現場の関係についてみます。そして，会話データ分析を活かした「研究と実践の連携」の必要性について述べます。

これをもとに，第2部の文献調査と第3部のインタビュー調査で得られた内容をまとめます。第2部の文献調査では，日本国内，米国，豪州，韓国で発行されている主要な日本語教育関連の学会誌に掲載されている会話データ分析論文の特徴と研究成果の活かし方を探ります。

次に，第3部のインタビュー調査では，これまで日本語教育の分野で会話データ分析を行ってこられた著名な教育者・研究者12人による研究と実践の語りを紹介し，実際にどのような「研究と実践の連携」が行われてきたのかについて検討します。

各章の最初には Point をまとめ，文献調査とインタビュー調査の内容の要点をつかんで読みやすくしています。そして，調査内容を読み終えた後に，その内容を踏まえて「考えてみよう！」に挙げてある質問項目に取り組んでいただけるようになっています（ナカニシヤ出版ホームページにて公開：http://www.nakanishiya. co.jp/book/b313405.html）。それによって，各調査内容をより読者自身に結びつけて考えられるようにし，皆さんの今後の研究と実践に活かすヒントとしていただけることをねらいとしています。

そして，本書の最後に，個々の文献調査とインタビュー調査からみえてきたことをもとに，会話データ分析の「研究と実践の連携」の可能性について俯瞰的にまとめたいと思います。巻末資料には，12人の教育者・研究者に対するインタビュー調査の結果から得られた「会話データ分析の活用法」のリストを掲載しました。

なお，本書は，科学研究費（基盤研究（C））「会話データ分析の活用法の研究──「研究と実践の連携」のための教員養成用の教材開発」（研究代表者：中井陽子，平成25-27年度，25370581）の成果をまとめたものです。本書をまとめるにあたって，

さまざまな方々のご協力を得ました。まず，ナカニシヤ出版編集部長米谷龍幸氏に大変お世話になりました。本書の企画に興味をもってくださり，内容の面でも色々と貴重なアドバイスをくださいました。本書の価値を見出してくださり，出版物としてより多くの方と共有できるように世に出してくださり，本当にありがとうございました。また，文献調査やインタビュー調査を行うにあたって，資料整理など，細々とした作業のお手伝いをしてくださった大学院生・学部生の皆さま（廣居美樹氏，マーヤ・スケンデル氏，朴美貞氏，高田光嗣氏，村川永氏，白川七菜氏，長岡香織氏，山下慧貴氏，木村英莉子氏）のご協力なしには，膨大な文献やデータをまとめることはできませんでした。そして，ご多忙ななか，インタビュー調査にご協力くださり，会話データ分析についての貴重なお話を語ってくださった教育者・研究者の皆さまに感謝申し上げます。先生方のお話を伺うことで，これまでの自分を振り返り，そして今後の自身の歩むべき道先を照らしていただきました。このような貴重な機会に恵まれたことを幸せに思います。

2017 年 7 月

執筆者代表　中井陽子

目　　次

はしがき（中井）　*i*

第1部　会話データ分析を活かした「研究と実践の連携」

第1部の概要説明（中井）　*1*

第1章　会話データ分析の変遷（中井・大場・寅丸・増田）————*3*
1　はじめに　*3*
2　海外の会話データ分析の変遷　*5*
3　日本国内の会話データ分析の変遷　*10*
4　まとめ　*13*

第2章　会話データ分析と教育現場の関係（中井）————*17*
1　はじめに　*17*
2　外国語教授法の変遷と会話データ分析の関係　*18*
3　会話データ分析を活かした日本語教育実践　*21*
4　会話データ分析を活かした指導学習項目と教材開発　*22*
5　まとめ　*23*

第3章　「研究と実践の連携」の必要性（中井）————*26*
1　はじめに　*26*
2　教育者・研究者による「研究と実践の連携」　*29*
3　学習者による「研究と実践の連携」　*32*
4　まとめ　*33*

第1部のまとめ：会話データ分析の変遷と教育現場の関係（中井）　*36*

第2部　会話データ分析の変遷の文献調査

第2部の概要説明（中井）　*39*

第4章　日本における会話データ分析の変遷（大場・中井・寅丸）————*42*
1　はじめに　*42*
2　調査対象の論集　*43*
3　分　析　*44*

目　次　*v*

　　4　まとめ　*49*

第5章　米国における会話データ分析の変遷 （増田・中井）――――― *54*
　　1　はじめに　*54*
　　2　調査対象の論集　*55*
　　3　分　析　*56*
　　4　まとめ　*61*

第6章　豪州モナッシュ大学関係者による会話データ分析 （宮﨑）――――― *66*
　　1　はじめに　*66*
　　2　調査対象の論文と分析項目　*68*
　　3　分　析　*68*
　　4　まとめ　*74*

第7章　韓国の日本語教育における会話データ分析の概観 （尹）――――― *78*
　　1　はじめに　*78*
　　2　調査対象の論集　*79*
　　3　分　析　*79*
　　4　まとめ　*83*

　　第2部のまとめ：国別調査からみえてくるもの （中井）　*87*

第3部　会話データ分析を行う教育者・研究者へのインタビュー調査

　　第3部の概要説明 （中井）　*91*

第8章　北條淳子先生へのインタビュー （中井）――――― *94*

第9章　南不二男先生へのインタビュー （中井）――――― *107*

第10章　杉戸清樹先生へのインタビュー （寅丸・中井）――――― *118*

第11章　三牧陽子先生へのインタビュー （大場）――――― *132*

第12章　文野峯子先生へのインタビュー （寅丸）――――― *146*

第13章　森純子先生へのインタビュー （増田・宮﨑）――――― *159*

vi

第 14 章　リンゼー四倉先生へのインタビュー（中井）————— *174*

第 15 章　大野剛先生へのインタビュー（増田・宮﨑）————— *189*

第 16 章　宮崎里司先生へのインタビュー（宮﨑）————— *200*

第 17 章　韓美卿先生へのインタビュー（尹）————— *213*

第 18 章　任榮哲先生へのインタビュー（大場・尹）————— *225*

第 19 章　櫻井恵子先生へのインタビュー（尹）————— *239*

第 3 部のまとめ：12 人のインタビュー調査からみえてくるもの（中井）　*251*

おわりに：「研究と実践の連携」の可能性（中井）　*255*

巻末資料：会話データ分析の活用法
　　　　　（12 人の教育者・研究者へのインタビュー調査をもとに）（中井）　*262*

ちょっとひといき①：実践研究を支える会話データ分析（寅丸）　*53*
ちょっとひといき②：会話データ中の「質問」の分析（増田）　*64*
ちょっとひといき③：イマージョン・プログラム（宮﨑）　*77*
ちょっとひといき④：人間っぽいロボットの開発を支える会話データ分析（尹）　*86*
ちょっとひといき⑤：多人数会話の分析とその後の発展（大場）　*131*
ちょっとひといき⑥：介護の現場と日本語教育をつなぐ会話データ分析（大場）　*212*

考えてみよう！（http://www.nakanishiya.co.jp/book/b313405.html）

第1部
会話データ分析を活かした
「研究と実践の連携」

第1部の概要説明

　現代社会では，人と人とのネットワークが広がり，コミュニケーションの方法も
より複雑化してきました。特に，家族や仕事場だけの閉ざされた親密な関係だけで
なく，より多様な人々とのコミュニケーションが増え，さらに，国や文化を越えた
人々とのやりとりも求められるようになりました。つまり，小さな限られた社会で
生きていたのが，現在ではより複雑化して広がった社会でいかに生きていくかを考
えていく時代になったといえます。

　そのため，人々から成る社会とはそもそもどのように構成されており，そこで暮
らす人々のコミュニケーションが実際にどのように成り立っているのかを知る必要
性が増してきました。そこで，社会を知るためには，その最小単位である会話の仕
組みをみる必要があるという考え方が出てきました。社会を映しだす日常の会話を
分析することで得られた知見は，我々が人とどのように接して，コミュニケーショ
ンを図りながら社会のなかで生きていけばよいのか教えてくれることでしょう。

　特に，日本語教育の立場からみると，日本語という外国語を学んでコミュニケー
ションを行わなければならない学習者のために，日本語でのコミュニケーションの
あり方を会話データ分析によって研究し，その成果を教育現場に活かしていくこと
が求められます。また，日本語教師にとっても自身のコミュニケーションの仕方を
振り返り，学習者や自身の身のまわりの人々といかに接していくべきかを会話デー
タ分析によって考え直す機会となるでしょう。

そこで，第1部では，まず，第1章で海外と日本国内における会話データ分析がどのように始まり，どのように発展してきたのか，その変遷を概観します。それをふまえて，第2章で会話データ分析が教育現場にどのように関わってきているのかをみます。そして，第3章で会話データ分析を活かした「研究と実践の連携」の必要性について述べます。これらにより，第1部では，会話データ分析の変遷と教育現場の関わりをみて，「研究と実践の連携」にはどのようなものがあり，その必要性は何かについて，大きな視点からみたいと思います。そして，第2部の文献調査と第3部のインタビュー調査の内容について，会話データ分析の変遷という大きな流れのなかでとらえやすくすることを目指します。

（中井陽子）

第1章
会話データ分析の変遷

中井陽子・大場美和子・寅丸真澄・増田将伸

Point

▶会話データ分析は，多様な研究分野・分析対象で行われてきた。

▶文を越えた談話レベルでの会話データ分析を行うことで，会話の構造・機能などの特徴を探ることができる。

▶会話データ分析は，人間のコミュニケーションの実態を解明するために有効な手法である。

1 はじめに

　本書の「会話データ分析」（中井 2012）という概念は，談話レベルでの会話データを分析対象とした研究の総称として使用しています。こうした談話レベルで会話データを分析する研究は，言語学だけでなく，その隣接分野（心理学，社会学，文化人類学，認知科学，情報工学など）の知見も取り入れながら，学際的な研究領域として発展してきています（高崎・立川 2010）。また，言語学では書き言葉を対象とした分析が数多く行われてきていましたが，話し言葉を分析することによって，人々のやりとりの仕組みについて社会や文化との関係からとらえようとする研究もみられるようになりました。

　このように，会話を談話レベルで分析する研究は，図1-1 にあるように，多様な分野において行われてきたといえます。

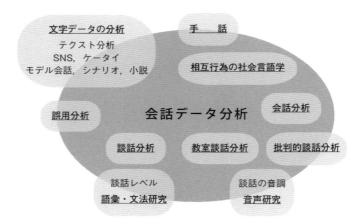

図 1-1　会話データ分析の枠組み

　図 1-1 をみると、さまざまな研究分野、分析対象の重なりがみられます。たとえば、研究分野でいえば、会話分析、談話分析、相互行為の社会言語学、教室談話分析、批判的談話分析などです。その他、誤用分析、対照分析、語用論、ジャンル分析、インタビュー分析、発話思考法などのうち、談話レベルで分析しているものも会話データ分析の枠組みに入ります。また、分析対象としては、談話構造・会話の現象だけでなく、談話レベルで語彙・文法、非言語行動、音声、手話などを分析しているものも入ります。さらに、小説のなかの会話や日本語教科書のなかのモデル会話のほか、最近では、SNS（social networking service）など、会話の特徴をもった文字媒体でのやりとりを分析するものもあります。
　こうしたさまざまな研究分野や分析対象を「会話データ分析」という枠組みで包括的にとらえることのメリットは、既存の概念にとらわれることなく、談話レベルで会話データを分析しているという共通性に積極的に着目し、これまでの研究をとらえなおせる点です。そして、「会話データ分析」という統一した概念で多様な研究分野や研究対象を見直すことで、異なる研究分野でも談話レベルでどのような会話データ分析の成果があるのかという視点で学ぶことができるようになります。また、その研究がどのような背景で行われ、その成果がその分野ではどのように活用されたのか関心をもつことができるようになるでしょう。
　そこで、本章では、「会話データ分析」という観点から、海外と日本国内でこれま

で行われてきた主な研究の変遷について概観します。その際，第2部の文献調査や第3部のインタビュー調査に出てくる重要な概念についてもできるだけ触れるようにします。これをふまえて，第2部の文献調査と第3部のインタビュー調査の内容が会話データ分析の変遷のなかでどのように位置づけられるのか，大きな流れのなかでとらえやすくすることを目指します。

2　海外の会話データ分析の変遷

　ここでは，海外の会話データ分析の変遷についてみていきます[1]。談話レベルで言語を分析しようとする動向がみられるようになった背景には，「人と人との相互行為における人間のダイナミックな言語使用の実態をとらえる必要性が認識されるようになった」（岡本 2005: 342）ことがあります。特に，会話が行われる社会的な文脈を考慮に入れた分析が徐々に行われるようになってきた変遷がみてとれます。

　表1-1は，年代別に会話データ分析と関わりのある海外の主な研究をまとめたものです。年代別にまとめてみると，表1-1からも，図1-1同様に，大きな研究分野でまとまっているものから，小さな研究の枠組みを示すものまで，多様な広がりのある概念が会話データ分析に関わっていることがわかります。

　こうした会話データ分析の研究は，主に，言語学の分野から始まり，その後，言語学の隣接分野の影響も受けて発展し，近年ではさまざまな分野への広がりをみせています。以下，まず，言語学の分野から始まった会話データ分析の変遷をみます。次に，言語学の隣接分野の影響を受けて発展した会話データ分析の変遷をみて，最後に，その後の会話データ分析の広がりについてみます。

2-1　会話データ分析のはじまり（言語学）

　ハリス（Harris 1952）は，言語学の主な研究対象がまだ単一の文であった頃，「談話分析」についての論文を発表しました。それ以後，談話レベルの大きなテクスト（全体としてまとまりのある言語単位）における言語要素の分析や，言語と社会的場面との関連を明らかにするための分析が始まり，談話に関する理論や研究が広

---

1) レビンソン（Levinson 1983），メイナード（1993），橋内（1999），カメロン（Cameron 2001），マイヤー（Meyer 2001），ヴォダック（Wodak 2001），高原ほか（2002），林（2008）などを参考にしました。

6

表 1-1　会話データ分析の変遷（中井ほか（2016）を改変）

◆ 1950 ／ 60 年代〜

・談話分析（Harris 1952; Halliday & Hasan 1976）
・対照分析（Lado 1957）
・コミュニケーションの民族誌（Hymes 1962, 1967, 1972, 1974）
・語用論（Austin 1962; Searle 1969; Grice 1975）
・社会言語学（Labov 1966）
・エスノメソドロジー（Garfinkel 1967）

◆ 1970 年代〜

・非言語行動の分析（Birdwhistell 1970）
・会話分析（Schegloff & Sacks 1973; Sacks, et al. 1974; Sacks 1984, 1992）
・ポライトネス理論（Lakoff 1973, 1975; Brown & Levinson 1978, 1987; Leech 1983）
・教室談話分析（Sinclair & Coulthard 1975; Coulthard 1977）
・批判的談話分析（Kress & Hodge 1979; Fowler et al. 1979; Van Djik 1987, 1993, 1998; Fowler 1991; Hodge & Kress 1988; Kress & Leeuwen 1998）
・制度的場面の会話データの分析（Atkinson & Drew 1979; Drew & Heritage 1992; Silverman et al. 1998; Philips 1998）

◆ 1980 年代〜

・テクスト言語学（Beaugrande & Dressler 1981）
・相互行為の社会言語学（Gumperz 1982; Tannen 1987, 1993）
・対照談話分析（Hinds 1983）
・ジャンル分析（Swales 1985, 1990）

◆ 1990 年代〜

・マルチモーダル分析（Kendon 1990; McNeill 1992）
・相互行為言語学（Ochs et al. 1996; Selting & Couper-Kuhlen 2001; Couper-Kuhlen & Selting 2018）

まりました。そして，談話という文を越えた単位に言語学の理論や技法を応用して分析する狭義の「談話分析」（DA: discourse analysis）が行われるようになりました。たとえば，ハリデーとハサン（Halliday & Hasan 1976）の選択体系機能文法（systemic functional grammar）では，談話のなかでの語句のつながりをみる「結束性（cohesion）」や，新情報と旧情報がどのような順番で出てくるのかをみる「情報構造（information structure）」などの談話文法が研究されています。

　さらに，語用論の分野では，哲学者のオースティン（Austin 1962）が発話はそれ自体が行為であるという「発話行為理論」を提唱し，それをサール（Searle 1969）が再構成しました。その後，グライス（Grice 1975）が発話の言外にほのめかされた「含意（implicature）」や，コミュニケーションが成立するために必要な

量，質，関連性，作法に関する「協調の原理（cooperative principle）」を提唱しています。さらに，それを補完するものとして，リーチ（Leech 1983）は，「丁寧さの原理（politeness principle）」を提案しています。また，ブラウンとレヴィンソン（Brown & Levinson 1978, 1987）は，人々が言語を使用する際にいかに双方の「面子（face）」を維持しながら社会的関係を構築しているかを探る「ポライトネス理論」を提唱しています。

このように，言語の分析は，単文レベルから談話レベルに発展し，談話文法や談話の構造，機能の他，言語による人々の社会的関係の作り方までみるようになったといえます。

2-2　会話データ分析の発展（隣接分野の影響）

文化人類学者であるハイムズ（Hymes 1962, 1967, 1972, 1974）は，言語使用は言語のみで完結されるのでなく，言語が用いられるコンテクスト（文脈）のなかでとらえられるべきだと考えました。そして，状況設定（setting），参加者（participants），目的（ends），行為連続（act sequence）などの点から総合的にコミュニケーション活動を分析しました。このように，言語学と人類学の両方の領域にまたがってコンテクスト全体をとらえることを目指すアプローチは「コミュニケーションの民族誌（ethnography of communication）」と名づけられており，社会言語学的観点に立つ研究として知られています。

さらに，社会学では，ガーフィンケル（Garfinkel 1967）の研究をもとにエスノメソドロジー（ethnomethodology）という方法論が生まれました。これは，人々が「社会の成員」（ethno=member）として日常生活を送る際，どのようにその場の状況に即してふるまい，社会的秩序を達成しているかといった実践のやり方（method）を記述するものです。

こうしたエスノメソドロジーの影響を受けて，最も身近な社会的行為である日常会話に着目し，そこで起こる相互行為上の手続きを記述したのが会話分析（CA：conversation analysis）です（Sacks 1992）。会話分析では，日常会話を録音・文字化して分析することで，会話のなかで繰り返し起こるパターンを発見し，そこで「何が現実に起こっているか」を探ろうとしました。代表的な研究であるサックスら（Sacks et al. 1974）では，発話順番の交替（turn-taking）の手続きが解明されました。会話のなかで誰がどの順番で話すかはあらかじめ決まってはいないにもかかわらず，人々はその場の状況に応じたやり方で発話順番の交替を成し遂げており，

そのやり方には一定の体系が見出せます。そのように会話のなかで瞬間瞬間に組み立てられていく秩序の記述が会話分析によって進められました。後に，特に文法現象など会話の言語的要素を研究対象とし，会話分析の手法を用いてとらえなおしを行う相互行為言語学（interactional linguistics）というアプローチも生まれました（Ochs et al. 1996; Selting & Couper-Kuhlen 2001; Couper-Kuhlen & Selting 2018）。

このように，会話データ分析には，隣接分野の影響を受けて発展し，言語を社会的文脈のなかでとらえるとともに，人々の会話でのやりとりから社会的秩序を探ろうという姿勢がみられます。

2-3　近年の会話データ分析の広がり

近年では，会話データ分析を通して，そこで発見した現象を他言語と比較したり，批判的に分析したりする研究も生まれ，多様な会話データ分析が行われるようになりました。たとえば，使用言語によって世界観や認識が差異化されるというサピア＝ウォーフなどの仮説の影響を受けた対照談話分析（Hinds 1983）では，異なる言語の対照分析が談話レベルで行われ，言語によって世界観や認識が異なることが示唆されました。また，談話分析に批判性を取り入れた批判的談話分析（Kress & Hodge 1979 など）では，メディアなどにおける言語使用の分析を通して，談話のなかに埋め込まれた上下関係，性差などの権力関係が明らかにされました。私たちは社会や文化的なコンテクストの拘束を受けながら生きており，意識的・無意識的にかかわらず，自分たちが生活をする社会環境や人間関係を談話に反映させています。そのような談話を批判的に分析すれば，言語面から社会の様相を知ることができるのです。

こうした談話のなかの社会性を明らかにする会話データ分析は，ガンパーズ（Gumperz 1982），および，その研究を受け継いだタネン（Tannen 1987, 1993）などの相互行為の研究にもみられます。これらの研究では，話し手と聞き手が属する社会，文化などを考慮に入れて相互行為の実態について分析する「相互行為の社会言語学（interactional sociolinguistics）」を提唱しています。

以上のような会話データ分析は，どちらかといえば，同一言語を使用する国や地域といった広い範囲で使用されている言語使用の実態を通して，その社会の特徴や問題点を明らかにする研究手法です。一方，それよりも小さな範囲，すなわち特定のディスコース・コミュニティにおける談話の特徴を明らかにするという会話データ分析も生まれました。たとえば，教室場面における教師と生徒のやりとりを分

析する教室談話分析（Sinclair & Coulthard 1975; Coulthard 1977）が挙げられます。こうした教室場面のほか，医療場面（Silverman et al. 1998），法廷場面（Atkinson & Drew 1979; Philips 1998）などの制度的場面における談話の特徴を明らかにしようとする制度的場面の会話データ分析も行われるようになりました。また，ジャンルの違いによる談話の語彙・文法・情報などの特徴の違いを明らかにしようとするジャンル分析（Swales 1985, 1990）などもあります。このような会話データ分析によって，国や地域という広い範囲の談話のみならず，特定のディスコース・コミュニティ，あるいは，より小さなジャンルにおける談話の実態が明らかになってきました。時代の流れとともに，会話データ分析の対象範囲が細分化してきたといえます。

　一方，言語だけではなく，視線やあいづち，手の動き，ジェスチャーなどの非言語行動に焦点をあてて分析を行う研究もみられます。これらの研究では，会話参加者の非言語行動からコミュニケーションの様相を分析することで，社会の実態をあぶりだしていこうとしています。近年，言語行動と非言語行動を併せて会話参加者の相互作用を分析するマルチモーダル分析も幅広く行われるようになり（Kendon 1990; McNeill 1992），会話データ分析の分析項目も広がりをみせています。

2-4　海外の会話データ分析の変遷のまとめ

　以上のように，海外における会話データ分析は，文を越えた談話レベルでの会話の構造や機能の特徴を知り，語彙・文法レベルだけでは説明ができない人間のコミュニケーションの仕組みを明らかにしようとしてきたことがわかります。そして，会話データ分析は，言語学だけでなく，多様な研究分野で発展し，分析対象や範囲の広がりをみせてきました。特に，会話の話し手と聞き手がどのようなやりとりをしているのか，会話が起こる社会的な文脈を考慮し，実際の会話データから探る試みが盛んになってきました。こうした社会のなかで実際に行われている会話のデータを分析して会話の仕組みを理解することで，我々が住む社会そのものがどのように成り立っているのかも理解することができると考えられます。つまり，会話データ分析は，日常の会話から社会を知るということだといえるでしょう。

10

3 日本国内の会話データ分析の変遷

3-1 時代別の会話データ分析の変遷

　日本では，戦後から談話レベルの研究が盛んに行われてきました（南 1995）。南（1995）は，1960 年代以前～ 1990 年代中頃にかけての談話の研究を「文章論の時代」「過渡期」「談話分析の時代」という 3 つの時代に区分しています。以下，南（1995）の議論をまとめます。

1）文章論の時代（1960 年代以前）

　「文章論の時代」は，「言語過程説」で知られる時枝誠記が文章論の必要性を説いた（時枝 1950）ことから始まるとされています。この「言語過程説」とは，話し手（書き手）と聞き手（読み手）による「表現 – 理解」の過程として，ことばというものをとらえようとするものです。この流れを汲み，市川孝，永野賢，林四朗が文章構造の研究を行ったとされています。また，樺島（1964）などでは，実際のデータの計測的分析による言語行動（コミュニケーション行動）[2] のモデルが提案されています。さらに，国立国語研究所（1953, 1955 など）で，鶴岡における 24 時間調査や，談話語の実態研究が行われ，実際の会話を録音して文字化・分析することで，地域社会の言語生活を調査するという試みが行われました。このように，分析対象が書き言葉から話し言葉へと広がり，書き言葉のデータの分析手法を話し言葉の分析に活かそうとする動きが出てきたものと考えられます。

2）「過渡期」（1970 年代～ 1980 年代はじめ）

　この時期は，前の「文章論の時代」の研究が引き続き行われるとともに，海外での研究が取り入れられて，さまざまな文章・談話の研究が行われはじめたとされています。特に，ハイムズの「コミュニケーションの民族誌」や，ハリデーとハサンの「談話の結束性」，ボウグランドとドレスラー（Beaugrande & Dressler 1981）の「テクスト言語学」のほか，「発話行為」の研究などが日本の研究にも取り入れられました。本章 2-1 で触れた研究が日本における談話レベルの研究にも影響していた

---

2) 南（1979: 5）では，「人間がことばを使ってなんらかのコミュニケーションを行う行動」を「言語行動」と呼んでおり，言語行動を考える際，実際のさまざまなコミュニケーションの場面での具体的な言語の使用を念頭に置き，ことばの世界とことばの外の世界の物事との間の関係に注意を払うべきだとしています。

ことがわかります。

　また，この時期には，国立国語研究所によって，「松江 24 時間調査」（国立国語研究所 1971; 南 1972 など）の大規模な話し言葉の実態調査が行われ，地域社会の言語生活について研究されました。この後，談話の構造，話題，待遇表現，発話に伴う非言語行動などの分析から，人間のコミュニケーション行動を総合的に把握しつつ，書き言葉とは異なる話し言葉の体系性や規則性，機能を追究するさまざまな研究が行われはじめたとされています。また，文法研究においても，久野（1978）のように，文よりも大きな単位で文法を分析するようになりました。このように，文章論の時代から談話分析の時代に発展していく過渡期の時代に，さまざまな話し言葉の研究が行われはじめました。

3)「談話分析の時代」（1980 年代中頃〜 1990 年代中頃）

　この時期には，話し言葉による談話の構造の研究が本格的に行われるようになったとされています。また，語用論や，コミュニケーションの機能，会話ストラテジー[3] などの海外の研究理論を前面に出した研究なども行われるようになりました。さらに，日本語と日本語以外の言語・社会との比較を本格的に行う研究も始まったとされています。

　以上の 1)〜 3) より，国内における会話データ分析は，書き言葉による文章論から発展しつつ，国立国語研究所での大規模調査によって話し言葉の分析手法が確立され，また海外からの研究の影響も受けつつ，発展してきたことがわかります。特に，国立国語研究所の調査では，早い段階から録音機や電子計算機など，当時の最先端の機材を積極的に取り入れ，統計的手法などを用いて調査・分析を行ってきています。こういった技術による研究成果は積極的に公開され，たとえば，現在では，大量のデータをもとにしたコーパスも公開されています[4]。また，現在も，たとえば，会話分析（conversation analysis），語用論（pragmatics），社会言語学

---

3) 会話を成り立たせるために使う方略のこと。たとえば，相手の言ったことがわからない時に，くり返しを要求する，言いたい言葉がわからない時に他の言葉や母語に置き換えるなど。

4) 現在公開されている主なコーパスとしては，『KY コーパス』『名大コーパス』『女性のことば・職場編』『男性のことば・職場編』『BTSJ 日本語自然会話コーパス』『日本語話し言葉コーパス』（CSJ）『談話資料 日常生活のことば』『多言語母語の日本語学習者横断コーパス』（I-JAS）『日本語日常会話コーパス』（CEJC）などがあります。

(sociolinguistics)，第二言語習得（second language acquisition），ポライトネス理論，教室談話分析など，本章 2-1 や 2-2 で触れた海外の言語学や隣接分野の研究などが取り入れられて多角的な研究が盛んに行われています。

3-2　日本語学習者の増加と会話データ分析の変化

　1980 年代から日本語学習者が増加し，さまざまな学習者の日本語教育が必要となってきました。そこで使用する教材の開発や，教授法の検討のため，学習者が参加する日常のさまざまな会話場面がどのようになっているのかを探る必要性が出てきました。そこで，ネウストプニー（1981, 1995）は，母語話者のみが参加する「母語場面」の研究だけでなく，学習者自身が実際にどのように日本語を用いているかを分析する「接触場面」の研究の重要性を主張しました。現在では当たり前のようになった接触場面の分析も社会の動きと連動して行われるようになったことがうかがえます。また，学習者が多様化することで，大学の日本語授業や日本語学校，地域日本語教室などの日本語教育の実践現場も多様になってきました。このように現場が多様化すると，それぞれの現場ごとに問題点を明らかにし，その改善策を検討する必要がでてきます。そこで，それぞれの実践現場の特徴を把握し，振り返り，改善していくための「実践研究」が行われるようになってきました。そして，そのような実践研究では，現場の実態を知るために，会話データ分析が多く行われるようになりました。

3-3　日本国内の会話データ分析の変遷のまとめ

　以上のように，日本国内における会話データ分析は，文を越えた談話レベルでの文章論の研究をもとに，話し言葉の研究においても始まったことがわかります。そして，海外のさまざまな研究手法や理論が取り入れられ，研究分野や分析対象も広がっていきました。こうした背景には，国立国語研究所の大規模調査での会話データの分析手法の確立や，会話データ収集・処理のための機材の発達などの影響があると考えられます。さらに，日本語学習者の増加により，接触場面の分析の必要性が高まったことも，会話データ分析の変遷のなかで重要な位置を占めているといえるでしょう。また，日本語教育の現場自体を分析する実践研究において会話データ分析が行われるようになってきたことも，実践現場と研究のつながりを考える上で，重要だといえます。こうした会話データ分析は，2000 年代以降も日本国内で活発に行われてきており，今後もより発展していくことが予想されるでしょう。

4 まとめ

　以上，海外と日本国内における会話データ分析の変遷を概観しました。それまでの語彙・文レベルの言語研究が文を越えた談話レベルにまで広がることで，会話の話し手が生活を営む社会や文化の文脈まで考慮に入れて分析をすることが可能となりました。

　これにより，人間がいかに言語や非言語を用いて会話を行い，コミュニケーションを図ろうとしているのかについて，実際の会話データをもとに探ることができるようになりました。国や文化を越えて人と人が行き来し，コミュニケーションの必要性が高まり，国際化が叫ばれる現在，人間がいかに話し手，聞き手としてやりとりをしているのか，その秘訣を解明することが重要な課題であると強く認識されています。本章では，会話データ分析がどのように行われてきたのか，その変遷を知ることによって，その重要性を確認することができました。そして，今後，我々がどのような研究の方向性に向かっていくべきかを考えることが，より複雑化する国際社会を生き抜き，共に平和な世界を創っていくのに欠かせないことではないでしょうか。

参考文献

岡本能里子（2005）「談話研究」『新版日本語教育事典』社団法人日本語教育学会，pp.341–344.

樺島忠夫（1964）『表現論　ことばと言語行動』綜芸社

久野　暲（1978）『談話の文法』大修館書店

国立国語研究所（1953）『地域社会の言語生活―鶴岡における実態調査』（国語研究報告5），秀英出版

国立国語研究所（1955）『談話語の実態』（国語研究報告8），秀英出版

国立国語研究所（1971）『待遇表現の実態―松江二四時間調査資料から』（国語研究報告41），秀英出版

高崎みどり・立川和美［編］（2010）『ガイドブック文章・談話』ひつじ書房

高原　脩・林　宅男・林　礼子（2002）『プラグマティックスの展開』勁草書房

時枝誠記（1950）『日本文法　口語篇』岩波書店

中井陽子（2012）『インターアクション能力を育てる日本語の会話教育』ひつじ書房

中井陽子・寅丸真澄・大場美和子（2016）「学会誌『社会言語科学』掲載の会話データ分析論文の年代別動向の調査」『社会言語科学』*18*(2), 1–17.

ネウストプニー, J. V.（1981）「外国人の日本語の実態（1）外国人場面の研究と日本語教育」『日本語教育』*45*, 30–40.

ネウストプニー, J. V.（1995）『新しい日本語教育のために』大修館書店

橋内　武（1999）『ディスコース　談話の織りなす世界』くろしお出版

林　宅男［編著］（2008）『談話分析のアプローチ―理論と実践』研究社

南不二男（1972）「日常会話の構造―とくにその単位について」『月刊言語』1(2)，108-115.

南不二男（1979）「言語行動研究の問題点」『講座言語第3巻　言語と行動』大修館書店，pp.5–30.

南不二男（1995）「文章・文体（理論）」国語学会［編］『国語学の五十年』武蔵野書院，pp.224–239.

メイナード，泉子・K.／柴谷方良・西光義弘・影山太郎［編］（1993）『日英語対照研究シリーズ（2）　会話分析』くろしお出版

Atkinson, J. M., & Drew, P. (1979) *Order in court*. London/Basingstoke: The Macmillan Press Ltd.

Austin, J. L. (1962) *How to do things with words*. Cambridge, MA: Harvard University Press.

Backhaus, P.・鈴木理恵（2010）「起きる時間―施設介護における承諾獲得」『社会言語科学』13(1)，48–57.

Beaugrande, R. de, & Dressler, W. U. (1981) *Introduction to text linguistics*. London, New York: Longman.

Birdwhistell, R. L. (1970) *Kinesics and context: Essays on body motion communication*. Philadelphia: University of Pennsylvania Press.

Brown, P., & Levinson, S. C. (1978) Universals in language usage: Politeness phenomena. In E. Goody (ed.), *Questions and politeness: Strategies in social interaction*. Cambridge: Cambridge University Press, pp.56–289.

Brown, P., & Levinson, S. C. (1987) *Politeness: Some universals in language usage*. Cambridge: Cambridge University Press.（ブラウン，P.・レヴィンソン，S. C.／田中典子［監訳］斉藤早智子・津留崎毅・鶴田庸子・日野壽憲・山下早代子［訳］（2011）『ポライトネス　言語使用における，ある普遍現象』研究社）

Cameron, D. (2001) *Working with spoken discourse*. London: Sage.（カメロン，D.・林宅男［監訳］（2012）『話し言葉の談話分析』ひつじ書房）

Coulthard, M. (1977) *An introduction to discourse analysis*. London: Longman.

Couper-Kuhlen, E., & Selting, M. (2018) *Interactional linguistics: Studying language in social interaction*. Cambridge: Cambridge University Press.

Drew, P., & Heritage, J. (eds.) (1992) *Talk at Work: Interaction in institutional settings*. Cambridge: Cambridge University Press.

Fowler, R. (1991) *Language in the news: Discourse and ideology in the press*. London: Routledge.

Fowler, R., Hodge, B., Kress, G., & Trew, T. (1979) *Language and control*. London: Routledge & Kegan Paul.

Gerfinkel, H. (1967) *Studies in ethnomethodology*. Englewood Cliffs, N.J.: Prentice-Hall.

Grice, P. H. (1975) Logic and conversation. In P. Cole, & J. L. Morgan (eds.), *Syntax and semantics 3: Speech acts*, New York: Academic Press, pp.41–58.

Gumperz, J. J. (1982) *Discourse strategies*. Cambridge: Cambridge University Press.

Halliday, M. A. K., & Hasan, R. (1976) *Cohesion in English*. London: Longman.

Harris, Z. S. (1952) Discourse analysis. *Language*, *28*(1), 1–30.

Hinds, J. (1983) Contrastive rhetoric: Japanese and English. *Text, 3*(2), 183–195.

Hodge, B., & Kress, G. (1988) *Social semiotics.* Cambridge: Polity Press.

Hymes, D. H. (1962) The ethnography of speaking. In T. Gladwin, & W. C. Sturtevant, (eds.), *Anthropology and human behavior.* Washington DC: Anthropological Society of Washington, pp.13–53.

Hymes, D. H. (1967) Models of the interaction of language and social setting. *Journal of Social Issues, 23*(2), 8–28.

Hymes, D. H. (1972) Models of the interaction of language and social life. In J. J. Gumperz, & D. H. Hymes (eds.), *Directions in sociolinguistics: The ethnography of communication.* New York: Holt, Rinehart & Winston, pp.35–71.

Hymes, D. H. (1974) *Foundations in sociolinguistics: An ethnographic approach.* Philadelphia: University of Pennsylvania Press.

Kendon, A. (1990) *Conducting interaction: Patterns of behavior in focused encounters* (Studies in International Sociolinguistics 7). Cambridge: Cambridge University Press.

Kress, G., & Hodge, R. (1979) *Language as ideology.* London: Routledge & Kegan Paul.

Kress, G., & Van Leeuwen, T. (1998) Front pages: (The Critical) Analysis of newspaper layout. In A. Bell, & P. Garrett (eds.), *Approaches to media discourse.* Oxford: Blackwell, pp.186–219.

Labov, W. (1966) *The social stratification of English in New York City.* Washington, DC: Center for Applied Linguistics.

Lado, R. (1957) *Linguistics across cultures: Applied linguistics for language teachers.* Ann Arbor, Michigan: University of Michigan.

Lakoff, R. T. (1973) The logic of politeness: Or, minding your p's and q's. In C. Corum et al. (eds.), *Papers from the ninth regional meeting of the Chicago Linguistic Society.* Chicago: Chicago Linguistic Society, pp.292–305.

Lakoff, R. (1975) *Language and woman's place.* New York: Harper & Row.

Leech, G. N. (1983) *Principles of pragmatics.* London: Longman.

Levinson, S. (1983) *Pragmatics.* Cambridge: Cambridge University Press. (レヴィンソン, S. C.／安井　稔・奥田夏子［訳］(1990)『英語語用論』研究社)

McNeill, D. (1992) *Hand and mind.* Chicago: University of Chicago Press.

Meyer, M. (2001) Between theory, method, and politics: positioning of the approaches to CDA. In R. Wodak, & M. Meyer (eds.), *Methods of critical discourse analysis.* London: Sage, pp.14–31. (マイヤー, M.／高木佐知子［訳］(2010)「理論，方法論，そして政治の間で―CDA アプローチを位置づける」R. ヴォダック・M. マイヤー［編著］／野呂香代子［監訳］『批判的談話分析入門―クリティカル・ディスコース・アナリシスの方法』三元社，pp.27–50.)

Ochs, E., Schegloff, E. A., & Thompson, S. A. (eds.) (1996) *Interaction and Grammar.* Cambridge: Cambridge University Press.

Philips, S. U. (1998) *Ideology in the language of judges: How judges practice law, politics, and courtroom control.* New York: Oxford University Press.

Sacks, H. (1984) Notes on methodology. In J. M. Atkinson, & J. Heritage (eds.), *Structures of social action: Studies in conversation analysis.* Cambridge: Cambridge University Press, pp.21–27.

Sacks, H. (1992) *Lectures on Conversation* (2 vols.). Oxford: Basil Blackwell.

Sacks, H., Schegloff, E. A., & Jefferson, G. (1974) A simplest systematics for the organization of turn-taking for conversation. *Language, 50*(4), 696–735. (サックス, H.・シェグロフ, E. A.・ジェファソン, G.／西阪 仰［訳］サフト, S.［翻訳協力］(2010)「会話のための順番交替の組織—最も単純な体系的記述」『会話分析基本論集—順番交替と修復の組織』世界思想社, pp.5–153.)

Schegloff, E. A., & Sacks, H. (1973) Opening up closings. *Semiotica, 8*(4), 289–327.

Searle, J. R. (1969) *Speech acts: An essay in the philosophy of language.* Cambridge: Cambridge University Press.

Selting, M., & Couper-Kuhlen, E. (2001) *Studies in interactional linguistics.* Amsterdam: John Benjamins.

Silverman, J. D., Kurtz, S. M., & Draper, J. (1998) *Skills for communicating with patients.* Oxford: Radcliffe Medical Press.

Sinclair, J. McH., & Coulthard, M. R. (1975) *Towards an analysis of discourse: The English used by teachers and pupils.* London: Oxford University Press.

Swales, J. M. (1985) *Episodes in ESP.* UK: Prentice Hall International.

Swales, J. M. (1990) *Genre analysis: English in academic and research settings.* Cambridge, UK: Cambridge University Press.

Tannen, D. (1987) Repetition in conversation: Toward a poetics of talk. *Language, 63*(3), 574–605.

Tannen, D. (ed.) (1993) *Framing in discourse.* New York: Oxford University Press.

Van Djik, T. A. (1987) *Communicating racism: Ethnic prejudice in thought and talk.* Newbury Park, CA: Sage.

Van Djik, T. A. (1993) Principles of critical discourse analysis. *Discourse and society, 4* (2), 249–283.

Van Djik, T. A. (1998) Opinions and ideologies in the press. In A. Bell, & P. Garrett (eds.), *Approaches to media discourse.* Oxford: Blackwell. pp.21–63.

Wodak, R. (2001) What CDA is about: A summary of its history, important concepts and its developments. In R. Wodak, & M. Meyer (eds.), *Methods of critical discourse analysis.* London: Sage, pp.1–13. (R. ヴォダック／山下 仁［訳］(2010)「批判的談話分析とは何か？—CDA の歴史, 重要概念と展望」R. ヴォダック・M. マイヤー［編著］／野呂香代子［監訳］『批判的談話分析入門—クリティカル・ディスコース・アナリシスの方法』三元社, pp.9–25.)

第2章
会話データ分析と教育現場の関係

中井陽子

Point

▶コミュニケーション能力への関心の高まりが会話データ分析の必要性の高まりへ！

▶学習者の増加・多様化により，学習者の会話データを分析する需要が増した。

▶会話データ分析の研究成果をもとに，指導学習項目の整備や教材開発を進める。

1　はじめに

　本章では，第1章の海外と国内の「会話データ分析の変遷」をふまえ，会話データ分析が外国語教授法や教育現場の変化にどのように関わり，「研究と実践の連携」が行われてきたのかを概観したいと思います。

　まず，外国語教授法の変遷について，外国語教育で育成される能力や会話データ分析との関連からみていきます。次に，外国語教育のなかでも特に，日本語教育実践を取り上げて，会話データ分析の関係と教育実践の例をまとめます。そして，指導学習項目と教材開発の観点から，会話データ分析の研究成果が日本語教育の現場にどのように活かされるかについて述べます。これらを手がかりに，第2部の文献調査や第3部のインタビュー調査に出てくる重要な概念が理解しやすくなるようにしたいと思います。

2 外国語教授法の変遷と会話データ分析の関係

主な外国語教授法の変遷を取り上げます。その際，外国語教育で育成される能力や会話データ分析を含めた言語研究の変遷との関わりについてみていきます[1]。

2-1 文法訳読法から直接法へ

17世紀のラテン語教育から始まった文法訳読法 (Grammar Translation Method) では，主に外国語で書かれた文学作品などを翻訳して理解できる知的能力を育成することを目標に，文法規則の説明を得て翻訳する練習が行われます。そして，18世紀半ばの産業革命の後，鉄道などの交通機関が整備され，ヨーロッパ諸国で人々の行き来が活発になったため，外国語でのコミュニケーションの必要性が高まりました。そのため，19世紀半ば頃から，文法訳読法に代わって，直接法という教授法が行われるようになりました。直接法では，文法説明や翻訳に頼るのではなく，絵や身振りなどによって言語が使われる状況を示し，それをもとに，言語の意味を理解させて音声で運用させることを目標としています。この時代から，コミュニケーション能力の育成への着目が始まったといえます。

2-2 オーディオリンガル法

1950年代末になると，オーディオリンガル法が登場します。この教授法は，音声言語の指導に重きをおき，音声と文法構造を身につけることを目指しており，その言語観は，構造言語学 (structural linguistics) に基づいています。構造言語学は，ある言語の母語話者が使用する言葉を収集して，その言語構造を分析するというものです。したがって，オーディオリンガル法では，学習の初期の段階から，語から句，文へと言語の構造を組み立てつつ，母語話者のような正しい発音と自然な速さで正確に話せるようになることを目標とします。

そして，オーディオリンガル法による教え方では，学習者の母語と学習目標言語の「対照分析」で明らかになった両言語の相違点を考慮に入れた教材を作成し，それを学習者に徹底的に口頭で反復練習させる「パターン・プラクティス」を行います。また，例文やモデル会話などをリピートさせたり暗記させたりして，自動的に言語が操れるようになるといった言語の習慣形成を目指しています。授業内外では，

---

1) 西口 (1995)，小林 (1998)，白井 (2008) などを参考にしました。

テープレコーダーが使用できる「LL（Language Lab）[2]」と呼ばれる教室で学習者が目標言語の音声を繰り返し聞いて，文をリピートしたり，変換したりして練習します。また，自宅でも使用できる小型のカセット・テープレコーダーの普及により，教材開発が促進され，オーディオリンガル法がさらに普及しました。

日本語の教科書のなかでは，特に，米国のエレノア・ジョーデンが1962年に *Beginning Japanese*（後に *Japanese: The Spoken Language*（1987）に改訂）を発行し，自然な話し言葉の習得に留意した教育を目指しました。この頃から，米国では日本語の話し言葉の研究とその習得が着目されるようになったのではないかと考えられます。

2-3　ナチュラル・アプローチ

1960年代終盤から，第二言語習得研究が始まり，実際に学習者が生成する言語に着目してどのような誤りがあるのかを分析する「誤用分析」が行われるようになりました。こうした学習者の実際の言語習得のプロセスを研究する第二言語習得研究は，1970年代に急速に発展しました。その影響を強く受けて，1980年代初頭に，ナチュラル・アプローチが登場しました[3]。

ナチュラル・アプローチでは，学習者に大量の理解できる言語をインプットして，理解能力を身につけさせることに重点をおき，それによって自然に話す能力も身につけさせるという考えのもと，教室活動が行われます。そのため，学習者に無理に話させたりせず，不安や緊張のない状態で言語を理解させる活動が重視されます。このアプローチの台頭と第二言語習得研究の発展により，学習者が生成する言語をデータとして分析する研究が徐々に増えていったと考えられます。

2-4　コミュニカティブ・アプローチ

言語の「形式」に重点をおいたオーディオリンガル法で教えても，学習者が必ずしも言語が使えるようになるわけではないという批判が出てきました。それを受けて，1970年代頃に，言語の「意味」に重点をおいてコミュニケーション中心の教育を行うコミュニカティブ・アプローチが登場しました。コミュニカティブ・アプロ

---

2) このLL教室は，現在ではCALL（Computer-Assisted Language Learning）教室というコンピューターを用いた言語学習教室のかたちに引き継がれています。

3) 特に，クラッシェン（S. Krashen）の第二言語習得理論の影響を強く受けたといわれています。

ーチでは，言語を用いる際にそれが社会的・文化的に適切かどうかといった点から[4]，コミュニケーション能力をとらえ，その能力の育成を図ることを目指しています[5]。

コミュニケーション能力についての研究は，学習者が実際に言語を使用している場面のデータをもとに行われます。そして，そこで学習者がどのような言語表現を用いるのかを分析して，それをもとに指導学習項目を作成することも試みられるようになりました。

こうした研究成果をもとにして，学習者が状況に応じて適切に言語が使用できるように，談話レベルまで考慮に入れた教育が行われるようになりました。具体的には，ゲームやロールプレイ，シミュレーション，プロジェクトワークなど，実際のコミュニケーション場面に近いさまざまな活動が教育に取り入れられています。

以上をまとめると，まず，文字言語を読み取るための文法訳読法から，音声によって言語を運用してコミュニケーションができるようになるための直接法が発達しました。そして，オーディオリンガル法の普及により，音声言語への注目がさらに集まり，対照分析が盛んに行われるようになるとともに，音声言語の習得のための練習方法や教材の開発が進みました。また，LL 教室やテープレコーダーの普及により，学習者が目標言語の音声を意識して口頭練習できるようになった点は，外国語教育の大きな転換期であったといえます。その後，第二言語習得研究の成果をもとにしたナチュラル・アプローチが登場し，言語の構造にまず焦点を当てるというよりも，学習者の言語習得の過程を考慮した教育が行われるようになります。こうした流れによって，学習者が生成する口頭言語や文字言語のデータを分析する必要性が高まってきたといえます。

また，コミュニカティブ・アプローチにより，単文レベルではなく，言語を話す状況や適切さまで考慮に入れた談話レベルの言語教育の重要性が高まったことも注目すべきでしょう。そして，学習者が実際に言語を用いる場面のデータを分析して，どのような言語教育が必要かといったニーズを把握することで，学習者の目的に合

---

4) 主に，ハイムズ（D. Hymes）の言語使用能力（communicative competence）の考えとハリデー（M. A. K. Halliday）の機能主義的言語観の影響を受けたといわれています。

5) コミュニケーション能力のなかには，文法能力だけでなく，社会言語能力，談話能力なども含まれます。その他，学習者が限られた言語知識を補いながらコミュニケーションを成立させようと工夫するコミュニケーション・ストラテジーを用いるストラテジー能力も含まれます。詳しくは，カナルとスウェイン（Canale & Swain 1980）を参照してください。

った教育を行うようになったことも大きな進歩であるといえます。

このように，外国語でのコミュニケーションの必要性の高まりによって，音声言語やコミュニケーション能力の育成への関心が高まりました。その結果，母語話者の話す言語の分析や，学習者の母語と目標言語の違いを明らかにする対照分析，学習者の誤用分析などが盛んに行われるようになりました。そして，学習者がどのように言語を習得するのかを探る第二言語習得研究や，実際に学習者が参加する場面のコミュニケーション行動の分析など，談話レベルの会話データ分析の必要性が高まりました。こういった母語話者や学習者の参加する会話データを分析した成果は，それぞれの教授法の発展や，教材開発などに活かされることによって，「研究と実践の連携」がなされてきたといえます。

現在では，それぞれの教授法のよい部分を取り入れて教育を行う折衷主義が主流だと思われますが，今後も学習者のニーズや社会で求められている言語の能力などを十分把握していく必要があるでしょう。そのために，会話データ分析によって積極的に「研究と実践の連携」を行っていく必要があると考えられます。

3 会話データ分析を活かした日本語教育実践

第2節では外国語教授法の変遷をみましたが，次に，外国語教育のなかでも特に，日本語教育の実践を取り上げて，どのようなニーズから会話データ分析が行われるようになり，どのような教育実践が行われてきているのかをみてみます。

日本国内では，1980年代からの学習者数の増加にともない，学習者の背景やニーズが多様化してきました（例：留学，ビジネス，ポップカルチャー，初等・中等教育，在住者，看護・介護のための日本語など）。多様化した学習者に対する日本語教育を行う際，どのようなことを教えればよいのかを考えるために，会話データ分析が盛んに行われるようになりました。会話データ分析によって，学習者が実際にどのような場面の会話に参加し，どのような問題が起こっているのか，何を学習すべきなのかを把握することが目的です。そして，こうした会話データ分析の需要の高まりによって，会話データ分析を行うためのさまざまな観点や手法が検討され，会話データ分析自体も徐々に発展していったといえます。

こうした学習者の多様化によって，日本語教育現場で行う教育実践の内容にも変化が出てきました。コミュニカティブ・アプローチの影響を受けて，ロールプレイ，スピーチ，ディスカッション，タスク，プロジェクトワークなど，学習者が教室内

外で実際に近いコミュニケーションが行えるさまざまな活動が取り入れられるようになりました。こうした活動では、第二言語習得研究などで、母語話者と非母語話者の会話データを分析し、非母語話者の用いるコミュニケーション・ストラテジーの特徴などを明らかにした成果が取り入れられています。

さらに、豪州モナッシュ大学のように、日本語クラスに日本人ゲストを招いて話を聞いたり、インタビューしたりする「ビジターセッション」などを行い、実際に学習者が日本語を用いて何かができるようになることを目指す教育を行っているところもあります。その他にも、日本人家庭を訪問する「ホームビジット」や、学習者と日本人学生をマッチングして教室外で会話する機会を与える「カンバセーション・パートナー」のシステムを導入したりするなど、さまざまな試みが行われてきています。特に、海外の日本語教育の現場では、授業外に日本語で会話をする「日本語テーブル」や、日本人や日本語に興味のある学生がともに住む「日本語ハウス」などを設けて、学習者が日本語を使ってコミュニケーションをする機会をできるだけ増やすような工夫がされてきています。

こうした教育実践は、母語話者と非母語話者との接触場面での会話でどのようなやりとりが行われているかといった研究の成果をもとに行われているといえるでしょう。

このように、会話データ分析のさまざまな成果が日本語の教育実践のなかに取り入れられているといえます。それだけでなく、教育実践のなかで実際に何が行われているのかを探るべく、学習者や教師のやりとりを会話データとして分析し、その成果をまた教育実践の改善点として取り入れていく「実践研究」も行われています。

4 会話データ分析を活かした指導学習項目と教材開発

学習者が場面や目的に応じて会話をする際に身につけておくべき知識や技能は、指導学習項目（シラバス）としてまとめられます。指導学習項目には、構造シラバス（語彙・文法）、場面シラバス、機能シラバス、話題シラバス、談話技能シラバス、タスクシラバスなどがあります。これらの指導学習項目は、ある場面や話題で実際に用いられている語彙・文法、機能、談話技能などを会話データから探ることで充実したものが作れると考えられます。今後は、特に、会話データ分析の研究成果の知見を活かして、談話技能シラバスとして、話し手・聞き手が用いる言語表現（例：あいづち、質問表現、評価的発話、接続表現、終助詞、話題の開始・転換・終

了，聞き返し，繰り返し，言いよどみ，言いさし）のほか，非言語表現（例：目線，うなずき，ジェスチャー，姿勢）などの指導学習項目も取り上げられていくことが期待されます。

こうした指導学習項目をもとに，教室内外で学習者がコミュニケーションを行うための活動を促進するための教材も開発されてきています。語彙・文法シラバスや場面シラバスで作られた日本語総合教科書や会話教科書のほか，ロールプレイ，スピーチ，ディスカッション，タスク，プロジェクトワークなどを中心に据えた教材が作成されてきています。また，談話技能・談話構造・話し言葉や敬語・待遇コミュニケーションを学ぶ教材，ビジネス場面や介護・看護の日本語など場面別・目的別の会話教材なども多く作られてきています。なお，本章の最後に，授業活動や授業目的ごとに「主な会話教材リスト」をまとめましたので，ご参照ください。

今後も，会話データ分析の知見とそこから得られた指導学習項目に基づいて，こうした教材がより活発に開発されて，「研究と実践の連携」が行われていく必要があると考えられます。

5　まとめ

以上，会話データ分析が外国語教授法や教育現場の変化にどのように関わってきているのかをみました。ここから，会話データ分析の研究成果が活用され，教授法の発展，教育実践の多様化，指導学習項目の充実，教材開発が促進されてきたことがわかります。そして，それにともなって，会話データ分析の手法も徐々に発展してきたといえます。このことより，会話データ分析と教育実践は，お互いに影響しあい，発展してきていると考えられます。今後も，学習者の背景・ニーズの変化に応じて，さまざまな会話の場面を対象に会話データ分析を行い，その研究成果が指導学習項目や教材開発に活用されていく「研究と実践の連携」が期待されます。

参考文献

小林ミナ（1998）『よくわかる教授法』アルク
白井恭弘（2008）『外国語学習の科学』岩波書店
西口光一（1995）『日本語教授法を理解する本　歴史と理論編』バベルプレス
Canale, M., & Swain, M.（1980）Theoretical bases of communicative approaches to second language teaching and testing. *Applied Linguistics, 1*, 1–47.

主な会話教材リスト

●ロールプレイのための教材

岡崎志津子・小西正子・藤野篤子・松井治子（1988）『ロールプレイで学ぶ会話（2）―こんなとき何と言いますか』凡人社

椙本総子・宮谷敦美（2004）『聞いて覚える話し方　日本語生中継 中～上級編』くろしお出版

中居順子・近藤扶美・鈴木真理子・小野恵久子・荒巻朋子・森井哲也（2005）『会話に挑戦！―中級前期からの日本語ロールプレイ』スリーエーネットワーク

村野節子・山辺真理子・向山陽子（2012）『ロールプレイで学ぶビジネス日本語会話―グローバル企業でのキャリア構築をめざして』スリーエーネットワーク

山内博之（2000）『ロールプレイで学ぶ中級から上級への日本語会話』アルク

●スピーチやディスカッションのための教材

安藤節子・田口典子・佐々木薫・赤木浩文・鈴木孝恵［編著］（2001）『トピックによる日本語総合演習―テーマ探しから発表へ 中級後期』専修大学国際交流センター［監修］，スリーエーネットワーク

鵜沢 梢（1998）『〈日本語〉作文とスピーチのレッスン―初級から中級へ』アルク

荻原稚佳子・増田眞佐子・齊藤真理子・伊藤とく美（2005）『日本語上級話者への道―きちんと伝える技術と表現』スリーエーネットワーク

荻原稚佳子・齊藤眞理子・伊藤とく美（2007）『日本語超級話者へのかけはし―きちんと伝える技術と表現』スリーエーネットワーク

黒﨑典子［編著］石塚久与・高橋純子・二瓶知子・渡辺恵子（2013）『もっと中級日本語で挑戦！―スピーチ＆ディスカッション』凡人社

国際交流基金関西国際センター（2004）『初級からの日本語スピーチ―国・文化・社会についてまとまった話をするために』凡人社

東海大学留学生教育センター口頭発表教材研究会（1995）『日本語口頭発表と討論の技術―コミュニケーション・スピーチ・ディベートのために』東海大学出版会

●タスクやプロジェクトワークのための教材

国際交流基金関西国際センター（2008）『日本語ドキドキ体験交流活動集』凡人社

東京外国語大学留学生日本語教育センター（2015）『日本で学ぶ留学生のための中級日本語教科書　出会い』ひつじ書房

宮崎里司［編著］（2009）『タスクで伸ばす学習力―学習ストラテジーを活かした学びの設計』伴 紀子［監修］，凡人社

吉田千春［編著］武田 誠・徳永あかね・山田悦子（2014）『日本語でインターアクション』サウクエン・ファン［監修］，凡人社

●談話技能・談話構成・話し言葉を学ぶ教材

石黒 圭［編著］安部達雄・新城直樹・有田佳代子・植松容子・渋谷実希・志村ゆかり・筒井千絵（2011）『会話の授業を楽しくするコミュニケーションのためのクラス活動40』スリーエーネットワーク

岩田夏穂・初鹿野阿れ（2012）『にほんご会話上手！―聞き上手・話し上手になるコミュニケーションのコツ 15』アスク出版

三枝令子・中西久美子（2003）『日本語文法演習　話し手の気持ちを表す表現—モダリティ・終助詞』スリーエーネットワーク

清水崇文（2013）『みがけ！　コミュニケーションスキル　中上級学習者のためのブラッシュアップ日本語会話』スリーエーネットワーク

富阪容子（1997）『なめらか日本語会話』アルク

●敬語・待遇コミュニケーションを学ぶ教材

小川誉子美・前田直子（2003）『日本語文法演習　敬語を中心とした対人関係の表現—待遇表現』スリーエーネットワーク

金子広幸（2006）『初級が終わったら始めよう—にほんご敬語トレーニング』アスク出版

Inter-University Center for Japanese Language Studies（1991）*Formal Expressions for Japanese Interaction*, Tokyo: The Japan Times.

●場面別・目的別の会話教材（ビジネス日本語，介護・看護の日本語）

一般財団法人海外産業人材育成協会（2010）『専門日本語入門 場面から学ぶ介護の日本語』凡人社

岩澤みどり・寺田則子（2006）『日本企業への就職—ビジネス会話トレーニング』アスク出版

岡部麻美子・向井あけみ・鎮目怜子（2011）『介護スタッフのための声かけ表現集』JALアカデミー

財団法人海外技術者研修協会（2011）『専門日本語入門 場面から学ぶ看護の日本語』凡人社

瀬川由美・紙谷幸子・北村貞幸（2008）『人を動かす！ 実戦ビジネス日本語会話』宮崎道子［監修］，スリーエーネットワーク

宮崎道子・郷司幸子（2009）『にほんごで働く！ ビジネス日本語30時間』スリーエーネットワーク

米田隆介・藤井和子・重野美枝・池田広子（1996）『商談のための日本語』スリーエーネットワーク

TOPランゲージ（1993）『実用ビジネス日本語—成功への10章』アルク

●会話データ分析の研究成果を活かした会話教育の方法・教材作成の仕方を紹介する本

尾崎明人・椿由紀子・中井陽子［著］関　正昭・土岐　哲・平高史也［編］（2010）『日本語教育叢書「つくる」 会話教材を作る』スリーエーネットワーク

蒲谷　宏・川口義一・坂本　惠・清　ルミ・内海美也子（2006）『敬語表現教育の方法』大修館書店

中井陽子（2012）『インターアクション能力を育てる日本語の会話教育』ひつじ書房

第3章
「研究と実践の連携」の必要性

中井陽子

> **Point**
> ▶会話データ分析の研究成果を教育現場に活用する！
> ▶実践研究で会話データ分析をすることで，授業の改善を図る！
> ▶学習者も会話データ分析を行うことで，自律的に会話能力を向上させる！

1 はじめに

　前章でみたように，談話レベルでの会話データを分析対象とした会話データ分析は，さまざまな分野の融合で発展し，その研究成果が教育現場などでも活用されてきていることがわかります。会話データ分析は，主に，録音・録画・文字化した会話データによって，我々が普段何気なく行っている会話でのやりとりで実際に何が起こっているのか詳細に把握することができます。それをもとに，その会話でのコミュニケーションがいかに円滑にできるか，あるいは，会話によってよりよい人間関係を築くにはどうしたらよいか，その改善方法を検討することも可能だといえます。これは，アンケートや内省による意識調査とは大きく異なる点です。会話データの分析は，社会を見つめ，問い直し，改善していく可能性を秘めているといえるでしょう。

　日本語教育の分野でも，日常生活の会話のなかで実際にどのようなことが起こっているのかを把握し，その特徴を活かした教育を行っていくことで，日本語学習者のコミュニケーション能力の育成がより促進されると考えられます。

　このように，会話データ分析の研究成果を教育現場に取り入れていくためには，

第3章 「研究と実践の連携」の必要性　27

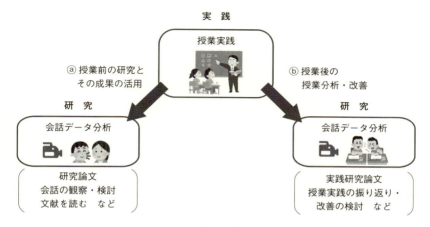

図3-1　「研究と実践の連携」モデル

研究と実践を分離して行うのではなく,「研究と実践の連携」を緊密に行っていくことが重要です（中井 2012）。

本書の筆者らは,これまでさまざまな会話データ分析を行い,その成果を日本語教育・教員養成・研修の現場へ生かす試みを行ってきました。特に,中井（2012）では,図3-1のように,ⓐ授業前に会話データ分析を行って（研究）その成果を活かした授業（実践）を行い,そして,ⓑ授業後にその授業の会話データをさらに分析する（研究）といった絶え間ない循環を行っていく「研究と実践の連携」モデルを主張しています。授業実践を中心にみると,このⓐ授業前の会話データ分析を論文にまとめたものが「研究論文」となり,授業実践で何をどう教えるのかといった点を検討するのに役立ちます。もちろん,「研究」といっても,そのとらえ方はさまざまで,狭い意味で学術的な「研究論文」を書くことだけが「研究」なのではなく,会話データ分析の場合,より広い意味では,日常の身の回りの会話を観察してその特徴をメモしたり,どうしてそのように話すのか考えてみたり,関心をもったトピックについて文献や参考書などを読んで授業実践の内容をどのようにするか検討してみたりすることも「研究」に含まれると考えます。

一方,ⓑ授業後に授業における教師と学習者,学習者同士の会話をデータとして分析して論文にまとめたものが「実践研究論文」となります。ここでいう「研究」も,研究成果を論文として発表するものだけでなく,教師が自身の授業実践で何が

起こっていたのかを振り返り，次の授業実践をどうすればいいか日々考えるといったことも含まれると考えます。本書では，このように，「研究」というものの範囲を広くとらえ，たえず「研究」と「実践」が隣りあわせであるという考えのもと，議論を進めていきたいと思います。

しかし，実際にこのような会話データ分析を活用した「研究と実践の連携」を行おうとした場合，具体的に何をどのように行えばいいのか，一人で考えるのは大変だと思われます。そのため，これまで会話データ分析を活用した「研究」と「実践」が実際にどのように行われてきて，どのような「研究と実践の連携」が行われてきているのか，その具体例を数多く知ることが重要になってくるでしょう。

そこで，本書では「研究と実践の連携」モデル（中井 2012）をもとに，これまでの研究成果を発展させて，会話データ分析を活用して「研究と実践の連携」を行う国内外の事例を広く集める基礎的調査を行うこととしました。その調査内容に基づいて，「研究と実践の連携」を目指した会話データ分析の活用法の具体的な事例をまとめました。こうした具体例をヒントにして，今後の教育者・研究者が会話データ分析を活用し，それぞれの現場に合わせて「研究と実践の連携」を行い，よりよい教育実践を実現していけることをねらいとしています。

中井（2012）では，(1) 教師による「研究と実践の連携」と (2) 学習者による「研究と実践の連携」の二つを提案しています。(1) 教師による「研究と実践の連携」では，「a. 会話データ分析とその研究成果の活用」「b. 実践研究での会話データ分析の活用」「c. 教師自身の会話能力の向上のための会話データ分析の活用」の三つについて議論しています。なお，中井（2012）では日本語教育の現場で実際に授業を行う「教師」による「研究と実践の連携」に限定して議論しています。本書では，それをより拡大して，日本語教育全体に何らかのかたちで関わる教育者・研究者による「研究と実践の連携」を前提にして考えていきたいと思います。また，上述の通り，「研究」とは論文執筆をするということだけでなく，身の回りの会話から例文を集めてみて授業実践でどのように使えるか検討することなども「研究」に含めて考えます。

一方，(2) 学習者による「研究と実践の連携」では，学習者がいわゆる学術的な研究者になるということではなく，学習者が会話データ分析の視点を授業で得て，その後，身の回りの会話を自身の力で観察して，そこから会話の特徴を自律的に学んでいき（研究），自身の会話に活かしていく（実践）という姿勢を意味しています。

以上をまとめると，「研究と実践の連携」は次のように分類できます。

第3章 「研究と実践の連携」の必要性　*29*

> （1）教育者・研究者による「研究と実践の連携」
>   a. 会話データ分析とその研究成果の活用
>   b. 実践研究での会話データ分析の活用
>   c. 教師自身の会話能力の向上のための会話データ分析の活用
> （2）学習者による「研究と実践の連携」

　以下，（1）教育者・研究者による「研究と実践の連携」，および，（2）学習者による「研究と実践の連携」について，詳しくみていきます。

2　教育者・研究者による「研究と実践の連携」

2-1　会話データ分析とその研究成果の活用

　日本語学習者が日本語を学ぶ際，日本語を用いてさまざまな人々と新たな出会いを体験し，よりよい人間関係を築いていくことが望まれます。そのために，日本語教師は，実際に学習者がどのように日本語の会話に参加し，どのような問題や困難を経験しながら，人間関係をつくっていくのかを把握して，教育実践にあたるのがよいと考えられます。また，学習者がより円滑に会話に参加していけるようになるためのヒントは，学習者の会話を分析するだけでなく，日本語母語話者同士の円滑な会話の仕方のなかから見つけだすこともできます。また，分析する会話については，教師が担当している学習者の背景を考慮に入れて，データ収集を行うこともあります。たとえば，学習者の日本語レベルや出身地のほか，日本に留学中なのか，自国で学習しているのか，日本語で仕事を行っているのか，日本語を家庭内だけで用いているのか，家庭外で用いているのかといった点を考慮に入れます。

　そして，学習者が日常生活において日本語を用いて参加する会話には，さまざまな場面や目的が考えられます。初対面の会話場面やパーティーの場面などでお互いを知って仲良くなるための雑談のような会話もあれば，大学の研究室で上下関係を意識して敬語を用いて相手に敬意を表すような会話や，ビジネス場面で仕事を進めていくための会話もあります。このようなさまざまな場面や目的で交わされる会話は，何についてどのように話すのかなど，それぞれ異なった特徴があります。

　こうした非母語話者や母語話者が参加するさまざまな種類の会話の特徴について，実際の会話データから詳細に分析を行うことにより，教育実践を行うにあたって何を教えるかといった会話指導学習項目を考えることができます。そして，得られた

会話指導学習項目をもとに，教育実践をどのようにデザインし，学習者にどのような支援や助言をしたらよいのかといった手がかりを得ることができます。たとえば，筆者の場合，母語話者同士，母語話者と非母語話者による初対面の会話（中井 2002, 2003a, b, c, 2004a, 2006a, b; Nakai 2002）やキャンパス探検の会話（中井 2012）などの会話データ分析を行いました。そして，これらの研究成果をもとに，どのような会話指導学習項目が必要か検討したのち，「ビジターセッション」（中井 2003d），「演劇プロジェクト」（中井 2004b），「ストーリーテリング」（中井 2005a），「会話分析活動」（中井 2008a, 2012），「初級日本語会話クラス」（中井 2012），「キャンパス探検」（中井 2012）などの日本語授業デザインを行って，会話教育実践を行いました。これらの教育実践では，授業や学習者の特徴に応じて，あいづち，質問表現，評価的発話，接続表現，終助詞，話題の開始・転換・終了，聞き返し，言いよどみなどの言語表現のほか，目線，うなずき，ジェスチャー，姿勢などの非言語表現などの会話指導学習項目も選定して，学習者の会話能力の育成を目指しました。

このように，会話データ分析を行い，その研究成果をもとに，会話指導学習項目を検討し，授業デザインを行って，会話教育実践を行うといった「研究と実践の連携」が日本語教師に求められると考えられます。そこで，中井（2005b, c, 2008b, 2012）では，図3-2のような「会話データ分析 – 会話指導学習項目化 – 会話教育実践」を行うといった，会話教育のための「研究と実践の連携」のモデルを提案しています。

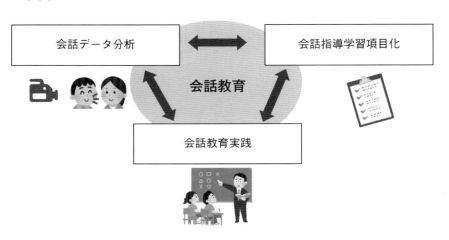

図 3-2　会話教育のための「研究と実践の連携」のモデル

第3章　「研究と実践の連携」の必要性　*31*

　なお，「研究と実践の連携」の循環は，いつも「会話データ分析→会話指導学習項目化→会話教育実践」という順で行われるとは限りません。教師が会話教育実践を行ってみて，その実践のなかでやりとりされている会話データを分析してみて，新たな会話指導学習項目を見出して改善していくこともあるでしょう。こうした循環については，次の節で詳しく述べます。

2-2　実践研究での会話データ分析の活用

　日本語教師が自身の行った会話教育実践を改善していくためには，その実践自体の振り返りが必要です。その一つの方法として，自身の教育実践を録音・録画して，そこで実際に何が起こっているのかを詳細に分析する方法があります。特に，教師と学習者，学習者同士，あるいは，学習者と他の授業参加者などがどのようにやりとりを行っているのかといった会話データ分析を行うことが有効です。筆者も実際に，2-1 に挙げたような「ビジターセッション」（中井 2003d），「演劇プロジェクト」（中井 2004b），「ストーリーテリング」（中井 2005a），「会話分析活動」（中井 2012），「初級日本語会話クラス」（中井 2012），「キャンパス探検」（中井 2012）などの実践研究を行うことにより，次なる教育実践をさらによくするための努力をしてきました。

　たとえば，「ビジターセッション」（中井 2003d）の実践研究を行うことで，活動中の教師による観察と活動後の学習者の意識をデータとして探るだけでなく，活動中の学習者の発話データを収集し，それに基づいて教師がフィードバックを行う必要性が喚起されました。そこで，次に行った「ストーリーテリング」（中井 2005a）の教育実践では，活動中に学習者の発話を録音し，それを文字化したものを教材として学習者にフィードバックし，その文字化データを会話データとして分析して実践研究を行いました[1]。

　このように，教師が自身の教育実践について実践研究を行って振り返り，そこからみえてきた課題を念頭に，次の実践と実践研究につなげていくことも，「研究と実践の連携」につながると考えられます。

---

1)「研究と実践の連携」のもと行った実践研究の変遷の例の詳細については，寅丸ら（2014）を参照してください。

2-3 教師自身の会話能力の向上のための会話データ分析の活用

教師の仕事の一つとして，学習者がさまざまな会話に参加してよりよい人間関係を作っていくための支援を行うことが挙げられます。そうした支援を行うためには，教師自身もさまざまな会話に参加し困難な点を意識的に克服して会話能力を身につけていった経験を豊富にもっていることが大切だと考えられます。そのためには，教師自身も積極的にさまざまな会話に参加して，そこで何が起こっているのか，どうすればうまく会話が進められるのかを意識的に考え，試行錯誤することが必要です。日常生活の一つひとつの場面で意識的にこうしたことを行うことも重要ですが，自身の会話データを録音・録画してそれを分析して振り返ってみるということも手助けになるでしょう。こうした行いも教師による「研究と実践の連携」につながると考えられます。

たとえば，中井（2009, 2012）では，日本語教員養成コースにおいて，受講者自身が参加する会話データを自己分析する活動をグループで行ったところ，実際に自分がどのように話しているのかがわかり，会話をする際の重要点などが意識化されるようになったという点を述べています。その結果，受講者が家族や会社などでの日常生活の会話を観察し，自分の話し方を意識的に調整するようになり，周りの人とコミュニケーションが取りやすくなったとしています。

このことから，日本語教師のトレーニングの一環として，会話データ分析の視点を身につけることによって，教師になった際に日本語学習者の会話能力を育成するのに役立つだけでなく，教師自身の会話能力を向上させるのにも役立つ可能性を秘めているといえます。

3 学習者による「研究と実践の連携」

以上述べた「研究と実践の連携」は，常に教師だけが行い，その成果を学習者に与えるというのでは，十分ではありません。学習者と教師が接する時間は限られています。学習者が会話能力を自律的に向上させていくためには，学習者自身が授業外で触れる会話について客観的に分析して，そこから学習すべきことを自分で選んで吸収していけるようになることが必要だといえます。たとえば，学習者が自身の会話を分析していくと，今まで意識しなかった自身の話し方の癖に気づいて，改善の糸口を見つけるきっかけになることがあるでしょう。あるいは，他の人の会話を分析することで，自分とは違った話し方の特徴に気づき，自分にも取り入れてみよ

第3章 「研究と実践の連携」の必要性 *33*

うと思うこともあるでしょう。

　このように，学習者自身が会話を意識的に「研究」し，そこから自身の会話の参加の仕方をよりよくするためのヒントを見つけ，それを意識して，会話に参加する「実践」を行ってみるといった，学習者による「研究と実践の連携」も重要だといえます。なお，ここでいう「研究」とは，学習者が研究者レベルで研究を行うことではなく，日々の生活のなかで会話を観察していく姿勢をもつことを意味しています。そして，教育実践では，そうした学習者による自律的な学びを促進させるための授業活動デザインを行い，支援や助言を行っていくことが望まれます。

　たとえば，中井（2004b, 2008a, 2011, 2012）では，学習者による「研究と実践の連携」を目指した会話教育の例を分析しています。こうした授業では，学習者が自身の会話を自己分析したり，自分で選んできた興味のある映画やドラマなどの会話を分析したりします。こうした授業活動を通して，学習者が身の回りの会話からその特徴を自分で意識的に学んでいける能力の育成を目指しました。この授業では，たとえば，自身のあいづちの打ち方の癖に気づいたり，日本語と母語での愛の告白の仕方の違いに気づいたりする学習者がいました。このように，会話データ分析は，教師が行ってその成果を授業に還元させるだけでなく，学習者自身も自律的に行って自分自身で学んでいく視点を育んでいくのに有効だといえます。

4　まとめ

　以上述べたような，教師と学習者による「研究と実践の連携」がそれぞれの目標のもと行われていくと同時に，教師と学習者が授業の場で出会うことによって，双方の「研究と実践の連携」からお互いに学びあい，刺激しあうこともあると考えられます。たとえば，学習者が自身の参加する会話データを分析した結果から，学習者が会話中に何を考え，何を問題点ととらえていたかなどの内省が明らかになるため，教師にとって今後の授業の参考になります。あるいは，中井（2012）でも述べているように，学習者が分析した日米二つの映画の相違点を探る視点が非常に斬新であったため，筆者はそれをヒントにして，「映画で学ぶ日本語」という授業を新しくデザインして，日米の映画での話し方の違いについて授業中にディスカッションするという試みをしたことがありました。これも，学習者独自の視点を教師が自身の授業に取り入れた例です。

　こうして行われた教師と学習者による「研究と実践の連携」の成果は，次なる授

業実践にも取り入れて，よりよい授業を行っていくことが理想です。また，それだけでなく，そうした成果について教師が研究として発表し，他の教師や研究者，学部生・大学院生，日本語教師を目指す人々に，研究書籍や論文，講義，ワークショップなどのかたちで発信していくことも重要でしょう。さらには，公開講座や一般書籍などのかたちで，一般市民にわかるように伝えていくことも求められるかもしれません。研究と実践の成果を自身の次なる研究と実践に活かすだけでは，その波及効果は限られています。より多くの実践現場に発信して，より多くの人に伝えていくことで，よりよい研究と実践の輪が大きく広がっていくことが期待されます。

参考文献

寅丸真澄・中井陽子・大場美和子・増田将伸（2014）「実践研究の「方法」を共有する―『日本語教育』における実践研究の歴史的変遷と3つの教育分野の事例報告から」WEB 版『日本語教育　実践研究フォーラム報告』, 1-10.〈http://www.nkg.or.jp/kenkyu/Forumhoukoku/2014hokoku/2014_SE_toramaru.pdf（2016 年 11 月 10 日）〉

中井陽子（2002）「初対面母語話者／非母語話者による日本語会話の話題開始部で用いられる疑問表現と会話の参加・理解の関係―フォローアップインタビューをもとに」『群馬大学留学生センター論集』2, 23-38.

中井陽子（2003a）「話題開始部で用いられる質問表現―日本語母語話者同士および母語話者／非母語話者による会話をもとに」『早稲田大学日本語教育研究』2, 37-54.

中井陽子（2003b）「初対面日本語会話の話題開始部／終了部において用いられる言語的要素」『早稲田大学日本語研究教育センター紀要』16, 71-95.

中井陽子（2003c）「言語・非言語行動によるターンの受け継ぎ」『早稲田大学日本語教育研究』3, 23-39.

中井陽子（2003d）「談話能力の向上を目指した会話教育―ビジターセッションを取り入れた授業の実践報告」『講座日本語教育』39, 79-100.

中井陽子（2004a）「話題開始部／終了部で用いられる言語的要素―母語話者及び非母語話者の情報提供者の場合」『講座日本語教育』40, 3-26.

中井陽子（2004b）「談話能力の向上を目指した総合的授業―会話分析活動と演劇プロジェクトを取り入れた授業を例に」『小出記念日本語教育研究会論文集』12, 79-95.

中井陽子（2005a）「談話分析の視点を生かした会話授業―ストーリーテリングの技能指導の実践報告」『日本語教育特集号 日本語教育の実践報告』126, 94-103.

中井陽子（2005b）「会話教育のための指導学習項目」『話しことば教育における学習項目（日本語教育ブックレット 7）平成 16 年度国立国語研究所日本語教育短期研修・報告書』独立行政法人国立国語研究所, 10-33.

中井陽子（2005c）「コミュニケーション・会話教育の視点から」研究代表者　小河原義朗『平成 16 年度文化庁日本語教育研究委嘱　音声を媒体としたテスト問題によって測定される日本語教員の能力に関する基礎的調査研究』財団法人日本国際教育協会, 35-52.

中井陽子（2006a）「会話のフロアーにおける言語的／非言語的な参加態度の示し方―初

対面の日本語の母語話者／非母語話者による4者間の会話の分析」『講座日本語教育』*42*, 25–41.

中井陽子（2006b）「日本語の会話における言語的／非言語的な参加態度の示し方―初対面の母語話者／非母語話者による4者間の会話の分析」『早稲田大学日本語研究教育センター紀要』*19*, 79–98.

中井陽子（2008a）「日本語の会話分析活動クラスの実践の可能性―学習者のメタ認知能力育成とアカデミックな日本語の実際使用の試み」細川英雄・ことばと文化の教育を考える会［編著］『ことばの教育を実践する・探究する―活動型日本語教育の広がり』凡人社，pp.98–122.

中井陽子（2008b）「会話教育のための会話分析と実践の連携」『日本語学 特集―話し言葉の日本語 臨時増刊号』*27*(5), 238–248.

中井陽子（2009）「会話を分析する視点の育成―コミュニケーション能力育成のための会話教育が行える日本語教員の養成」『大養協論集 2008』，55–60.

中井陽子（2011）「メタ認知力を高めるための教育実践―映像を活用した会話分析活動と運用活動の融合」『電子情報通信学会技術研究報告（信学技報）』*111*(190), 67–72.

中井陽子（2012）『インターアクション能力を育てる日本語の会話教育』ひつじ書房

Nakai, Y. K.（2002）Topic shifting devices used by supporting participants in native/native and native/non-native Japanese conversations. *Japanese Language and Literature*, *36*(1), 1–25.

第 1 部のまとめ：会話データ分析の変遷と教育現場の関係

　以上，第 1 章で海外と日本国内における会話データ分析の変遷を概観し，第 2 章で会話データ分析が教育現場にどのように関わってきているのかをみました。そして，第 3 章で会話データ分析を活かした「研究と実践の連携」とは何かについて述べました。

　まず，第 1 章では，会話データ分析の変遷を概観し，文を越えた談話レベルで会話を分析することにより，我々人間が日々行う会話がどのような構造や機能をもっているのかがより明らかになるようになった点について述べました。言語学的な観点から始まった会話の分析は，哲学，人類学，社会学などさまざまな分野の知見が融合して発展しました。そして，我々が社会のなかで生活する際にどのような文脈で会話を行い，実際にどのようなやりとりが起こっているのかといった観点まで考慮して，人間のコミュニケーションの仕組みを解明しようという試みがなされてきました。

　また，日本国内における会話データ分析は，書き言葉の研究である文章論の研究から発展しつつ，国立国語研究所の大規模調査などでの会話データ分析において研究手法が開拓され，さらに，海外のさまざまな研究の知見が取り入れられて，発展してきました。また，日本語学習者の増加とそのための日本語教育の発展の必要性といった社会的な要請により，日本語非母語話者の参加する接触場面の分析の必要性が高まり，そこで得られた成果を日本語教育の現場に活かす試みもされてきました。

　次に，第 2 章では，会話データ分析が外国語教授法や教育現場の変化にどのように関わり，「研究と実践の連携」が行われてきたのかを概観しました。外国語教授法の変遷をみると，外国語でのコミュニケーションの必要性から，音声言語やコミュニケーション能力への関心が高まり，母語話者や外国語学習者の会話データを分析し，その成果を教授法や教材開発などに活かそうとする「研究と実践の連携」の動きがみられました。そして，日本国内の日本語教育現場では，学習者の増加・多様化と教授法の発展により，コミュニケーションを重視した教育実践が盛んに行われるようになりました。それとともに，学習者が参加する会話データを分析して教育実践に活かしたり，日本語の授業の会話データを分析して授業改善を図る「実践研究」を行ったりする「研究と実践の連携」の試みもみられました。こうした会話デ

ータ分析の研究成果をもとに，教育実践で実際に何を教えるのかといった指導学習項目が検討され，さまざまな教材開発がされてきました。一方，多様化した学習者がどのように会話に参加しているのかを知るための会話データ分析が行われるとともに，そのための会話データ分析の手法が発展するという「研究と実践の連携」も行われてきていることも述べました。よって，会話データ分析と教育実践は，お互いに影響しあい，発展してきていることがわかりました。

　最後に，第3章では，こうした会話データ分析が教育実践の中でどのように活かされてきているのかという「研究と実践の連携」には，以下のようなタイプがある点について述べました。

---

　(1) 教育者・研究者による「研究と実践の連携」
　　　a. 会話データ分析とその研究成果の活用
　　　b. 実践研究での会話データ分析の活用
　　　c. 教師自身の会話能力の向上のための会話データ分析の活用
　(2) 学習者による「研究と実践の連携」

　次の第2部と第3部において，以上のような会話データ分析の「研究と実践の連携」が特に日本語教育の分野でどのように行われてきているのかについて，文献調査とインタビュー調査から探ります。

　文献調査では，日本国内，米国，豪州，韓国という四つの国を取り上げ，そこで発行されている過去50年ほどの日本語教育関連の論集に蓄積された会話データ分析の知見を集約してまとめます。これら四つの国では，日本語教育が盛んに行われてきていて，昔からそのための研究と実践が積み上げられてきています。特に，豪州は，第1章第3節で述べた，学習者が参加する接触場面の会話データの分析の必要性を唱えたネウストプニー氏が教鞭をとられていたモナッシュ大学関係者による会話データ分析の論文の調査を行い，どのような接触場面の研究が行われてきたかを探ります。

　また，インタビュー調査では，主に日本国内，米国，豪州，韓国で会話データ分析を行い，「研究と実践の連携」をされてきた12人の教育者・研究者の語りを紹介します。ここでは，12人の教育者・研究者のこれまで積み上げてきた研究と実践の軌跡をたどり，会話データ分析の「研究と実践の連携」の具体的な例をみていきます。なお，インタビュー調査に協力くださった12人の先生方は，第1章「会話デー

表1　インタビュー協力者の教育者・研究者の専門分野キーワード

専門分野 （第1章「会話データ分析の変遷」のキーワードより）	インタビューに協力してくださった 教育者・研究者名
国立国語研究所の研究，言語生活研究，言語行動研究	南不二男先生，杉戸清樹先生
文法研究，相互行為言語学	北條淳子先生，大野剛先生
談話分析，ジャンル分析，語用論	リンゼー四倉先生
会話分析	森純子先生
ポライトネス研究，敬語の対照研究	三牧陽子先生，韓美卿先生
社会言語学	任榮哲先生
接触場面研究，習得研究	宮崎里司先生
教室談話分析，教師教育	文野峯子先生
OPI（Oral Proficiency Interview）	櫻井恵子先生

タ分析の変遷」のなかで紹介したような会話データ分析を行われてきています（表1）。先生方がどのような問題意識から，その時代で求められていた新たな研究を模索して，専門分野を開拓されていったのかについて，インタビューでの語りから読みとっていただければと思います。

　先生方の中には，第2章「会話データ分析と教育現場の関係」で紹介したように，会話データ分析の研究成果をシラバス，教材開発，教室活動などの実践に活かし，「研究と実践の連携」を図られてきた方々もいます。先生方が日本語教育に従事されるにあたって，どのように会話データ分析を活用されてきたか，インタビューの語りからうかがうことができます。

　これらの会話データ分析の文献調査とインタビュー調査から得られた「研究と実践の連携」の例は，過去から現在までの知見の蓄積であり，貴重な資料となるといえます。過去との出会いから現在を振り返り，未来を作る糧としていただければ幸いです。

（中井陽子）

第2部
会話データ分析の変遷の
文献調査

第2部の概要説明

　第2部では，実際にどのような会話データ分析が行われてきたのか，その動向を探ります。これにより，過去・現在の会話データ分析の研究手法や研究成果の活用法の特徴を知り，今後の研究と実践のヒントとしていただくことを目指します。

　分析する会話データ分析論文は，特に日本語教育が盛んな地域のなかでも，日本国内，米国，豪州，韓国で発行されているものを選びました。これらの論文は，この四つの国における日本語教育関連の主要な学会で発行されている論集に掲載されていたものです。

　各国で調査対象とした論集は，表1の通りです。豪州に関しては，日本語教育関連の学会誌ではなく，豪州において精力的に日本語教育研究を行ってきたモナッシュ大学の関係者が執筆した論文をさまざまな論集から収集して分析しました。そして，第2部の最後に，四つの国の文献調査からみえてくるものについてまとめたいと思います。

表1　調査対象とした論集

第4章	日　　本	『日本語教育』『日本語教育論集』『世界の日本語教育』『社会言語科学』
第5章	米　　国	*Japanese Language and Literatures*
第6章	豪　　州	モナッシュ大学関係者の論文
第7章	韓　　国	『日本語教育研究』

日本国内，米国，豪州，韓国のそれぞれの文献調査の章では，まず，各国の日本語教育事情を概観した後，各国の文献調査における分析結果について報告します。それぞれの分析項目の定義は，寅丸ら（2012），大場ら（2014），中井ら（2016）をもとに，表2のようにしました。そして，調査対象のそれぞれの論文のなかから，各定義の基準に合っているものがいくつあるか集計しました。

　この第2部文献調査を読んでいただく際は，まず，**Point** で，日本国内，米国，豪州，韓国の文献調査の要点をつかんでから，本文を読んでいただくと，より理解が増すと思います。

　本文では，具体例や図表などを交えながら，各国の会話データ分析の特徴がまとめてあります。文献調査の内容についてより詳しく知りたい方は，各章の最後にある**参考文献**をあたってみてください。

　その後，**文献調査を終えて**では，筆者らが文献調査を行った感想が述べてあります。

　そして，ナカニシヤ出版ホームページ（http://www.nakanishiya.co.jp/book/b313405.html）に**考えてみよう！**があります。ここで，四つの国の文献調査の内容をふまえて，読者自身で，どのような会話データ分析の研究ができるか考えることができるようになっていますので，ぜひ，挑戦してみていただければと思います。

　では，過去から現在まで日本国内，米国，豪州，韓国で行われてきた会話データ分析の世界に出かけましょう。

（中井陽子）

参考文献

大場美和子・中井陽子・寅丸真澄（2014）「会話データ分析を行う研究論文の年代別動向の調査—学会誌『日本語教育』の分析から」『日本語教育』*159*, 46–60.

寅丸真澄・中井陽子・大場美和子（2012）「会話データ分析を行う実践研究論文の社会的意義への言及の考察—学会誌『日本語教育』掲載の実践研究論文の分析をもとに」『WEB版日本語教育実践研究フォーラム報告』, 1–10.〈http://www.nkg.or.jp/kenkyu/Forumhoukoku/2012forum/2012_P19_toramaru.pdf〉（2016年11月12日）

中井陽子・寅丸真澄・大場美和子（2016）「学会誌『社会言語科学』掲載の会話データ分析論文の年代別動向の調査」『社会言語科学』*18*(2), 1–17.

第2部の概要説明　　*41*

表2　会話データ分析の文献調査における分析項目

分析項目		定義・例
(1) 会話データ分析論文数	会話データ分析論文	文の単位を越える2発話以上連続したまとまりのある単位からなる話し言葉を分析データとし，談話レベルの会話の現象を記述している論文。
(2) 論文の種類	①研究論文	「②実践研究論文」以外の論文。
	②実践研究論文	実践者や実践に関わる者が，実践現場をデータとして，実践の内実（目的・理念・方法・活動内容・プロセス・結果など）を具体的に記述・分析し，その意義・改善・提言などについて考察した論文。
(3) 分析データ場面	①母語場面	母語話者同士の会話を分析しているもの。
	②接触場面	母語話者と非母語話者の会話を分析しているもの。
	③両　場　面	「①母語場面」と「②接触場面」の両方を分析しているもの。
(4) 会話データの種類	①自然談話	雑談，電話，インタビュー，行動調査など，会話参加者間で自然に交わされた会話。ただし，インタビューの場合，会話参加者の言語行動を談話レベルで分析しているものは対象とするが，ライフヒストリーなど，インタビューで語られた内容自体を分析しているものは対象外とする。
	②メディア	テレビ，映画，漫画，小説の会話，教材のモデル会話などのメディアを媒体として伝えられ，不特定多数の人が入手可能な公共性の高い会話。ドラマのシナリオやテレビ番組の台本など，あらかじめ意図的に作られた性質をもつ会話が多い。
	③実　　験	ロールプレイ，談話完成法，再話などの実験的な手法で収集された会話。
	④コーパス	公開されたコーパスの会話。（例：OPI（Oral Proficiency Interview）データをもとにしたKYコーパス[1]など）
	⑤作　　例	論文の執筆者自身が内省をもとに作成した会話例。意図的に作られたものという点では「②メディア」とも近いが，公共性が低いという点では異なる。
	⑥携帯メール・SNS	携帯メールやインターネットなどの文字を媒体としたやりとりで，音声言語ではないもののターンテイキングなどの話し言葉による会話の特徴をもつもの。文字による私的なやりとりが自然発生的に行われるもの。
(5) 目的別タイプ	A. 研究還元型	会話の特徴を綿密に分析し，その現象や実態を記述し，新たな知見を与えることで，過去から未来へ研究成果を積み上げて発展させることを目的としているもの。研究成果の活用法としては，いまだに解明されていない言語現象や実態を分析・記述して知見を広める研究，新たな分析手法や分析の枠組みを提案する研究，さまざまな言語現象を統括する理論モデルを構築する研究などがある。
	B. 実践還元型	研究成果を実践現場[2]に還元し，活用することを目的としているもの。研究成果の活用法のなかには，ある実践現場の実態を把握して改善しようという問題意識が明確な研究，さまざまな実践現場を抱える社会の問題点をあぶり出して解決のための提言を行う研究などがある。

※「(4) 会話データの種類」は，データのジャンルや収集方法の違いから6分類に分け，論文中で複数の会話データを分析している場合は，それぞれ計上しました。

1) 90人分のOPIテープを文字化した言語資料（http://opi.jp/shiryo/ky_corp.html）。

2) 「実践現場」とは，教育現場，医療・心療・看護・介護現場，法廷現場など，社会のなかで人々が日々従事する場のことです。

第4章
日本における会話データ分析の変遷

大場美和子・中井陽子・寅丸真澄

> **Point**
> ▶会話データ分析論文が増えてきている！
> ▶自然談話をデータとした研究が多い。
> ▶実践研究論文，接触場面，実践現場還元型の研究が増えてきている。

1　はじめに

　1980年代から，日本国内外で，さまざまな背景をもつ日本語学習者が急に増えてきました。国内の場合は，経済的な要因（例：バブル経済）だけでなく，政治的・社会的な要因（例：1978年のインドシナ難民の受け入れ，1981年の中国残留孤児の帰国，1983年の留学生10万人受け入れ計画，1990年の入管法の改正）も関係しています（日本語教育学会 2005）。また，国外の場合は，日本の経済発展にともない，日本や日本語についての知識や技術を得たり，留学やビジネスで日本に行ったりするなど，それぞれの国や地域特有の事情が日本語学習者の増加や多様化に影響していると考えられます。

　このように国内外でさまざまな日本語学習者が増えることにより，日本語母語話者と学習者がいろいろな場面で会話をする機会が増えてきています。このような異なる文化の人々が接触する場面（接触場面）の会話では，母語話者同士の母語場面の会話とは異なるやりとりとなったり，時に予想外の問題が発生したりすることもあります。会話データ分析は，こうした接触場面や母語場面のやりとりの実態や問題を，会話データから具体的に記述・分析する方法の一つです。そして，その会話

データ分析からわかったことをもとに，日本語教育の実践現場へ，カリキュラムやシラバス，教材開発などのかたちで還元してきています。

　本章では，日本で発行された日本語教育に関わる主要な三つの論集を対象に，会話データ分析論文の研究動向を調査した結果について，具体例とともに紹介します。調査結果は，筆者らがこれまで行ってきた文献調査（寅丸ほか 2012; 大場ほか 2014a, 2014b; 大場・朴 2017）の結果を中心に述べますが，さらに本章で新たに行った集計も加えました。これらは，各論集において，どのような会話データ分析の手法による研究が行われてきたのか，その研究成果がどのように教育などの実践現場へ還元されてきたのか，という調査です。これらの調査結果をみると，会話データ分析という観点から，日本語学習者を対象とした「研究と実践の連携」がどのように行われてきたのかがわかります。この過去の「研究と実践の連携」をデータから具体的にみることで，今後も多様な学習者が増えるであろう日本語教育の現場にどのように向きあっていくのかを考察する足がかりとなることをねらいとしています。

2　調査対象の論集

　調査対象は，日本で発行された日本語教育に関わる三つの論集です。具体的には，日本語教育学会の『日本語教育』，国立国語研究所の『日本語教育論集』，国際交流基金の『世界の日本語教育』です。『日本語教育』は，日本語教育学会の学会誌で 50 年以上も情報発信をしてきています。『日本語教育論集』は，日本語教員養成課程で重要な役割を果たした国立国語研究所の教員研修をもとに発行された論集です。『世界の日本語教育』は，国外の日本語教育に重要な役割を果たした国際交流基金が発行してきた論集です。表 4-1 は，それぞれの論集の出版年，調査対象の号，冊数，全掲載論文数をまとめたものです。

表 4-1　調査対象の概要

論集名	出版年	対象号	冊　数	掲載論文数	調査の出典
『日本語教育』	1962–2012 年	創刊号〜 153 号	153 冊	1628 本	寅丸ほか（2012） 大場ほか（2014a）
『日本語教育論集』	1984–2009 年	1–25 号	25 冊	111 本	大場ほか（2014b）
『世界の日本語教育』	1991–2009 年	1–19 号	19 冊	266 本	大場・朴（2017）
『社会言語科学』	1998–2014 年	1(1)–17(1)	33 冊	255 本	中井ほか（2016）

そして，これらの日本語教育に関わる論集の特徴をより明らかにするため，日本語教育以外の一般的な言語系の論集の一つである社会言語科学会の学会誌『社会言語科学』の調査（中井ほか 2016）と，その比較（中井ほか 2011; 中井ほか 2014）も行いました。『社会言語科学』の調査では，社会言語学という日本語教育分野も含むさらに広い枠組みの中で，会話データ分析論文の研究動向を分析しています。

表 4-1 の「調査の出典」は各論集を調査した研究です。詳しい調査結果は，これらの研究を参照してください。なお，調査対象の論集の出版年にはずれがありますが，これは，各論集の調査時のデータをもとにしているためです。

3　分　析

本節では，以下の（1）～（5）の項目で集計を行い，その結果を各論集で比較します。なお，それぞれの分析項目の定義については，「第 2 部　会話データ分析の変遷の文献調査」冒頭の「概要説明」をご覧ください。

（1）会話データ分析論文数
（2）論文の種類（①研究論文，②実践研究論文）
（3）分析データ場面（①母語場面，②接触場面，③両場面）
（4）会話データの種類（①自然談話，②メディア，③実験，④コーパス，
　　　⑤作例，⑥携帯メール・SNS）
（5）目的別タイプ（A. 研究還元型，B. 実践還元型）

3-1　会話データ分析論文数

表 4-2 は，各論集における掲載論文数，会話データ分析論文数，掲載論文数に占める会話データ分析論文数の割合（%）をまとめたものです。図 4-1 は，会話データ分析論文数が，年代別にどのように推移してきたのかを示した結果です。

会話データ分析論文数は，日本語教育のすべての論集で，年代を経るにつれ増える傾向にあります。特に，1980 年代から 1990 年代に特に増え，その後は横ばいの傾向となっています。これは，1980 年代から日本語学習者が増え，学習者の参加する場面がどのようなやりとりとなっているのかを明らかにし，教室活動や教材開発などの実践現場へとつなげる必要があったためだと考えられます。一方，『社会言語科学』では，2000 年代に 1990 年代の倍近くまで急に会話データ分析論文が増え，

表4-2 各論集における掲載論文数と会話データ分析論文数

論集名	掲載論文数	会話データ分析論文	
『日本語教育』	1628本	207本	12.7%
『日本語教育論集』	111本	30本	27.0%
『世界の日本語教育』	266本	74本	27.8%
『社会言語科学』	255本	117本	46.0%

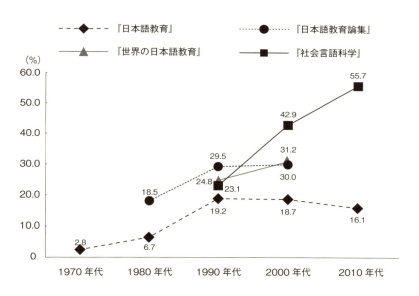

図4-1 各論集における会話データ分析論文数の推移

その後も増えつづけています。日本語教育だけでなく，社会言語学の分野でも，会話データ分析論文の研究成果が論集を通して広く公開されてきているといえます。

3-2 論文の種類（①研究論文，②実践研究論文）

論文の種類は，日本語教育のすべての論集で，「①研究論文」が圧倒的に多いのですが，「②実践研究論文」の割合も年代を経るにつれて増えてきています。一方，『社会言語科学』は，「②実践研究論文」は全体で数パーセントだけで，ほぼ「①研究論文」となっていて，日本語教育関連の論集とは大きな違いがあります。

図 4-2　各論集における論文の種類

3-3　分析データ場面（①母語場面，②接触場面，③両場面）

　分析データ場面は，日本語教育のすべての論集で，年代を経るにつれて，「②接触場面」と「③両場面」の割合が増えてきています。一方，『社会言語科学』は，「①母語場面」の割合がどの年代でも多く，日本語教育関連の論集とは大きな違いがあります。日本語教育の論集では，日本語学習者の参加する「②接触場面」と「③両場面」に着目した論文が掲載されてきたと考えられます。

　集計上は三つの分類ですが，それぞれの場面をみると多様な母語場面や接触場面があります。たとえば，母語場面の初対面会話や雑談の分析のほかに，震災ニュース，免税店でのやりとり，道を聞くやりとりなど，日常生活で非母語話者が直面する接触場面を対象にした研究もあります。また，地域で生活する外国人の会話，外国人社員の会話といった多様な背景をもつ非母語話者が参加する接触場面の分析もみられます。

　また，論集別の特徴もみられました。『日本語教育論集』は，「②接触場面」が特に高い割合でした。これは，この論集が日本語教員養成課程の研修と関わっていて，教室活動や学習者の日本語習得を分析データ場面とした論文が多く掲載されていたためです。また，『世界の日本語教育』は，「①母語場面」の値が比較的高いのですが，日本語だけでなく，ビルマ語や韓国語など他の言語の母語場面を対象とした論文もありました。国外の学習者の母語場面も分析対象となっていたためです。このように，全体としては「②接触場面」と「③両場面」の割合が増えていますが，詳細をみると各論集の特徴があることがわかります。

第4章　日本における会話データ分析の変遷　　47

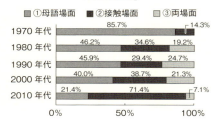
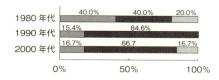

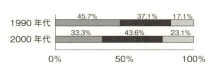
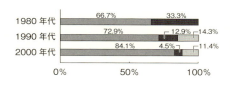

図 4-3　各論集における分析データ場面

3-4　会話データの種類（①自然談話，②メディア，③実験，④コーパス，⑤作例，⑥携帯メール・SNS）

　会話データの種類は，1970年代までは「②メディア」が大きな値を占め，時代の変遷にともなって，「②メディア」のデータにも変化がみられました。まず，1970年代までは，小説や漫画の会話，ドラマや映画のシナリオなどを対象にした研究が多くみられました。その後，徐々にテレビのトーク番組など，シナリオなどに頼らずに比較的自由に話すメディアの会話が対象となってきました。

　「②メディア」に加え，1980年代からは，「①自然談話」がどの論集でも40％を超え，なかには100％もあり，大きな割合を占めるようになりました。これには，日本語学習者が増え，学習者の会話を対象に分析する必要性が高まっただけでなく，会話データ収録の機材が発達してきたことも影響したと考えられます。

　そのほかに，1980年代から，「③実験」がデータとして使用されるようになりますが，これはロールプレイや談話完成法などにより，不満表明や謝罪など，「①自然談話」では収録が難しい場面の会話を分析するために使用されていたものです。「⑤作例」は，数は少ないもののどの時代にもみられ，特定のやりとりを端的に提示する

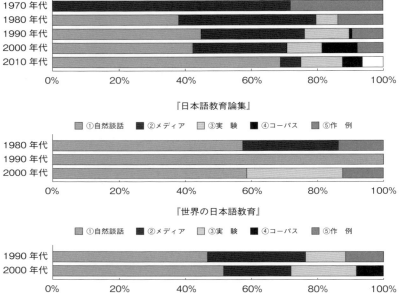

図4-4 各論集における会話データの種類

場合に使用される傾向にあります。「④コーパス」は2000年代に使用がみられますが，これはコーパスが公開されるようになり，数量的な研究が2000年代より盛んに行われるようになったためであると考えられます。最後に，数は少ないのですが，「⑥携帯メール・SNS」が2010年代にみられるようになりました。今後も社会のコミュニケーションの実態を反映した多様な会話データが活用されていくのではないかと考えられます。

　論集の特徴をみると，『日本語教育論集』は，「①自然談話」が特に高い割合となっています。これは，3-3分析データ場面でも述べたように，日本語の教室活動などの実際のやりとりをデータとする論文が多く掲載されていたためです。一方，『社会言語科学』では，どの年代でも「①自然談話」が60％後半から70％を占め，日本語教育関連の論集よりも高い割合となっています。

第4章　日本における会話データ分析の変遷　　49

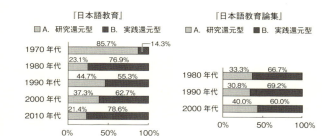
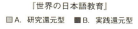
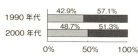

図 4-5　各論集における目的別タイプ（A. 研究還元型，B. 実践還元型）

3-5　目的別タイプ（A. 研究還元型，B. 実践還元型）

目的別タイプは，『日本語教育』の 1970 年代を除いて，「B. 実践還元型」がすべての論集で半数を超えています。逆に，『社会言語科学』は，どの年代でも，「A. 研究還元型」が半数を超えており，ある具体的な実践現場に研究成果を還元するというより，研究成果自体を積みあげて理論化していく研究が多いといえます。日本語教育の論集は，1980 年代に多様な日本語学習者が増え，実践現場へ研究成果を還元することを目的とした論文が多く掲載されてきたと考えられます。

たとえば，「A. 研究還元型」には，会話のなかで学習者が使用している文法項目を分析して文法の習得状況を明らかにし，実際の会話データをもとに実証的に研究を行う重要性を主張しているものがありました。一方，「B. 実践還元型」には，こうした文法項目の習得状況の結果をふまえ，学習者の日本語教育，日本語教員養成課程での指導をどのように行えばいいのかを提言するものがみられました。また，日本で生活する外国人のあいづちの習得を分析し，外国人が円滑なコミュニケーションを行うことによって日本の地域社会にとけ込んで生活を向上させていくための提言をしているものもありました。

4　まとめ

表 4-3 は，これまで述べてきた (1)〜(5) の五つの観点の分析をもとに，三つの論集の共通点を，『社会言語科学』と比較してまとめたものです。会話データ分析論文数が増えていること，その論文中の会話データの種類では「①自然談話」が多いことは，四つの論集に共通しています。しかし，違いとしては，日本語教育関連の

表 4-3　三つの論集の共通点のまとめ

(1) 会話データ分析論文数	会話データ分析論文が学習者の増加に伴って増えた。特に，1980年代から1990年代に大きな増加がみられる。
(2) 論文の種類	「①研究論文」が多いが，「②実践研究論文」の割合が増加傾向にある。
(3) 分析データ場面	日本語学習者の参加する「②接触場面」と「③両場面」の割合が増加傾向にある。
(4) 会話データの種類	「①自然談話」が増加傾向にある。他のデータも少数ながら使用されている。
(5) 目的別タイプ	「B. 実践還元型」がほぼ過半数を占める。

論集の場合は，論文の種類では「②実践研究論文」，分析データの場面では「②接触場面」と「③両場面」，目的別タイプでは「B. 実践還元型」の割合が増えていることです。日本語教育では，日本語学習者の日本語によるやりとりの問題やその問題を解決するための教育という観点があるためだと考えられます。

　また，表 4-4 のように，各論集の特徴もみられました。

　これまで述べてきたことをふまえ，2 点，主張したいと思います。まず，日本語教育関連の論集にみられた「研究と実践の連携」は，今後も多様化すると考えられる日本語教育の現場では，とても参考になるという点です。政治的・社会的な要因によって多様な日本語学習者が増え，それを受けて「研究と実践の連携」が行われてきたこと，そして，論集によってその連携のあり方に特徴が観察されることが，この文献調査を通してわかりました。今後，研究や教育の現場で何かに迷った際，こ

表 4-4　三つの論集の特徴のまとめ

『日本語教育』	1960年代から発行されている論集であり，歴史的変遷がみられる。1980年代に日本語学習者が急増した際に会話データ分析論文が増え，その研究成果を実践現場に還元した「研究と実践の連携」が多くみられた。特に日本語教育をとりまく社会の影響があったことがわかる。
『日本語教育論集』	日本語教員養成課程に関わる論集であるため，実際の教室活動や日本語学習者の習得に着目した「①研究論文」が多い。このため，「②接触場面」「①自然談話」「B. 実践還元型」の値が，他の論集よりも高かった。
『世界の日本語教育』	国内外の特定の学習者や実践現場を対象とした「①研究論文」が掲載されていた。「①母語場面」の使用言語が日本語以外の言語を対象とした論文があるなど，個別の特徴もみられた。

の「研究と実践の連携」のどこに自分が位置づけられるのか，そこからどのように進んでいくのかを考える具体的な事例を過去から学ぶことができると考えられます。

　次に，1点目の「研究と実践の連携」を，日本語教育の分野だけでなく，二つの方向で多分野と共有する可能性が考えられるという点も主張したいと思います。一つ目の方向は，研究成果の知見を色々な人と相互活用することです。研究が専門化・詳細化するようになると，個人のレベルで研究から実践までつなげることはとても難しい場合も考えられます。『社会言語科学』では日本語教育とは違った多様な会話データ分析が行われていました。また，現在はネット上に研究成果が公開されることも多く，自分の専門分野だけでなく，多分野の研究成果からも学び，自らの実践へつなげていく可能性も考えられます。

　二つ目の方向は，これまで日本語教育の分野でどのように「研究と実践の連携」を行ってきたかを他の分野にも伝えていくことです。日本語教育の分野では，社会のさまざまな影響を受けて，その時代で必要とされた研究を行い，それを実践に還元してきました。そうしたプロセスがどのように実現されてきたのかをより多くの他分野に広めることで，今後，より多くの研究分野で「研究と実践の連携」が実現されていくのではないかと考えています。

参考文献

大場美和子・中井陽子・寅丸真澄（2014a）「会話データ分析を行う研究論文の年代別動向の調査—学会誌『日本語教育』の分析から」『日本語教育』*159*, 46–60.

大場美和子・中井陽子・寅丸真澄（2014b）「国立国語研究所『日本語教育論集』における会話データ分析論文の年代別動向の調査」『大学日本語教員養成課程研究協議会論集』*10*, 13–22.〈https://daiyokyo.files.wordpress.com/2014/12/ohba-ver2.pdf〉（2016年11月12日）

大場美和子・朴　美貞（2017）「国際交流基金『世界の日本語教育』における会話データ分析論文の年代別動向の調査」『昭和女子大学大学院 言語教育・コミュニケーション研究』*11*, 1–14.〈http://id.nii.ac.jp/1203/00005924/〉（2017年7月30日）

寅丸真澄・中井陽子・大場美和子（2012）「会話データ分析を行う実践研究論文の社会的意義への言及の考察—学会誌『日本語教育』掲載の実践研究論文の分析をもとに」『WEB版日本語教育実践研究フォーラム報告』, 1–10.〈http://www.nkg.or.jp/kenkyu/Forumhoukoku/2012forum/2012_P19_toramaru.pdf〉（2016年11月12日）

中井陽子・大場美和子・寅丸真澄（2011）「会話・談話分析の社会的意義の考察—掲載論文の分析をもとに」『異文化コミュニケーションのための日本語教育②』高等教育出版社，pp.628–629.

中井陽子・大場美和子・寅丸真澄・増田将伸（2014）「日本国内と米国における会話データ分析を行う論文の特徴の分析—論集『社会言語科学』『日本語教育』『日本語教育

論集』『JLL』の比較」The Eighth International Conference on Practical Linguistics of Japanese（ICPLJ8），176–177.

中井陽子・寅丸真澄・大場美和子（2016）「学会誌『社会言語科学』掲載の会話データ分析論文の年代別動向の調査」『社会言語科学』*18*(2)，1–17.

日本語教育学会［編］（2005）『新版日本語教育事典』大修館書店

◆文献調査を終えて

　文献調査の率直な感想は，たくさん論文を読んだなあというものです。本章の表 4-2 の四つの論集だけでも，2260 本の掲載論文のすべてをざっと読み，会話データ分析論文かどうかの認定を行いました。もちろん，これ以外の論集の論文も読んでいます。そして，会話データ分析論文として認定した論文（表 4-2 を合計すると 428 本）は，分析のためにさらに熟読しました。

　そして，膨大な論文を調査するために，長い時間，図書館にこもり，昔から書き溜められてきた論集 1 冊 1 冊のページをめくっていきました。その 1 ページ 1 ページから，タイムスリップしたように，歴代の教育者・研究者の先生方の教育と研究の積み重なりとその歴史の重みを感じ，今，我々があるのはこの功績のお陰なのだと改めて考えました。もう直接お会いできない先生方にも論文を通して語りかけてもらっているようで，大変貴重な経験ができました。

　さらに，このような論文の語りは，私たちが研究を深めたり，実践をよりよくしたりするための大きな助けになってくれました。「こんな研究手法があったんだ」「こんなふうに教えればいいんだ」などと，「発見」することがしばしばありました。研究者や実践者は研究や実践を通して社会に貢献していると考えられますが，そういった意味でいえば，先人の論文すべてが時を超え人を超えて，私たちの社会を支えてくれているのだと実感しました。

（大場・中井・寅丸）

ちょっとひといき①：
実践研究を支える会話データ分析

　本書で紹介されている会話データ分析は，研究論文や実践研究論文の多くに使用され，現在，なくてはならない研究手法の一つになっています。特に，実践研究では，会話データ分析によって，授業や活動のなかで，学習者がどのように学んでいるのかを明らかにし，授業を改善したり，新しい教授法の効果を検証したりするために使用されています。

　たとえば，実際に日本語の授業を録音・録画し，そのなかのやりとりを分析してみると，教師の発話が圧倒的に多く，一方向の授業を行っていれば，教師主導の授業が行われていることが想像できます。逆に，学習者の発話が多く，教師が学習者を支援するような双方向の働きかけをしていたり，学習者同士の会話が行われていたりすれば，学習者中心の授業であることがわかります。ちなみに筆者も，自分の授業を分析し，自分が思っているほど学習者中心になっていないことに愕然として，学習者が積極的に発話できるような活動はないかと考えこんだことがしばしばあります。

　もちろん，このような会話データは，教室内だけではなく，教室外の学習活動を分析する場合にも用いられます。たとえば，学習者が日本語母語話者の家庭を訪れたり，教室外で日本語母語話者とプロジェクトワークをしたりする活動の会話を分析すると，学習者がどのようなコミュニケーションの方法を使って日本語母語話者と関係を築いていくのか，その時何が問題になるのかがわかるようになります。もしそのような実践研究で，学習者は自分から会話を始めるのが難しいらしいという結果が出たら，教師は会話を上手に始められるような授業を計画します。教師は実践研究の結果をもとに，現在の授業をどのように改善したらよいか，または次にどのような授業をしたらよいのかを考え，計画し，再び実践するわけです。

　実践研究を支える会話データ分析は，今後ますます必要になってくるでしょう。近年の日本語学習者の多様化の影響で，学習者の学習環境や背景は多岐にわたり，学習者をとりまくコミュニケーションのあり方も，複雑になっているからです。海外で日本語を学ぶ学習者と日本で学ぶ学習者の学習環境は異なりますし，大学と地域日本語教室の環境も異なります。また，成人学習者と年少者日本語教室に通う子供たちでは，学習の仕方は全く違います。それぞれの日本語の授業や活動で，多様な学習者たちがどのようなやりとりを行うのか，何を話すのか，それぞれの現場で観察し，実態を把握していく必要があります。

　実践の数だけさまざまな会話データを収集できるにちがいありません。そのような多様性のなかにある共通点を見つけたり，逆に，一期一会のやりとりのなかから生まれたデータからその実践の特殊性を証明したりできれば，会話データ分析の意義があるといえます。データを取らせてもらう学習者に対する倫理的な問題には十分留意しなければなりませんが，倫理に配慮して適切な方法で行われる会話データ分析は，よりよい実践を生む礎になるといえます。

（寅丸真澄）

第5章
米国における会話データ分析の変遷

増田将伸・中井陽子

Point

▶ 1980 年代から会話データ分析論文が増えてきている。

▶実際に用いられている話し言葉の特徴を分析し，それを教育実践に活かそうとする志向がみられる。

▶言語使用を社会文化的な側面と結びつけて分析を行う論文がみられる。

1　はじめに

　米国は日本語教育と会話データ分析の研究がともに盛んに行われてきた国の一つです[1]。1900 年代前半から米国で日本語教育が行われてきましたが，第二次世界大戦の後にその規模が拡大しました。東西冷戦の開始がその背景にあります。米国にとって日本の重要性が高まったことに加え，国力を高めるために教育に対してさまざまな奨学金や助成金による支援が行われました。1957 年にソビエト連邦が人類初の人工衛星「スプートニク 1 号」の打ち上げに成功したことを受けて 1958 年には国家防衛教育法（National Defense Education Act）が施行され，ソビエト連邦に対抗して新世代の技術者を育成するために，理数系科目や外国語科目の教育振興に力が入れられました。1980 年代には，日本のバブル経済の影響で，日本語を学習する

---

1) 本章第 1 節の執筆にあたっては，オブライエン（1987），片岡（1987），浅川・中津（1998），四倉（2006），森・森（Mori & Mori 2011）および国際交流基金ウェブサイト〈http://www.jpf.go.jp/j/project/japanese/survey/area/country/2014/usa.html〉（2016 年 6 月 16 日）を参考にしました。

ことがビジネスにおいて有利になるという意識が生まれ，学習者数が大幅に増えて日本語ブームが訪れました。近年では，マンガ，アニメ，ゲームなど日本のポップカルチャーが注目を集めており，その関心から日本語を学習する学習者もみられます。

　一方，学習言語を使って何ができるかという観点で，レベルに応じた外国語学習の達成目標が明確に示されるようになりました。1996 年に発表された「外国語学習スタンダーズ：21 世紀への準備」(*Standards for Foreign Language Learning: Preparing for the 21st Century*)，および，2001 年に発表されたヨーロッパ言語共通参照枠 (*Common European Framework of Reference for Languages: Learning, Teaching, and Assessment*) です。この影響もあって，日本語教育の方向性が言語形式の教授からコミュニケーションの達成へと移りました。近年では，会話データ分析を通じて日本語のコミュニケーションの研究成果を，カリキュラムやシラバス，教材開発などのかたちで日本語教育の実践現場へ還元する動きもみられます。

　本章では，米国の日本語教育の拠点としての役割を果たしてきた全米日本語教育学会 (American Association of Teachers of Japanese) の学会誌である *Japanese Language and Literature* (JLL) 誌[2] 掲載論文の分析結果を示します。そして，米国の日本語教育において，どのような会話データ分析が行われてきたのか，その一端をみたいと思います。

2　調査対象の論集

　全米日本語教育学会は，日本の文化，文学，言語の教育者・研究者や学生で構成される学会で，さまざまな教育現場での日本語の学習・教授を促進し，日本や日本文化の知識や理解を深めることを目的としています[3]。学会誌 JLL には，日本語教育だけでなく日本語学，日本文化，日本文学も含む，幅広い分野での日本語に関する論文が含まれています。増田・中井 (2014) では，JLL 誌創刊から Vol.47 No.1 まで (1963–2013 年，51 年分，105 巻) に掲載された全論文 352 本[4] のうち「会話デ

---

2) ただし，本誌の 2000 年 (vol.34) 以前の名称は *Journal of the Association of Teachers of Japanese* でした。
3) 全米日本語教育学会ウェブサイト 〈https://www.aatj.org/aatj〉 (2016 年 6 月 16 日) より。
4) 研究論文を対象とし，書評や博士論文要旨などは含めていません。

表 5-1 調査対象の概要

論集名	出版年	対象号	冊　数	掲載論文数	調査の出典
Japanese Language and Literature（JLL）	1963 年〜 2015 年	創刊号〜 Vol.49 No.2	110 冊	248 本	増田・中井（2014） をもとに発展

ータ分析」が用いられていた 42 本を調査対象としました。本章では，Vol.47 No.2 〜 Vol.49 No.2（2013–2015 年，3 年分，5 巻）に掲載された論文もさらに調査し，全掲載論文 386 本のうち，文学の論文 138 本を「掲載論文数」から除いた 248 本の分析結果を示します[5]。

3　分　　析

本節では，以下の（1）〜（5）の観点から分析を行いました。

（1）会話データ分析論文数
（2）論文の種類（①研究論文，②実践研究論文）
（3）分析データ場面（①母語場面，②接触場面，③両場面）
（4）会話データの種類（①自然談話，②メディア，③実験，④コーパス，⑤作例，⑥携帯メール・SNS）
（5）目的別タイプ（A. 研究還元型，B. 実践還元型）

上記 5 項目について，5 年ごとの年代別に比較を行いました。ただし，1960 年代は，1963 年〜 1964 年に会話データ分析論文が掲載されていなかったため，1963 年〜 1969 年（7 年）を一つの区分としました。また，2010 年代は，2010 年〜 2015 年（6 年）を区分としています。

3-1　会話データ分析論文数

表 5-2・図 5-1 は，掲載論文数と会話データ分析論文数です。表 5-2 の「掲載論文

5）話し言葉を対象とした会話データ分析を扱わない文学の分野の論文は，「掲載論文数」から除きました。なお，日本語学や日本文化の論文は，会話データ分析を扱っているものもあるため，「掲載論文数」に含めました。

第5章 米国における会話データ分析の変遷

表5-2 掲載論文数と会話データ分析論文数

年代区分	掲載論文数	会話データ分析論文数	
1963–1969年	48	1	2%
1970–1974年	26	3	12%
1975–1979年	26	2	8%
1980–1984年	16	6	38%
1985–1989年	10	2	20%
1990–1994年	9	2	22%
1995–1999年	17	6	35%
2000–2004年	28	5	18%
2005–2009年	34	8	24%
2010–2015年	34	10	29%
合　計	248	45	18%

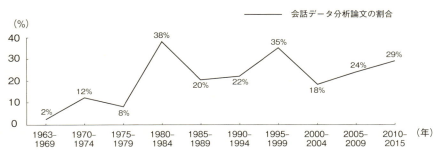

図5-1 会話データ分析論文数の推移

数」は文学に関する論文を除いた数で，「会話データ分析論文数」の割合は，この掲載論文数に対する数値を表しています。

　会話データ分析論文は1980–1984年で大きく割合が増え，以降は18%以上の割合で推移しています。特に，1980–1984年と1995–1999年は30%台という高い値となっています。1980–1984年は日本語ブームが訪れたこと，1995–1999年は日本語教育の方向性が言語形式の教授からコミュニケーションの達成へと移っていったことが影響していると考えられます。

　第1節で述べたような米国の日本語教育事情が会話データ分析の活用にもある程度反映されていると考えられます。また，会話データの研究が注目を集めてきた

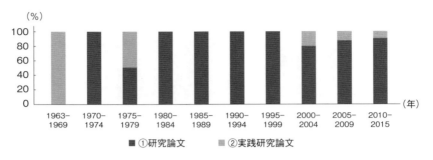

図 5-2　論文の種類

ことの一つの表れとして，2005年と2011年には談話に関する論文を集めた特集号「Discourse and language pedagogy」と「Approaches to Japanese discourse」が発行されており，それぞれ4本と5本の会話データ分析論文が掲載されています。

3-2　論文の種類（①研究論文，②実践研究論文）

図5-2は，論文の種類の年代別変遷です。会話データ分析論文全45本のうち，「①研究論文」が40本（89％）と多数を占めていました。一方，「②実践研究論文」は5本（11％）で，それらのなかでは，日本語運用能力を向上させるための授業内活動が検討されていました。

3-3　分析データ場面（①母語場面，②接触場面，③両場面）

図5-3は，分析データ場面の年代別変遷です。1963-1994年の会話データ分析論文は，全16本中14本（88％）が「①母語場面」を対象としていました。しかし，1995年から，教室会話を分析対象として「②接触場面」や「③両場面」を扱う論文が徐々にみられるようになります。そして，2005年以降はこの割合が逆転し，「②接触場面」と「③両場面」を分析対象とする論文を合わせた数が「①母語場面」を分析対象とする論文数を上回っています。

3-4　会話データの種類（①自然談話，②メディア，③実験，④コーパス，⑤作例，⑥携帯メール・SNS）

図5-4は，会話データの種類の年代別変遷です。1963-1994年では「⑤作例」の全合計数が会話データ分析論文中で60％強を占めていますが，1995年以降は「⑤作

第5章 米国における会話データ分析の変遷　59

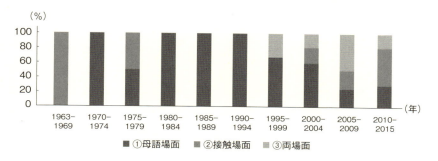

図 5-3　分析データ場面

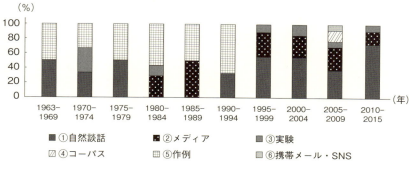

図 5-4　会話データの種類

例」がみられなくなります。その代わりに、「①自然談話」が 1995-2015 年の合計で 76％を占めています。「②メディア」は 1980 年以降、継続的に分析対象とされていますが、メディアが社会に与える影響など、メディア自体の特性を探求する研究ではなく、メディアの会話データにみられる日本語の使用に関する基礎研究や、その成果の教育実践への活用に関する論文が大部分でした。これらのことから、実際に用いられている話し言葉の特徴を分析し、それを教育実践に活かすことへの志向がみてとれます。2005-2009 年で「④コーパス」が用いられていることも、実際の用例の収集への志向の表れだと考えられるでしょう。

3-5　目的別タイプ（A. 研究還元型，B. 実践還元型）

　図 5-5 は、目的別タイプの年代別変遷です。1963-1979 年の「A. 研究還元型」と「B. 実践還元型」のそれぞれの合計数は同じです（各 3 本）が、1980-1994 年の 15

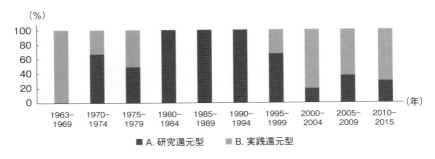

図 5-5　目的別タイプ

年間は「B. 実践還元型」の論文はみられません。しかし，2000 年以降は割合が逆転し，「B. 実践還元型」の論文が大きな割合を占めています。なお，1980 年以降に会話データ分析論文が増えていました（表 5-2，図 5-1 ☞ p.57）。そのことと併せて考えると，1980 年代・1990 年代に「A. 研究還元型」によって談話レベルの会話の現象についての基礎研究が蓄積され，2000 年代からは「B. 実践還元型」によって研究成果を社会現場に還元する試みが意識的に論文のなかで言及されるようになったといえるでしょう。

具体的にみていくと，会話データ分析論文の目的別タイプの傾向は 1963–1979 年，1980–1994 年，そして 2000–2015 年の三つの時期で異なっています。「A. 研究還元型」の論文についてみると，1963–1979 年では会話データを用いながらも語彙の用法の研究や意味論的な分析が行われていますが，1980–1984 年では談話の構造の分析が行われ（Horodeck 1981; Rowe 1982），分析の範囲が談話全体へと広げられています。また，1980 年以降は発話行為（Miyagawa 1982），敬語（Wetzel & Inoue 1999）など対人関係に関わる言語使用が分析の対象となっており，分析において会話データを用いることの意義が増してきていると考えられます。

「B. 実践還元型」の論文についてみると，1963–1979 年では 3 本中 2 本が日本語教育の授業内活動の効果を検証するものでした（Kimizuka 1968, Chang 1975）。それに対し，2000 年以降は授業内活動を分析の主な対象とした論文は 14 本中 1 本（DiNitto 2000）のみでした。他の論文では，自然談話，教科書のモデル会話，インタビューなど，さまざまなデータをもとに日本語の使用実態を記述し，それを教育に反映できるような教授法や教材開発の提案がなされています。このようなアプローチでは会話データ分析と教育実践が連関しているという点で，「研究と実践の連

携」（中井 2012）が意識されているといえるでしょう。

　また，論文の分析の観点からみると，言語使用に話者のアイデンティティや場の規範が反映されているという点に注目した論文が目立ちました（6本）。ウェッツェル（Wetzel 1988）では，話者が相手をウチ／ソトのどちらの領域に位置づけているかが発話ごとに分析されています。ディニット（DiNitto 2000）では，教師主導のやり方に学習者が慣れてしまっており，協働学習を新しく導入しても，学習者が教える側と教えられる側に分かれてやりとりをしていたということが分析されています。そこから，教師が行う授業のやり方に影響されて学習者がそれを真似する可能性があるため，教室活動で受ける社会文化的な影響には十分気をつけるべきであると指摘がされています。このように社会文化的側面をも含む分析がなされる背景には，「日本語の教育と日本文化の教育は不可分である」（Viglielmo 1963: 2）とするJLL 誌の編集方針の影響があると考えられます。

4　ま と め

　本章では，JLL 誌掲載論文の分析を通じて米国の日本語教育での「会話データ分析」のあり方を検討しました。1980 年代から会話データ分析の活用が盛んになり，2000 年代からは研究成果を社会現場に還元する試みが意識的に論文のなかで言及されるようになってきました。2000 年代の論文にみられた会話データ分析の研究成果を教授法や教材開発に活かそうとする「研究と実践の連携」の姿勢や，社会文化的側面を視野に入れた分析が JLL 誌の特徴として指摘できます。表 5-3 に，JLL誌掲載の会話データ分析論文の特徴をまとめました。

　米国の日本語教育を考える際，日本語は多くある外国語の選択科目の一つであり，第 1 節で述べた国家防衛教育法のような教育行政の影響は無視できません。経済不況の影響などにより教育予算が削減された場合は，外国語科目が削減されることもあります。日本語教育プログラムを維持するためには，JLL 誌のような学会誌で日本語教育の研究成果をアピールし，それを教育現場にどのように活かせるかを提案することで，日本語教育の意義を外に発信していくことが重要だと考えられます。JLL 誌を発行している全米日本語教育学会は，米国で日本語の研究や教育に携わる人たちが集まってこのような発信を行う拠点の一つとして大きな役割を果たしてきたといえるでしょう。

表 5-3　米国 JLL 誌掲載の会話データ分析論文の特徴のまとめ

(1) 会話データ分析論文数	1980 年代から会話データ分析の活用が盛んになってきている。
(2) 論文の種類	「①研究論文」が全会話データ分析論文の 90%近くを占める。
(3) 分析データ場面	1990 年代中頃から日本語学習者の参加する「②接触場面」と「③両場面」の割合が増加傾向にある。
(4) 会話データの種類	1994 年以前は「⑤作例」が多いが，1995 年以降は「①自然談話」がそれにとって代わる。
(5) 目的別タイプ	2000 年代以降，「B. 実践還元型」が大きな割合を占める。「A. 研究還元型」では，以前は語彙や意味などの分析であったが，1980 年代以降は談話の構造の分析へと広がっている。「B. 実践還元型」では，2000 年代以降，さまざまな会話データをもとに日本語の使用実態を記述し，それに基づき教授法や教材開発の提案がなされている。

参考文献

浅川公紀・中津将樹（1998）「米国における日本語教育―北西部の状況を手掛かりに」『東京家政学院筑波女子大学紀要』2, 175-192.

オブライエン, J.（1987）「米国の日本語教育事情」『日本語教育』61, 1-5.

片岡裕子（1987）「米国南東部における日本語教育とその問題点」『日本語教育』61, 35-48.

中井陽子（2012）『インターアクション能力を育てる日本語の会話教育』ひつじ書房

増田将伸・中井陽子（2014）「米国の日本語教育における「会話データ分析」の活用―*Japanese Language and Literature* 誌掲載論文の分析を基に」『社会言語科学会第 33 回大会発表論文集』, 142-145.

四倉, リンゼー・アムソール（2006）「米国における日本語教育の現状および学習者動機について」国立国語研究所［編］『環太平洋地域における日本語の地位』凡人社, pp.9-18.

Chang, A. (1975) Semi-free conversation: A beachhead leading to liberated spontaneous conversation. *Journal of the Association of Teachers of Japanese*, 10 (2/3), 119-130.

DiNitto, R. (2000) Can collaboration be unsuccessful? A sociocultural analysis of classroom setting and Japanese L2 performance in group tasks. *Journal of the Association of Teachers of Japanese*, 34(2), 179-210.

Horodeck, R. (1981) Excuses and apologies: Discovering how they work with the game excuses and challenges. *Journal of the Association of Teachers of Japanese*, 16(2), 119-139.

Kimizuka, S. (1968) Intensive oral 'Expansion drill' as preparation for reading. *Journal of the Association of Teachers of Japanese*, 5(1), 20-23.

Miyagawa, S. (1982) Requesting in Japanese. *Journal of the Association of Teachers of*

第5章　米国における会話データ分析の変遷　　*63*

Japanese, 17(2), 123–142.

Mori, Y., & Mori, J. (2011) Review of recent research (2000–2010) on learning and instruction with specific reference to L2 Japanese. *Language Teaching, 44*(4), 447–484.

Rowe, H. M. (1982) An example of discourse analysis: A Japanese radio news item. *Journal of the Association of Teachers of Japanese, 17*(1), 7–18.

Viglielmo, V. H. (1963) Editorial note. *Journal of the Association of Teachers of Japanese, 1*(1), 2.

Wetzel, P. J. (1988) Japanese social deixis and discourse phenomena. *Journal of the Association of Teachers of Japanese, 22*(1), 7–27.

Wetzel, P. J., & Inoue, M. (1999) Vernacular theories of Japanese honorifics. *Journal of the Association of Teachers of Japanese, 33*(1), 68–101.

◆米国 JLL 誌の文献調査を終えて

　自然談話を中心としたさまざまな会話データを活用し，日本語の使用実態の分析結果を教授法や教材開発の提案につなげている「研究と実践の連携」の取り組みが数多く論文にまとめられていました。米国で日本語を学習する場合，日本国内と違って身の回りで日本語にふれられる機会は限られます。使用実態に即した言語教育の取り組みが，このような状況での日本語の学習を助けているのだと感じました。

　また本章で述べた通り，他の外国語教育の成果と比較されるという状況に置かれながら，日本語教育のプログラムを維持するためには，日本語教育の意義を発信する必要があります。JLL 誌が，そのような発信において日本語教育関係者のよりどころとしてのはたらきを半世紀余りにわたって果たしてきたということを思うと，感慨深いものがありました。

（増田・中井）

ちょっとひといき② :
会話データ中の「質問」の分析 ─────────

　会話データのなかにはしばしば「質問」をする発話が登場し，人々のやりとりのなかで，多様かつ重要な役割を果たします。それゆえに，会話データにおいて質問はとても面白い研究テーマです。しかしその反面，多様な役割を的確に分析するには注意も必要です。以下の3点などに注意しながら，丁寧にデータ中の質問の特徴をとらえることが大切になります。

　まず，「質問」をどう定義するかという問題があります。一つの方法は，形式面から，疑問詞や疑問の終助詞を含み，疑問文の形式をとる発話を「質問」と定義することです。この場合，疑問文の形式をとる間接依頼（例：「塩を取ってもらえませんか」）や，反語ないし詠嘆の意味合いをもつ修辞的な発話（例：「学生食堂でこんな高いランチセット，いったい誰が食べるんだか」）の扱いを考える必要があります。もう一つの方法は，機能面から，何かの情報を相手に求めるはたらきをする発話を「質問」と定義することです。この場合，「じゃあ，お父さんも明日静岡に行くんだ」のように，疑問文の形式をもたない発話も「質問」とみなす必要があるかもしれません。さらに，はたらきに注目する場合，教室で教師が生徒にする質問は区別して扱うべきでしょう。教師は情報を求めているというより，「生徒が質問の答えを知っているかどうか」を知るために質問をしているからです。このように，「質問」にはさまざまな定義が可能ですから，先行研究を読む際には，その研究でどのように定義されているかに注意して読む必要があります。

　次に，質問がもつさまざまなはたらきの関係を見極める必要があります。質問のはたらきには，たとえば以下のものが考えられます。

- (a) 情報を求める
- (b) 相手に発話順番を与える
- (c) 相手を会話に巻き込む
- (d) 話題を展開させる
- (e) 相手に関心を示す

　しかし，これらすべてが同じレベルではたらくわけではありません。(a) や (b) は，相手の次の発話に作用する直接的なはたらきです。一方，(c)～(e) は，(a) や (b) のような直接的なはたらきの結果として，話題や対人関係などの，より広い枠組みに影響を与えるものです。具体的にいうと，(b) 発話順番を与えられることで，(c) 相手が会話に加わることになります。そして，(a) 相手から新たな情報を引きだすことで話題に広がりがもたらされ，(d) 話題が展開していきます。また，人は普通関心のない情報は求めませんから，質問により (a) 情報を求めることが，(e) 相手に関心を示している表れだと考えられるのです。このように，(a) や (b) といった直接的なはたらきから (c)～(e) のはたらきが派生しており，直接的なはたらきと同時に実現されていると考えることができます。質問は，このようにレベルが異なる複数のはたらきを同時に実現させることが多い行為です。ですから，分析の際にどれか一つのはたらきだけを取り上げると，質問の本

質的な特徴をとらえそこなうことがしばしばあります。複数のはたらきの関係に注目することで，質問の特徴をより的確にとらえることができます。

最後に，会話データのなかの質問のはたらきを分析する場合は，質問とそれに対する応答だけを取り出して分析するのではなく，その前後のやりとりとの関係に注意してデータをみることが大切です。たとえば，「明日の午後空いてる？」という発話は，質問であるだけではなく，相手の応答の後に依頼や誘いを行うための前置きであるという特徴を備えています。

紙幅の都合上，他の例についてここでは述べられませんが，下記の参考図書で「連鎖」（会話中のやりとりのまとまり）を分析する考え方にぜひ触れてみてください。

（増田将伸）

参考文献 ───────────
石崎雅人・伝 康晴（2001）『言語と計算3 談話と対話』東京大学出版会
串田秀也・平本 毅・林 誠（2017）『会話分析入門』勁草書房
高木智世・細田由利・森田 笑（2016）『会話分析の基礎』ひつじ書房
高梨克也（2016）『基礎から分かる会話コミュニケーションの分析法』ナカニシヤ出版

第6章
豪州モナッシュ大学関係者による
会話データ分析

宮﨑七湖

Point
▶接触場面研究を牽引してきたモナッシュ大学関係の研究者
▶自然談話を研究対象とすることへのこだわり

1　はじめに

　はじめにオーストラリアにおける日本語教育の大きな流れについてみていきます。1960年代，1970年代には，日本とオーストラリアの経済的な関係が深まります。その結果，多くの中等・高等教育機関で日本語教育が始められるようになりました。1980年代から1990年代にかけては，主に中等教育で急速に学習者数が伸びます。その後，2004年の38万人をピークに減少に転じ，2009年には28万人まで減少します。この原因の一つとして，政権交代によるアジア言語重視の政策からの転換が考えられます（国際交流基金2014）。しかし，2007年度の政権交代によってアジア言語政策が復活し，2012年度の調査では29.7万人まで増加しています。この数は，中国，インドネシア，韓国の日本語学習者数に次いで，第4位となっています（国際交流基金2014）。

　オーストラリアの日本語教育は，初等・中等教育の学習者数が，全体の95％を占めていることが特徴です（国際交流基金2014）。これには，英語以外の言語（LOTE: Language Other Than English）教育に関する政策（1987年承認）が影響しています。この政策によって，日本語を含む9言語が学校教育で重点的に学習される科目に定められました。この9言語は，外交上あるいは経済上の利益の追及を

第6章　豪州モナッシュ大学関係者による会話データ分析　　*67*

目的として選ばれたのですが，特に日本語は，経済的，地理的な位置づけから重視され，学習者が急増しました（国際交流基金 2014）。

　このように，日本語教育が盛んなオーストラリアを拠点に，それまでの日本語教育，日本語教育研究に対し，問題提起を行ってきた研究者がモナッシュ大学のネウストプニー氏です。ネウストプニー氏は，接触場面の研究は日本語教育の出発点であるべきだとしています（ネウストプニー 1981, 1995a）。「接触場面」というのは，言語的，社会言語的，社会文化的に異なるルールと背景をもつ人が参加する場面を指します。たとえば，オーストラリア人日本語学習者が日本人と会話をする場面が，接触場面です。ネウストプニー氏は，接触場面は，同一のルールと背景をもつ者同士が参加する場面である「母語場面」と異なる特徴をもつにもかかわらず，日本語教育では日本語学習者教育の目標を母語場面に設定していることの矛盾を指摘したのです。そして，接触場面を日本語教育研究の対象とするべきであると提言しました。

　また，ネウストプニー氏は，接触場面を研究する際の領域に関する提言も行いました。それまで研究者の関心を集めていたのは，会話の参加者の言語行動でしたが，それ以外の社会言語行動や社会文化行動も含めて，「インターアクション」とし，これらの行動のすべてを研究・教育の対象とするべきであると主張しました（Neustupny 1989）。さらに，現実のインターアクションでは，事前，事中，事後の参加者の調整行動が行われ，これらのプロセスも研究するべきであるとしました。たとえば，日本語学習者が会話をする時に，発音が難しい言葉を使わずに，他の言葉で代用したり，相手が言ったことがわからない時に，説明を求めたりします。このようなプロセスを研究するためには，インターアクション終了後に，参加者の意識を調査するフォローアップ・インタビューが必要であると主張しました（ネウストプニー 1981, 1997）。

　この 1981 年のネウストプニー氏の論文によって，接触場面の概念や研究方法が日本語教育研究者に広く知られるようになり，また，モナッシュ大学関係者による接触場面の研究が発表されるようになります。大場ら（2014）によると，『日本語教育』に掲載された会話データ分析の論文のうち，接触場面と母語場面の両方を分析するものが，1980 年代から増加しているとしています。ネウストプニー氏が『日本語教育』に接触場面研究の必要性を提言した 1981 年以降に接触場面研究が増加していることを考えると，1981 年のネウストプニー氏の論文が，その後の接触場面研究の増加のきっかけとなったと推測できます。このように，ネウストプニー氏をは

じめとする，モナッシュ大学関係者による発信の影響力は多大なものであったといえます。そこで，宮﨑（2014）では，モナッシュ大学関係者によって書かれた会話データ分析の論文を収集・分析することにしました。以下は，宮﨑（2014）の分析結果に加筆・修正をしたものです。

2 調査対象の論文と分析項目

ネウストプニー氏は，1966年から1993年[1]までの間，モナッシュ大学文学部・日本研究科の教授として研究と教育に携わりました。そこで，1993年までにモナッシュ大学に在籍し，研究・教育活動に携わった研究者の論文を調査の対象としました。分析項目は，「分析データ場面」と「分析データの種類」です。時代による傾向をみるために，1980年代，1990年代，2000年代の各年代ごとに，会話データ分析論文がどのような目的のもとに執筆されたのか，研究の目的と結果の活用法の言及とともに質的に分析を行いました。

3 分　析

モナッシュ大学関連研究者による論文で入手できたもののなかから会話データ分析を行っているものを抽出し，19名の研究者による50本の会話データ分析の論文を分析の対象としました。それぞれの期の論文数は，1980年代が4本，1990年代が20本，2000年代が26本でした。

3-1 分析データ場面（①母語場面，②接触場面，③両場面）

分析データ場面の論文数を表6-1に示します。分析データ場面は，全期を通して「②接触場面」が40本と圧倒的に多く，次いで「③両場面」（9本）でした。一方で，「①母語場面」は1本だけでした。この結果から，モナッシュ大学関連の研究者がネウストプニー（1981）の接触場面研究の必要性の提言を受けて，接触場面の研究を進めてきたことがわかります。

年代別にみると，「③両場面」は，1990年代に多く（7本），1980年代と2000年代はそれぞれ1本のみでした。これは，1980年代と1990年代前半までは，それま

---

1) ネウストプニー氏は，1993年7月に大阪大学文学部に移籍しました。

表 6-1　分析データ場面別論文数

	①母語場面	②接触場面	③両場面	計
1980 年代	0	3	1	4
1990 年代	0	13	7	20
2000 年代	1	24	1	26
計	1	40	9	50

で明らかにされてこなかった接触場面の特徴を明らかにするための研究が行われたためだと考えられます。日本語にもフォリナートークがあることを実証したスクータリデス（1981）の研究や，接触場面における母語話者の不適切な敬語回避ストラテジーを明らかにした宮崎（1991）などが，例として挙げられます。1990 年代に両場面の論文が多くみられるのは，接触場面の特徴を探るのに母語場面との比較が必要であると考えられるようになったためではないかと考えられます。しかし，2000 年代になると，接触場面と母語場面の違いよりも，接触場面でどのような現象が起こっているのかそのものに，また関心が移っていったと考えられます。

　また，1980 年代と 1990 年代の前半までは，母語場面との比較から接触場面で起こる言語的・社会言語的な問題をどうやって取り除くか，そのための教育の方法を提言することを目的として行われたものが目立ちます。たとえば，初級と上級の日本語学習者と日本語母語話者の聞き返しの表現形式の違いを研究した尾崎（1992）や，オーストラリア人日本語学習者の依頼に対する断りは，日本語母語話者の断りよりも直接的なのではないかという仮説のもとに行われた金子（2002）[2]，免税店における日本語母語話者とオーストラリア人日本語話者の販売行動における問題点の違いを調査したマリオットと山田（Marriott & Yamada 1991），マリオット（Marriott 1991）などが例として挙げられます。

　1990 年代後半以降は，それまでの接触場面の考え方をとらえなおすような研究がみられるようになります。具体的には，「母語話者」対「非母語話者」という単純な二項対立には当てはまらない，異なるタイプの接触場面の研究へと広がりをみます。ファン（1999, 2003）は，参加者のいずれもが，母語ではない第三者の言語でインターアクションを行う第三者言語接触場面の特徴を明らかにし，このような接触場面研究の意義を述べています。また，急速に進みつつあるグローバル化を反映するような，

2）金子（2002）は，1992 年に行われた研究の概要を研究者自身が紹介するものです。

表 6-2　分析データの種類別論文数

	①自然談話	②メディア	③実　験	④コーパス	⑤作　例	⑥携　帯	計
1980 年代	4	0	0	0	0	0	4
1990 年代	20	0	1	0	0	0	21
2000 年代	23	1	1	1	0	0	26
計	47	1	2	1	0	0	51

多言語職場における接触場面（宮副ウォン 2003）や多言語使用者の言語管理[3] を調査の対象とする研究（村岡 2008）がみられるようになります。

3-2　分析データの種類（①自然談話，②メディア，③実験，④コーパス，⑤作例，⑥携帯メール・SNS）

　モナッシュ大学関係者の論文は，1 本以外接触場面を対象としていることがわかりましたが，それでは，どのような種類のデータを対象としているのでしょうか。表6-2 は，分析データの種類ごとに論文数を示したものです。なお，一つの論文内で複数の会話データを分析している場合は，それぞれに含めてあります。

　この表から，すべての年代を通して圧倒的に「①自然談話」が多いことがわかります。このことから，モナッシュ大学関連研究者に，より自然なかたちで現実に起こっている接触場面を調査し，明らかにするべきであるという強い志向が共有されつづけてきたことがわかります。また，言語行動のみならず，社会言語行動，社会文化行動までを研究対象とするべきであるという考えも，「①自然談話」を研究対象としていることに関連していると考えられます。なぜなら，インターアクションの社会言語的側面，社会文化的側面を分析するには，できる限り自然に近いかたちで談話を収集しなければ，その実態に迫ることができないからです。また，前述のように，ネウストプニー（1981, 1997）は，インターアクションにおける参加者の意識

---

3) ネウストプニー（1995b, 1997）は，「言語管理」を次のように説明しています。言語には，生成と管理の二つのプロセスがあり，言語の生成は必ずしも成功するとは限りません。そのため，生成の過程で生じる問題を修正する必要があり，このような修正を「言語管理」といいます。言語管理のプロセスには，①規範からの逸脱，②逸脱の留意，③逸脱の評価，④逸脱の調整のための手続きの選択，⑤手続きの遂行の五つの段階があります。また，言語管理は，国レベルの言語政策から，社会，個人にいたるまでのさまざまなレベルで行われているとしています。

第6章　豪州モナッシュ大学関係者による会話データ分析　　*71*

を調査する必要性を訴えています。「①自然談話」を研究対象とする場合，自ら参加者に依頼し，録音・録画を行うため，フォローアップ・インタビューを行うことができ，参加者の意識を調査することができます。この理由からも，「①自然談話」が研究対象として選択されたと考えられます。

　次に，どのような「①自然談話」が分析されてきたのか，その内訳をみるため，「①自然談話」をさらに分類してみました。その結果，「①インタビュー談話」「②研究者設定談話」「③教育活動談話」「④教室談話」「⑤実質活動談話」の五つのタイプに分けることができました。以下にそれぞれのタイプには，どのようなものが含まれるのか説明します。

　まず，「①インタビュー談話」というのは，研究者や研究協力者，または，日本語学習者が，日本語学習者や日本語母語話者にインタビューを行っているデータを分析の対象としているものです。また，「②研究者設定談話」は，研究者が複数の協力者に依頼して，二者間，あるいは，それ以上の人数で自由に，あるいは，提示されたテーマについて会話をしてもらい，そのデータを分析の対象とするものを指します。この二つは，研究者によって研究のために設定された会話であるという点で共通しています。

　次に，「③教育活動談話」というのは，日本語の授業のなかの活動や，日本語の授業の課題として行われた会話を分析対象とするものです。「③教育活動談話」は，活動に参加する日本語学習者と日本語母語話者の会話，あるいは，日本語学習者同士の会話です。たとえば，日本語の授業に日本語母語話者を招いて，日本語で会話をしたり，質問に答えてもらったりする活動での会話です。一方，「④教室談話」は，主に日本語の授業における教師と学習者のやりとりを分析の対象とするものです。なお，日本語の授業の一環として行われたインタビュー活動については，前述の「①インタビュー談話」には含めずに，「③教育活動談話」に含めました。

　最後に，「⑤実質活動談話」というのは，教室における会話や研究者によって設定された会話ではなく，教育・研究以外の実質的な目的のために行われた会話を研究の対象とするものを指します。たとえば，職場における同僚との雑談や免税店での店員と客の会話などです。

　以上の分類に基づいて，「①自然談話」の分析データの種類の内訳を示したものが表6-3です。なお，上記の分類の複数を分析の対象とするものは，それぞれに計上してあります。

表6-3　自然談話の内訳別論文数

	①インタビュー	②研究者設定	③教育活動	④教　室	⑤実質活動	計
1980 年代	2	2	0	0	0	4
1990 年代	4	4	2	5	6	21
2000 年代	4	8	6	4	4	26
計	10	14	8	9	10	51

　「①インタビュー談話」と「②研究者設定談話」の研究は，すべての年代を通して，継続的に行われています。これは，「①インタビュー談話」と「②研究者設定談話」が，最も容易，かつ確実にインターアクションの言語的，社会言語的な側面をみることができるためであると考えられます。

　次に，1980年代には，「①インタビュー談話」と「②研究者設定談話」のみでしたが，1990年代には，これらに加えて，「③教育活動談話」や「④教室談話」，「⑤実質活動談話」も研究の対象とされるようになります。1990年代に，「③教育活動談話」が研究の対象とされるようになったのには，日本語教育において，文法や語彙の説明やその練習だけではなく，実際にインターアクションを行う機会を教育過程のなかに取り入れるべきであるという主張（ネウストプニー 1991）と関係があるでしょう。ネウストプニー（1991）は，このような活動を「実際使用のアクティビティ」と呼んでいます。実際使用のアクティビティを実現するものとして，ビジターセッションなどの教室活動が授業で行われ，その実態や教育的効果を明らかにするための研究が行われるようになります。ビジターセッションにおけるインターアクションの実態を探る研究（村岡 1992）に始まったこのような研究は，その後，ビジターセッション以外の活動，たとえば，課題として教室外で日本語母語話者にインタビューをする活動や，電話をかけて情報を得る活動，ホームビジット先に電話をかける活動などへと展開します。また，学習者がただ実際使用のアクティビティに参加するだけではなく，学習者が自らのインターアクションの録音・録画を自己評価する活動，実際の電話会話を学習者に聞かせたり，文字化データを教師が学習者に提示するといった活動の報告もされています。これらの活動は，学習者が自らの会話をモニターする能力を伸ばすための方法として提案されています。一方，「④教室談話」は，教師にとって最も身近な，実際に起こっている接触場面の一つであるといえます。この教室談話も1990年代以降，教師がよりよく教えるための教授ストラテジーを探るものとして継続的に研究対象とされてきました。

「⑤実質活動談話」の研究も，1990年代以降に行われるようになります。これは，日本語のカリキュラム作成のためには接触場面のリストとその調査が必要であるというネウストプニー氏の考えに基づいていると考えられます。ネウストプニー（1995a）は，日本語教育のための接触場面研究の第一歩は，学習者がどのような場面で実際に日本語を使うかという，接触場面のリストを作成することであると主張しています。そして，このリストは接触場面におけるコミュニケーション問題を調べる「地図」の役割を果たし，日本語のカリキュラムはこのような調査に基づくべきであるとしています。このリスト作成を目的として行われたのが，在オーストラリア日系・合弁企業のオフィス（ネウストプニー 2002[4]）や免税店などにおける接触場面の研究（Marriott 1991; Marriott & Yamada 1991）であると推察されます。当時のオーストラリアにおける日本の経済力を反映して，これらの接触場面が研究対象として選ばれたと考えられます。オーストラリアを訪れる日本人旅行者は，1997年には81万人を超え，ニュージーランドからの旅行者に次ぐ第2位となりました（森 2007）。また，モナッシュ大学において，ビジネス日本語コースの設置が計画され，接触場面の概念を反映させた教科書の編纂が進められたのが，1980年代後半から1990年代前半にかけての時期です（Spence-Brown 1991）。ビジネス日本語コースのカリキュラムや教科書編纂に向けて，ビジネス場面における接触場面や，免税店などにおける買い物の接触場面の研究が進められたと考えられます。しかし，1997年をピークにオーストラリアを訪れる日本人旅行者は減少しはじめます（森 2007）。

2000年代における「⑤実質活動談話」の研究は，多言語職場における昼休みの雑談（宮副ウォン 2003）や，大学での交流イベントにおける会話（Fan 2004），友人との雑談（村岡 2008）といった，交流目的の談話を対象とするものが目立ちます。また，日本語非母語話者の心理的状態や多言語使用者の自己の位置づけなど，多言語・多文化社会における学習者のアイデンティティ，自信，エンパワメントの問題を論ずるものまで広がりをみせます。これは，研究者の関心が，ビジネスや商談をうまく成り立たせるための教育から，接触場面における人と人との関係性や，接触場面に参加する人々が自己や社会をどのようにとらえて言語生活を行っているのかといったことへと推移したことを示しているでしょう。

---

4) ネウストプニー（2002）は，1991年に行われた研究の概要を研究者自身が紹介するものです。

4 まとめ

以上をまとめると，モナッシュ大学関連研究者による会話データ分析の研究の最も大きな特徴は，接触場面，あるいは接触場面と母語場面の両場面を対象としていることで，ネウストプニー（1981）が提唱した接触場面研究がモナッシュ大学関連研究者によって実行されてきたといえます。

その後，接触場面の研究は，接触場面の実態を明らかにすることから，日本語教育の指導学習項目の選定や教材作成，教育実践の有効性を示すための研究へと広がりました。また，実際使用のアクティビティを教室活動に取り入れる必要があるというネウストプニーの主張（1995a）により，学習者が参加するさまざまな活動が行われ，分析がされてきました。また，日本語教育のための接触場面のリストを作成するという目的のために，当時のオーストラリアにおける観光客の増加や日本との経済関係を反映して，実質活動場面の会話データの分析も行われました。21世紀に入ってからの接触場面の研究は，グローバル化が進む社会を反映し，多言語・多文化環境・社会の様相やそこで生活する人々のアイデンティティやエンパワメントの問題を論じ，会話データ分析を社会的な問題と結びつけて論じるものへと展開されています。

モナッシュ大学関係者による接触場面の研究は，このように社会的な背景を反映させつつ発展をしてきました。そして，その目的は一貫して，よりよい日本語教育実践や日本語学習者がより自分らしく生きていける社会の実現を目指すためのものであったといえるでしょう。

参考文献

大場美和子・中井陽子・寅丸真澄（2014）「会話データ分析を行う研究論文の年代別動向の調査―学会誌『日本語教育』の分析から」『日本語教育』159, 46-60.

尾崎明人（1992）「「聞き返し」のストラテジーと日本語教育」カッケンブッシュ寛子・尾崎明人・鹿島 央［編］『日本語研究と日本語教育』名古屋大学出版会，pp.251-263.

金子栄子（2002）「オーストラリア人と日本人の接触場面での依頼に対する応答―フォローアップ・インタビューの一例」ネウストプニー, J. V.・宮崎里司［編］『言語教育の方法―言語学・日本語学・日本語教育学に携わる人のために』くろしお出版，pp.186-193.

国際交流基金（2014）「オーストラリア（2014年）日本語教育―国・地域別情報」〈http://www.jpf.go.jp/j/project/japanese/survey/area/country/2014/australia.html〉（2016

第6章　豪州モナッシュ大学関係者による会話データ分析　　*75*

年5月31日)

スクータリデス, A.（1981）「外国人の日本語の実態（3）―日本語におけるフォリナートーク」『日本語教育』*45*, 53-62.

ネウストプニー, J. V.（1981）「外国人の日本語の実態（1）―外国人場面の研究と日本語教育」『日本語教育』*45*, 30-40.

ネウストプニー, J. V.（1991）「新しい日本語教育のために」『世界の日本語教育』*1*, 1-14.

ネウストプニー, J. V.（1995a）『新しい日本語教育のために』大修館書店

ネウストプニー, J. V.（1995b）「言語教育と言語管理」『阪大日本語研究』*7*, 67-82.

ネウストプニー, J. V.（1997）「プロセスとしての習得研究」『阪大日本語研究』*9*, 1-15.

ネウストプニー, R.（2002）「モーウェルにおけるオーストラリア人と日本人―ビデオを使った24時間の試み」ネウストプニー, J. V.・宮崎里司［編著］『言語教育の方法―言語学・日本語学・日本語教育学に携わる人のために』くろしお出版, pp.157-161.

ファン, S. K.（1999）「非母語話者同士の日本語会話における言語問題」『社会言語科学』*2*(1), 37-48.

ファン, S. K.（2003）「日本語の外来性（foreignness）―第三者接触場面における参加者の日本語規範及び規範の管理から」宮崎里司・マリオット, H.［編］『接触場面と日本語教育―ネウストプニーのインパクト』明治書院, pp.3-21.

宮崎里司（1991）「日本語教育と敬語―主として敬語回避の観点から」『世界の日本語教育』*1*, 91-103.

宮﨑七湖（2014）「日本語教育における会話データ分析の意義―豪州モナッシュ大学関連研究者の研究の分析から」『社会言語科学会第33回大会発表論文集』, 202-205.

宮副ウォン裕子（2003）「多言語職場の同僚たちは何を伝え合ったか―仕事関連外話題における会話上の交渉」宮崎里司・マリオット, H.［編］『接触場面と日本語教育―ネウストプニーのインパクト』明治書院, pp.165-184.

村岡英裕（1992）「実際使用場面での学習者のインターアクション能力についてビジターセッション場面の分析」『世界の日本語教育』*2*, 115-127.

村岡英裕（2008）「接触場面における多言語使用者のfooting について」村岡英裕［編］『言語生成と言語管理の学際的研究―接触場面の言語管理研究』*6*, 113-129.

森　健（2007）「日豪関係」竹田いさみ・森　健・永野隆行［編］『オーストラリア入門　第2版』東京大学出版会, pp.311-335.

Fan, S. K.（2004）Language learners' conversational participation in non-goal-oriented network situations: An attempt of international encounter groups in the university setting.『接触場面の言語管理研究』*3*, 69-89.

Marriott, H.（1991）Language planning and language management for tourism shopping situations. *Australian Review of Applied Linguistics, Series S, 8*, 191-222.

Marriott, H. & Yamada, N.（1991）Japanese discourse in tourism shopping situations. *Proceedings, Seventh Biennial Conference Japanese Studies Association of Australia*, 155-168.

Neustupny, J. V.（1989）Teaching Japanese for interaction. Paper presented at the Fifth Biennial Conference, Japanese Studies Association of Australia.

Spence-Brown, R.（1991）Development of new courses at Monash University. *Proceedings, Seventh Biennial Conference Japanese Studies Association of Australia*, 182-185.

◆文献調査を終えて

　現在では当たり前のように接触場面の研究が行われています。また，言語行動だけでなく，社会言語行動や社会文化行動も教育・研究の対象とすべきであるという考えも一般的となっています。これらの「当たり前」となっていることが，1981 年の時点ではいかに画期的であったかは，想像に難くありません。この新しい日本語教育学の視点に，胸を躍らせてモナッシュ大学の戸をたたき，ネウストプニー先生から学んだのが，今回，分析の対象とした論文を執筆したモナッシュ大学関係者ではないでしょうか。ネウストプニー先生がモナッシュ大学を退職した後ではありますが，私自身も「モナッシュ大学はすごいらしい」という噂を聞いて，モナッシュ大学で学んだ一人です。

　大変残念なことに，2015 年 7 月にネウストプニー先生は逝去されました。今回の分析を通して，ネウストプニー先生の提言がモナッシュ大学関係者へと引き継がれ，さらに進化を続けていることがわかりました。これからも世代を越えて，進化を遂げながら，脈々と引き継がれていくことと思います。

（宮﨑）

ちょっとひといき③：
イマージョン・プログラム

　イマージョン（immersion）というのは、「浸りきること」という意味で、イマージョン・プログラムというのは、理科や社会といった学校教育の教科を目標言語で学習するプログラムです。オーストラリアのいくつかの小学校では、バイリンガル教育として日本語のイマージョン・プログラムが行われています。オーストラリアで行われているイマージョン・プログラムの特徴は、LOTE（Language Other Than English, 外国語）の授業と組み合わせて、部分的に導入されていることです。ですから、すべての教科が外国語で行われているわけではありません。たとえば、ビクトリア州で、日本語のイマージョン・プログラムを採用しているハンティングデール小学校（Huntingdale Primary School: http://huntingdaleps.vic.edu.au/）では、1週あたり2.5時間がLOTE（日本語）の授業に充てられ、5時間が日本語による教科の授業に充てられています。これらの日本語関係の授業は、全授業の30％程度に相当します。日本語で教えられている教科は、音楽、図工、体育、パソコン学習、調査（理科と社会）の5教科です。詳しくは、半田（2005）を参照ください。

　筆者は2001年にハンティングデール小学校の理科と体育の授業を見学させていただいたことがあります。理科の授業では、子供たちがエレベーターの模型を作る活動を通して、滑車の原理を学習していました。体育の授業では「猫とねずみ」という鬼ごっこのような活動のなかで、猫役となった先生と子どもたちが「ねこ、ねこ、ねこ」と言いながら、ねずみ役の子どもたちを追いかけ、子どもたちは歓声を上げながら校庭を走り回っていました。子どもたちが日本語による教員の指示をきちんと理解し、実に楽しそうに学んでいる姿を今でも鮮明に思いだすことができます。また、子どもたちが家でも日本語が学習できるように、数多くの絵本が、教員の朗読を録音した音声テープとともに準備されていたのも印象的でした。

　一方、モナッシュ大学においても1984年から日本語科目のなかで、大学生を対象としたイマージョン・プログラムが行われていました。モナッシュ大学で行われていたイマージョン・プログラムは、「日本の教育」「日本人の食生活」「日本の自動車産業」といったテーマについて、週に5–6時間程度の授業を、2–3週間集中的に行うものです。授業では、講義やビジターセッション、ディスカッション、発表、見学といった活動を行います。ネウストプニー（1992）は、このようなイマージョン・プログラムの内容に、言語的、社会言語的、社会文化的な側面を組み入れること、そして、学習者が本当のインターアクションであると感じられるような「実際使用」のアクティビティーにすることが重要であるとしています。

（宮﨑七湖）

参考文献
ネウストプニー, J. V.（1992）．「日本語教育におけるイマーションプログラム①　イマーションとは何か」『月刊日本語』4月号, 89–96.
半田淳子（2005）「オーストラリアの日本語イマージョン教育」『ICU日本語教育研究』2, 35–49.

第7章
韓国の日本語教育における
会話データ分析の概観

尹　智鉉

Point
▶韓国の日本語教育研究において会話データ分析の論文が増えてきている。
▶接触場面を取り上げているものが多く，データの種類も多様化しつつある。

1　はじめに

　現代の韓国における日本語教育は，1965年の「日韓国交正常化」を契機に始まりました。終戦後しばらく韓国で日本語教育が行われていなかった理由として，韓国が日本の植民地だった時代に，日本が韓国固有の言語や文化を圧殺し，自国民に同化させるために日本語教育の政策を実施していたという時代的背景があります。その後，時代の変遷とともに，日本と韓国の間で再び国交が結ばれたことで，外国語としての日本語教育が行われるようになりました。

　教養科目や第二外国語科目として日本語が学ばれるようになっただけでなく，大学院では日本語に関する研究も行なわれはじめ，1975年には韓国で初めて日本語を専攻とする修士論文が出されました（安 2012）。日本に留学する人も増え，1980年代に入ると，日本から帰国した研究者を中心に，韓国での日本語に関する研究はより専門的かつ本格的なものとなっていきました。このような時代背景のなか，日本語教育関連の論文数も年々増えていきました。その後，日本語教育分野に特化した学会と学術雑誌も登場するようになりました。本章では，その一つである「韓国日本語教育学会」の『日本語教育研究』を分析していきます。

　従来，韓国における日本語教育，すなわち JFL（Japanese as a Foreign Language

：外国語としての日本語）教育の研究は，伝統的な言語学の研究手法を用いて音韻，語句，文を分析の対象としたものが主流を占めていましたが，近年は，文章や談話のように，文（sentence）よりも上位の単位を分析の対象とした研究も増えてきています。本章では，2001 年に第 1 号が刊行された『日本語教育研究』の事例を取り上げ，21 世紀に入ってから韓国で行われている日本語教育の変遷を概観します。韓国の事例を通して，韓国を含む海外での JFL（外国語としての日本語）教育の「研究と実践の連携」の現状および可能性についても理解し，考えていただくことを目指します。

2 調査対象の論集

文献調査の分析の対象としたのは韓国日語教育学会[1] の論文集である『日本語教育研究』です。創刊号（2001 年）から第 33 号（2015 年）までの 15 年分を，5 年単位で三つの期間（I. 2001–2005 年，II. 2006–2010 年，III. 2011–2015 年）に分けて整理しました（表 7-1）。

表 7-1 『日本語教育研究』の概要

出版年	No.	掲載論文数	会話データ分析論文数（割合）
I. 2001–2005 年	第 1 号～第 9 号	55 本	1 本（=1.8%）
II. 2006–2010 年	第 10 号～第 19 号	80 本	6 本（=7.5%）
III. 2011–2015 年	第 20 号～第 33 号	181 本	28 本（=15.5%）
計		316 本	35 本

3 分　析

本節では，以下の四つの項目で集計を行います。

（1）会話データ分析論文数

（2）論文の種類（①研究論文，②実践研究論文）

（3）分析データ場面（①母語場面，②接触場面，③両場面）

---

1)〈www.kaje.or.kr〉

(4) 会話データの種類（①自然談話，②メディア，③実験，④コーパス，⑤作例（教科書））

3-1　会話データ分析の論文数

表7-1の通り，全体の掲載論文のなかから「会話データ分析」の論文を抽出しました。その後，該当する35本の論文を，分析データの種類，論文の種類，場面の種類という三つの基準から，さらに分類しました。図7-1で示しているように，掲載論文の総数が増えてきているだけでなく，そのなかで，会話データを扱った論文数が近年大幅に増加していることがわかります。

3-2　論文の種類（①研究論文，②実践研究論文）

論文の種類は，「①研究論文」の方がはるかに多いのですが，図7-2の通り，「②実践研究論文」の割合も増える傾向にあります。2009年に「②実践研究論文」とし

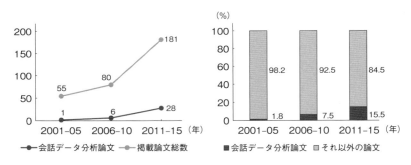

図7-1　『日本語教育研究』掲載論文数の推移

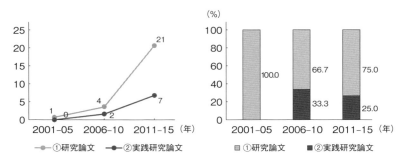

図7-2　『日本語教育研究』掲載の論文の種類

第7章　韓国の日本語教育における会話データ分析の概観　　81

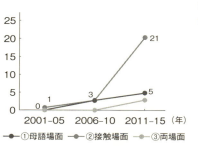 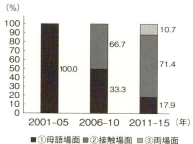

図7-3　『日本語教育研究』の分析データ場面の推移

て最初に掲載された2本の論文は，両方とも接触場面の一つである教室活動の会話を分析したものです。しかし，2011-2015年の「②実践研究論文」では，分析の対象とする場面がさらに多様化しています。たとえば，SNSを授業活動の一環として取り入れ，そこでのやりとりを取り上げたものなどもあります。

3-3　分析データ場面（①母語場面，②接触場面，③両場面）

分析データの場面は，年代を経るにつれて「②接触場面」を対象とした研究の数が増えてきています（図7-3）。また2014年以降，初めて「③両場面」をデータとした論文が掲載されました。「①母語場面」を分析した研究の数は横ばい状態といえますが，2006年以降，ジェンダー表現や役割語などを取り上げた，日本語表現のバリエーションに関する研究が多くなっています。「②接触場面」に関しても，SNSを使った相互学習や，デジタルストーリーテリングのプロジェクトなど，韓国の日本語教育の実践における教授・学習活動の多様化を反映した多彩な会話データ分析の研究がなされていることが一つの特徴であるといえます。

3-4　会話データの種類（①自然談話，②メディア，③実験，④コーパス，⑤作例（教科書の例文））

会話データの種類は，全体的に「①自然会話」が最も多く，「④コーパス」や「③実験」から得られたデータを利用しているものも少なくないことがわかります（図7-4）。そして，2011年以降は会話データの種類がさらに幅広くなっていることも特徴であるといえます。

2004年の論文集に，KYコーパス[2]を使った論文が掲載されたことを皮きりに，

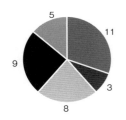
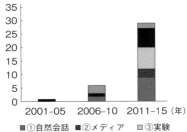

図7-4　『日本語教育研究』の分析データの種類

「④コーパス」を利用した論文が継続的に載せられています。しかし，その後の研究ではKYコーパスだけでなく，サコダコーパス[3]や高麗大学校日本語教育研究室会話コーパス[4]など，新しいデータベースも使われています。これは，蓄積されつつある学術用データを共有・公開する動きが時代の潮流となり，日本国内の研究者らが主導したもの以外にも，韓国の研究者らが独自のデータベースを構築しはじめた成果であるともいえます。その結果，時代の経過とともに韓国の日本語教育研究で用いられるコーパスが多様化してきています。

一つの論文のなかで2種類のデータを併用している研究も現れました。この論文では，日本人と韓国人日本語学習者の「言い訳」という言語行動を比較するにあたり，「日本語話し言葉コーパス」の「④コーパス」とロールプレイの「③実験」結果を両方用いて分析しています。

また，図7-4で「⑤作例（教科書の例文）」の論文数が示しているように，韓国では教科書分析の一環として行われた会話データ分析の論文が複数確認できます。韓

---

2) 90人分のOPI音声資料を文字化した言語資料。90人の被験者を母語別にみると，中国語，英語，韓国語がそれぞれ30人ずつであり，さらに，その30人のOPI判定結果別の内訳は，それぞれ，初級5人，中級10人，上級10人，超級5人ずつとなっています。
3) 日本語研究者である迫田久美子氏による言語資料。自然習得の学習者（マレー語話者）1名の3年間のデータ32本のコーパス（サコダコーパスA）と教室指導の学習者6名（中国人学習者3名，韓国人学習者3名）の45本のコーパス（サコダコーパスB）があります。
4) 高麗大学校日本語教育研究室で独自に録音，文字化した言語資料。各会話は30分程度の自由会話をICレコーダーで録音したもので，韓国在住の日本語母語話者同士の会話などが含まれています。

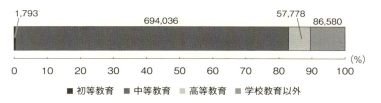

図 7-5　2012 年度日本語教育機関調査結果　学習者数グラフ（国際交流基金 2014）

国の場合，図 7-5 の国際交流基金（2014）の調査結果からもわかるように，中等教育機関（中学校・高校）で日本語を学んでいる学習者数が，その他に比べて圧倒的に多いです。そして，公教育[5]の機関である中学校・高校における日本語教育は政府の教育政策・方針の影響を強く受けることになります。その代表的なものが，政府の教育政策・方針を遵守して制作される「日本語」科目の教科書です。そのため，公教育で使用される教科書の制作過程および教科書の内容を検証する活動が積極的に行われ，その結果の一つとして教科書の「⑤作例」を対象とした会話データ分析の論文が多いことも韓国ならではの特徴の一つであるといえます。

4　まとめ

本章では，韓国日語教育学会の論文集である『日本語教育研究』を対象に文献調査を行い，「会話データ分析論文」について考察してきました。また，各研究の背景にある韓国の日本語教育という文脈を理解できるよう，韓国における日本語教育の時代的流れについても簡単に紹介しました。

終戦後の韓国における日本語教育の再開から，1980 年代以降の日本語教育の拡大時期を経て，2000 年代に入ってから韓国での日本語教育は新しい局面を迎えています。以前は，日本語学習者の増加や日本関連学科の新設，そのための研究・教育人力の拡充など，人的・物的増加に支えられ，急激な変貌を遂げてきましたが，2000 年代半ばに入ってからはその勢いが鈍り始めているからです。

国際交流基金が 3 年ごとに実施している「海外日本語教育機関調査」[6]によると，

---

[5]「公教育」とは，公の目的によって行われる教育の総称です。一般的には国や地方公共団体，学校法人により設置・運営される学校で行われる，公的な制度に則った教育のことを指し，「公立学校で行われる教育」を指す言葉ではありません。

韓国における日本語学習者の総数は大幅に減少しています。具体的には，2009年度の964,014人から2012年度は840,187人，2015年度は556,237人へと減少しています。国家別日本語学習者数の順位でも，それまで1位だったのが，中国，インドネシアに次ぐ3位となりました。

　日本語学習者の大部分を占めている中等教育の学習者数が大幅に減少したことが最大の原因ですが，2010年代に入ってから高等教育機関や語学学校などでの日本語教育の需要が減少したことも影響しています。その背景には，目覚ましい経済成長とともに国際社会でその影響力・発信力を増している中国への関心やニーズから，韓国で中国語を学ぶ人が急増している状況があります。

　しかし，2000年以降の韓国における日本語教育の特徴は学習者数の減少だけではありません。日韓両国間の文化交流や人的交流の面では，グローバル化や情報化の影響もあり，以前にも増して多種多様な相互理解の機会が提供されるようになりました。たとえば，日本では「韓流」，韓国では「日流」といった現象があり，民間レベルの日韓交流に貢献しています。日本でも韓国のドラマやK-POPが好きな人がいるように，日本の漫画やアニメは韓国でも根強い人気があります。

　このような日本の文化コンテンツへの興味がきっかけとなって日本語を学んでいる学習者も少なくありません。ただ，このような日本語学習者は，従来のように教室で集まって日本語を勉強する以外の学習スタイルや学習方法で学んでいる場合も多く，教育機関（高等教育機関，中等教育機関，語学学校）の在籍数をもとに調査しても，その規模を把握することができません。しかし，日本語を学ぶためのオンライン講座や動画教材，日本語学習アプリなど，新しい形態の教材や学習リソースが次々とリリースされ，販売されており，従来の教育機関における日本語教育以外のところで新たな日本語学習のニーズの存在が確認できます。

　以上のように，韓国の日本語教育では，今の時代的ニーズに対応できる新たな教育実践とそのための研究が模索されている状況です。今回，『日本語教育研究』の論文を分析した結果でも，2006年以降，日本人同士の会話におけるジェンダー表現や役割語など日本語のバリエーションに関する研究が増えており，日本語学習者が参加する接触場面の研究ではSNSを使った相互学習のように多彩な会話データを分析の対象とした研究が登場していることが一つの特徴です。これは韓国の日本語教

6）国際交流基金「日本語教育　国・地域別情報」（2014年度）〈https://www.jpf.go.jp/j/project/japanese/survey/area/country/2014/index.html#e_asia〉（2016年11月12日）。

第7章　韓国の日本語教育における会話データ分析の概観　　*85*

育の実践における教授・学習活動の多様化を反映しているといえます。

　そして，これまでのやり方や考え方だけでは新しい日本語学習のニーズに十分対応することができないという問題意識から，新しい教育実践のためには，どのようなことを調べ，研究すべきかを改めて考えてみる必要がでてきました。そのためには韓国の日本語教育の実践と研究の現状において克服すべき課題もあると指摘されています。李（2009）は，研究分野別の偏りが際立ち，各専門領域の研究者間に十分なネットワークが形成されていないことを課題として挙げています。これからの日本語学習者の新たなニーズに対応し，韓国における日本語教育の裾野を広げていくために，今まさに，韓国ならではの，新たな「研究と実践の連携」が模索されていると思います。

参考文献
安平鎬（2012）「海外における日本語研究—アジアを中心に」『日本語の研究』*8*(3), 116–119.
李徳奉（2009）「韓国における日本学研究のジレンマ—日本語学・日本語教育学を中心に」『第4回国際日本学コンソーシアム《日本学研究はだれのものか》予稿集』, 1–4.
河先俊子（2010）「韓国における日本語教育と日韓関係」『言語文化と日本語教育』*39*, 146–149.
国際交流基金（2014）「日本語教育 国・地域別情報—韓国（2014年度）」『国別日本語教育情報』〈https://www.jpf.go.jp/j/project/japanese/survey/area/country/2014/korea.html〉（2016年11月12日）

◆文献調査を終えて

　河先（2010）などの研究でも指摘されているように，今，韓国における日本語教育は新しい局面を迎えています。日本語学習者数の減少が著しいなか，今後の韓国における日本語教育の全体像をすべて楽観的にとらえることは非現実的なのかもしれません。しかし，21世紀に入ってから過去15年間の論文を読んでみて，常に時代のニーズに合った，新しい教育と研究の可能性を模索する姿勢や態度のようなものに触れた気がします。もちろん私が読んだものは限られた数のものですし，全体像からすれば，部分的・断片的なものにすぎないかもしれません。しかし，これからの韓国における日本語教育の流れや，時代的ニーズについて一定の示唆は得られたと思います。また，自分もそのような新しい日本語教育の実践と研究の方向性をもっと意識しながら発信していきたいと思います。

（尹）

ちょっとひといき④：
人間っぽいロボットの開発を支える会話データ分析 ——

　日本のロボット開発技術は世界一とも評され，各種メディアで人間の等身大ロボットやペット型ロボットなど，いわゆる「しゃべるロボット」を見る機会も増えてきました。また，ロボットの小型化や低価格化にともない，ロボットは企業や研究機関といった団体・組織が所有するものだった時代から，個人でも買える時代となりました。

　もちろん，ボタンを押すと既に録音されている音声が一方的に流れる仕組みの「しゃべる家電」のようなものは以前からありました。しかし，最近のしゃべるロボットは，ますます人間に近いしゃべり方をするようになったことが特徴として挙げられます。人間が話す言葉を認識し，それに対してきちんと「言葉を返す」ことができるようになってきています。そして，このような人間のようにしゃべるロボットの開発を支えているものの一つが会話データ分析の研究です。

　たとえば，人間の会話データを分析することで得られる，コミュニケーションのルールやパターンを定式化し，それをもと

に人工知能を開発してロボットに搭載させるための研究が近年盛んに行われてきました。最近は，より人間の会話に近いしゃべり方になるように，人の音声による言語情報だけでなく，視線や表情，身振り・手振り，声の調子といった非言語情報に関する研究も行われているそうです。

　そもそも会話データ分析は，人間同士の会話という相互作用を記録し，考察することで，言葉のやりとりを可能としている要素とは何かを明らかにするためのものです。いまやその結果がロボット開発にも活かされる時代となりました。そして，人間っぽいロボットを開発する目的で多角的な観点から人間の会話を分析するなかで，私たちが日常生活で当たり前のように行っている会話がいかに複雑なものであるかがわかってきたことは大変興味深いものです。ロボットを人間っぽくするための会話データ分析の研究成果が，将来，私たちの身近な生活をどのように変えていくのか，今後の展開が楽しみです。

（尹　智鉉）

第2部のまとめ：国別調査からみえてくるもの

以上，日本国内，米国，豪州，韓国における日本語教育関連の文献調査の結果を紹介しました。これにより，各国の会話データ分析の変遷が垣間見えたことと思います。

各国の文献調査から，どの国でも，「(1) 会話データ分析論文数」がおおよそ増えてきていることがわかります。それまでは，語彙・文レベルでの言語研究が多かったのですが，時代を経るにつれ，談話レベルで言語の現象をみるために，会話データが多く用いられるようになったといえます。

また，「(2) 論文の種類」としては，概してどの年代も「①研究論文」が「②実践研究論文」よりも多い傾向がみられました。しかし，日本国内，韓国では，「②実践研究論文」の数が時代とともに増えている傾向がみられたので，今後はさらに教育実践の会話データを分析して，教師が自身の実践を振り返り・改善し，他の教師にも発信していくような会話データ分析論文が増えることも予想されます。このように，会話データ分析の知見を教育実践に役立てる「研究→実践」という流れのほか，教育実践の問題点を次の教育実践に役立てる「実践→実践」という流れ，あるいは，教育実践の問題点をもとに研究テーマを見つける「実践→研究」という流れもあるのだということがわかります。よって，「研究と実践の連携」は，非常にダイナミックに動くものだといえるでしょう。

次に，「(3) 分析データ場面」ですが，日本国内，米国，韓国では，昔は「①母語場面」を対象にする研究がほとんどでしたが，時代を経るにつれ，「②接触場面」と「③両場面」を対象にする研究が増えてきました。そして，豪州のモナッシュ大学の教育者・研究者たちは，接触場面を日本語教育研究の対象にすべきだというネウストプニー氏の主張に影響を受け，1980年代から一貫して「②接触場面」の研究に徹してきた姿が浮かび上がってきました。これにより，日本語教育において，学習者が実際にどのように会話に参加し，その会話にはどのような特徴や問題点が潜んでいるのかを探り，教育実践に活かすというねらいがわかります。また，「③両場面」の研究により，母語話者同士の会話と学習者の会話の特徴の違いを探り，それに応じた教育実践の検討が行われてきていることもうかがえます。

そして，「(4) 会話データの種類」としては，初期の頃は「②メディア」「⑤作例」が主流でしたが，1980年代〜1990年代にかけて録音・録画機材の発達ととも

に「①自然談話」がよく用いられるようになってきて、今では会話データ分析の主流になっています。しかし、「①自然談話」では収集しにくい会話データは、今でも「②メディア」「③実験」「⑤作例」などで収集されており、会話データの使い分けが重要であるという点が浮かび上がってきます。また、近年では、「④コーパス」「⑥携帯メール・SNS」など、デジタルの媒体による会話データの分析も行われるようになり、まさに、会話データ分析は、その時代時代の特徴を表しているといえるでしょう。

　最後に、「(5) 目的別タイプ」として、「A. 研究還元型」と「B. 実践還元型」に分けてみました。その結果、日本国内、米国においては、1970年代までは、研究成果の積み上げを目指した「A. 研究還元型」の会話データ分析論文が多くみられました。しかし、それ以降は、研究成果を実践現場で活用することを目指した「B. 実践還元型」の会話データ分析論文が増えてきました。それだけ社会からの要請が増え、会話データ分析がその要請に答えるようになってきたからだと考えられます。特に、日本語教育関連の論文の場合、その研究成果が具体的にどのように日本語教育の知見に貢献できるのかを論文中に明確に述べることが求められるようになってきたため、「B. 実践還元型」の論文が増えてきたのではないかと思われます。具体的には、研究成果をもとに、指導方法の提案やシラバス作成、教材開発、授業改善策などについて、論文のなかで議論されています。このような観点からも、会話データ分析の「研究と実践の連携」がより見えるかたちで行われるようになってきたことがうかがえます。

　なお、「A. 研究還元型」と「B. 実践還元型」には、それぞれ意義があり、それら両方が連携しあうことで、会話データ分析とそれを活かした日本語教育の実践がより発展していくと考えられます。まず、「A. 研究還元型」の会話データ分析の意義は、社会における会話の実態を把握するための知見の積み上げと理論の構築にあります。南（1997）によると、一般的な理論の構築によって、さまざまな事象の普遍的性格と個別的性格などがわかり、すべてを統合する俯瞰的な知識となるといいます。よって、「A. 研究還元型」の研究成果を未来の研究につなげていく必要があるといえるでしょう。

　一方、「B. 実践還元型」の会話データ分析の意義は、研究成果をさまざまな実践現場に役立てることにあるといえます。ネウストプニー（2002: 12）は、「研究者の社会的責任への要求」が高まる現在、その研究の「社会的な意味」も議論するように努力し、研究者が自身の社会的な役割に自覚的になるべきであるとしています。今

後，会話データ分析がより研究と実践の発展に貢献していくためには，研究成果を積み上げていく「A.研究還元型」，ならびに，実践現場へ研究成果を還元していく「B.実践還元型」の双方の役目を自覚し，知見を共有して連携していく必要があると考えられます。

　以上のように，会話データ分析の特徴や活用法の変遷をみることで，我々が今後，どのような分析を行い，どのような「研究と実践の連携」を行えるのかといったヒントが得られるといえます。

（中井陽子）

参考文献
ネウストプニー，J. V. (2002)「第 1 部―総論」ネウストプニー，J. V.・宮崎里司［共編著］『言語研究の方法―言語学・日本語学・日本語教育学に携わる人のために』くろしお出版，pp.1-43.
南不二男（1997）『現代日本語研究』三省堂

第3部
会話データ分析を行う
教育者・研究者へのインタビュー調査

第3部の概要説明

　第3部では，これまで会話データ分析に関わる研究を行い，日本語教育など，社会に貢献してこられた教育者・研究者の先生方12人に対して行ったインタビュー調査の結果を紹介します。インタビューでは，先生方のご研究や教育の世界に入られたきっかけや具体的な問題意識，それを意識した研究・教育内容を伺いました。これらのお話から，実際にどのように研究と実践をつなげ，社会に貢献しようとされてきたかといった「研究と実践の連携」の具体的な試みの例を知り，今後の参考とさせていただくことを目指したいと思います。

　なお，インタビュー調査は，主に，日本国内，米国，豪州，韓国などでご活躍されてきた12名の方々にお願いしました。どなたも研究所，大学・大学院などで会話データ分析を行いつつ，学部生・院生などへの教育や，日本語教育現場の教材開発や実践研究のほか，論文や書籍，学会活動などによって，会話データ分析の研究成果を社会に還元されてきた方々です。12人の先生方にインタビューをお願いするにあたって，主な活躍国，会話データ分析のなかでのご専門分野，日本語母語話者・非母語話者のバランスなどを考えました。インタビュー調査をお引き受けくださった教育者・研究者の方々は，表1の通りです。

表1 インタビュー協力者の教育者・研究者

	教育者・研究者名	主な活躍国	専門分野
第8章	北條淳子先生	日本国内, 米国, フランス	日本語教育, 文法研究
第9章	南不二男先生	日本国内	言語生活研究
第10章	杉戸清樹先生	日本国内	言語行動研究
第11章	三牧陽子先生	日本国内	日本語教育, ポライトネス研究
第12章	文野峯子先生	日本国内	日本語教育, 教室談話分析, 教師教育
第13章	森純子先生	米　国	日本語教育, 会話分析
第14章	リンゼー四倉先生	米　国	談話分析, ジャンル分析, 語用論
第15章	大野剛先生	米国, カナダ	文法研究, 相互行為言語学
第16章	宮崎里司先生	豪州, 日本国内	日本語教育, 言語政策, 習得研究
第17章	韓美卿（한미경）先生	韓　国	日本語教育, 敬語の対照研究
第18章	任榮哲（임영철）先生	韓　国	日本語教育, 社会言語学
第19章	櫻井恵子（사쿠라이 게이코）先生	韓　国	日本語教育, OPI（Oral Proficiency Interview）

インタビュー調査の主な質問項目は，以下の通りです。

①研究を始められたきっかけと，その後研究をどう発展させていかれたのか
・研究の動機，研究内容
・日本語教育，研究の世界に入ったきっかけ
②研究と社会を繋げる試み，研究の社会的貢献についての考えと具体例
・教材開発
・教員養成，研究者養成
・市民への情報提供など
③今後の教育者・研究者がどのような研究と実践にもっと取り組んでいくべき
　かについてのアドバイス

　このような質問事項から，これまで教育者・研究者がどのような背景のもと会話
データ分析を始め，どのような研究理念をもって，社会と繋げていったかについて，
その立場や研究・教育関心の変遷とともに語っていただきました。なお，先生方の
研究分野や日本語教育の社会的背景については，第1章「会話データ分析の変遷」，
および，第2章「会話データ分析と教育現場の関係」を参照してください。

第3部の概要説明　　*93*

　インタビュー時間は，一人1時間半〜2時間程度でした。インタビュー内容は，すべて文字化し，読者に読みやすいように語や文を整え，短く編集しました。ただし，インタビューでのやりとりが生き生きと伝わるように，なるべく対話形式にし，教育者・研究者の話しぶりもそのまま活かすようにしました。

　この第3部インタビュー調査を読んでいただく際は，まず，インタビュー協力者の先生方のご経歴をざっと見て，**Point** で先生方の語りの要点を確認してから，インタビューでの語りを読んでいっていただくとよいでしょう。そして，最後に，**インタビューを終えて**にインタビューをした筆者らの感想も述べてあります。**【先生の主要参考文献】**もまとめてありますので，興味をもったものを読んでみるとよいでしょう。また，ナカニシヤ出版ホームページ掲載の**考えてみよう！**では，インタビューでの語りの内容に関する課題がいくつか挙げてありますので，皆さん自身のことと関連づけて，ディスカッションしていただければと思います（http://www.nakanishiya.co.jp/book/b313405.html）。

　では，インタビューでの語りを通して，会話データ分析をしてこられた先生方の研究と実践の世界に入り込んで，その軌跡から自身のこれからの研究と実践のヒントを探ってみてください。

（中井陽子）

第1部

第2部

第3部

第8章
北條淳子先生へのインタビュー

中井陽子

　北條淳子先生は，まだ日本語教育というものが世間で周知されておらず，教材なども
あまりなかった時代に日本語教育を始められ，日本や海外での日本語教育を築いてこら
れました。日本語教育現場での必要性から，まだ研究があまりされていなかった日本語
の条件節などの分析をなさり，教材作成に尽力されてきました。先生のお話から日本語
教育の歴史や発展の軌跡がみえてきます。

ご経歴（抜粋）

1951–1955	早稲田大学第二文学部英米文学科入学，同卒業
1953	東京日本語学校主催の夏期日本語教師養成講座受講
1956–1958	早稲田大学大学院文学研究科英米文学専攻修士課程入学，同修了
1957–1958	国際基督教大学語学科非常勤助手
1958–1968	国際基督教大学助手
1966–1968	早稲田大学語学教育研究所非常勤講師
1968–1971	早稲田大学語学教育研究所講師
1970–1971	パリ第七大学東洋語学科非常勤講師（早稲田大学より派遣）
1972–1978	早稲田大学語学教育研究所助教授
1976–1977	米国アーラム大学語学科非常勤講師（早稲田大学交換教員）
1978–2002	早稲田大学語学教育研究所教授 （早稲田大学大学院文学研究科日本語・日本文化専攻兼担）
1982	米国ミドルベリー大学夏期日本語講座主任講師
1988–1990	日本語教育学会評議員
1993–1998	日本語教育学会常任理事
2003–2005	パリ日本文化会館上級日本語教育派遣専門家（国際交流基金派遣）

インタビュー

日時・場所：2012 年 11 月 6 日（火），都内ホテルの喫茶室にて

聞き手：中井陽子

第8章　北條淳子先生へのインタビュー　　95

> **Point**
> ▶日本語教育の基盤をゼロから作ってきた軌跡
> ▶研究を即実践に活かす！
> ▶社会は世界！―もっと世界に目を向けよう

1　日本語教育の世界に入ったきっかけ

中井　これまで北條先生は文法から談話まで広くさまざまな言語研究をなさっていますが，具体的にどのような言語研究をなさり，日本語教育の現場とどのようにつなげていらっしゃったか，教えていただければと思います。

北條先生　私が日本語教育の世界に入りましたのは，1950年頃でした。まず，長沼スクール（現在の東京日本語学校）の夏の日本語教師養成講座に行ってみないかと誘われまして，そこで一週間，一日中ずっと講義を受けました。そして，最終試験を受けて修了証をいただいて，日本語教育の仕事を始めたというわけです。

それで，東京日本語学校関係の機関誌の編集のお手伝いをしている時，国際基督教大学（ICU）で日本語講座の助手を募集しているというお話がきたんで，応募して，ICUで働くことになったんです。その時，私はまだ早稲田大学の院生だったんですけども，ICUでは助手でも教壇に立てるという制度がありましたので，1年間で日本語の初級，中級，上級を終える集中コースの一部を担当しました。日本語教育を一から勉強しながら教えることも同時に始めたという状態でした。

ICUの日本語コースというのは，もともと第二次大戦中にアメリカの海軍日本語学校が行っていたやり方を踏襲していて，最初，教科書は，長沼直兄著の『標準日本語読本』を使っていたんです。それから，大学生向けに，集中コースに合った教科書が必要だということで，教科書作りをしました。その頃，日本語教育の教科書や参考文献もほとんどなかったんですね。

2　ICUでの日々の授業と研究と日本語教科書作り

北條先生　ICUという大学は，アメリカの教会の支援を受けてできた大学でして，第二次世界大戦後に創立されたところなのですね。そして，アメリカ東部の大学5，6校から学部3年生が15名くらいと，香港から英語ができる大学1年生が来ましてね。それで，英語を使って日本語を教えるというかたちがとれたのです。長沼の日本語教材は，英語の翻訳を参照しながら日本語を学習させるという感じで，付属の教材も揃っていて，とてもよくできた教科書だったのですが，内容が社会人向けだ

第1部

第2部

第3部

ということで，ICU ではすぐに大学生向けの教科書作りが始まったんです。

　中井　この *Modern Japanese for University Students* ですね。

　北條先生　University Student だから student 向けのものにしなくちゃならない，ということ。それで，日本語集中コースの学生がクラスで何をするかというと，毎日，この教科書の中の 10 行くらいの会話形式の文と，15 字ぐらいの漢字を覚えてくることになっているんです。で，教師は朝 8 時半からの会話暗記のクラスでは，学生が暗記してきた会話文を 2 人ずつペアにして言わせ，それをテープに吹き込んだものを学生と一緒に聞きながら，語彙や助詞の間違い，アクセント，イントネーションのチェックをして書き留めていくんですね。あの速さは，今はもうできないですね。そして，私が一番先につまずいたのは，初級後半に出てくる「ト，バ，タラ，ナラ」の条件節[1] だったんですよ。参考資料がまだほとんどない時代だったから，新聞などの記事の中から例文を探したり，文を作ってみたりして，自分で勝手にルールを作って，その翌日クラスに持っていって説明するのね。そして，学生に文を作らせてみると，ちゃんとした文ができない（笑）。これはだめ，もう一回持って帰ってやり直し。そういう状況だったんですね。だから，実際に毎日毎日，明日の授業でどうやって教えようかと試行錯誤しているうちに，結局，文法研究が必要になって始めたわけです（笑）。

　中井　毎日の準備が研究みたいなものだったんですね。

　北條先生　みんな，そうでしたから。わからないことだらけで。教科書はまだ作成途中で，作りながら教えていましたから，プリントとかテープも作らなきゃならないし（笑）。というのは，あの頃は，ラボ[2] が語学学習には欠かせなくて，ラボで流すテープは文型の繰り返しと教科書の本文のモデル読みでしたね。

　中井　オーディオリンガルですか。

　北條先生　オーディオリンガル法が中心なので，クラスで文型練習を口頭でやって，それと別にラボに行って繰り返し練習をするクラスもありましたので，テープは必要だったんです。学生が並んでブースにいて，先生は一人ひとりの発話を聞いてチェックする。まあ，その後は，そういう機械的なものはやめましょうって，なくなっちゃいましたけどね。

---

1) 「〜すると，〜」「〜すれば，〜」「〜したら，〜」「〜するなら，〜」といった条件節の
　文型のこと。「とばたら」などということもある。
2) テープレコーダーなどの視聴覚機器を用いて学習者が言語学習ができる教室のこと。

第8章　北條淳子先生へのインタビュー　　97

　　中井　今は，学習者が一人でコンピューターで学習するようになりましたよね。でも，当時は，ラボなどは，初めての試みだったんですか。

　　北條先生　そうなんです。だから，授業を教えるだけではなく，授業が終われば，すぐこんな大きなオープンリールのテープに文型練習文とか暗記用の会話文とかを吹き込んで，それを学習者が翌日までにラボに行って聞いて覚えてくるというように，毎日色んなものを全部処理していかなければならなかったんですよね。

　　中井　大変ですね。教材開発もしながら，そういう条件節とか文法関係のご研究もなさっていたんですよね。

　　北條先生　私の場合は，初級後半の文法・文型でしたが，他にも教授法全体のこととか文法や音声など，色々な研究分野の方がいらっしゃいましたね。

　　中井　みなさん，それぞれ分業でご研究なさって，お互いに情報交換をされていたのですね。お一人で全部の分野を研究するのは大変ですものね。

　　北條先生　そうですね。それで，日本語教育学会，当時は日本語教育が世の中でまだ認知されていなかったので「外国人のための日本語教育学会」という名称でしたが，ICU で開催されるというんで，私が「ト，バ，タラ，ナラ」を発表することになったんです。その時から，自分のやりたいと思うものが少しはっきりしてきたんじゃないかと思いますけどね。それで，「ト，バ，タラ，ナラ」の条件節を研究していたんですけれども，条件節は複文ですね。単文の分野では，もちろん助詞の問題はとても大きいので，だいたいどこの教科書にも初級向きには説明がわかりやすく書いてありました。でも，複文の文末についてはまだ十分な説明がみつからないという状態だったんですね。

　　中井　それで，足りない部分を研究なさって，教材を一から作られたのですね。

　　北條先生　ICU の教材作成は，初級から上級まで参加しながら，それを実際に授業で使っていました。練習帳とか教師用解説書も作りましたね。それから，1960 年代後半に早稲田に移った時にも，早稲田の『外国学生用日本語教科書初級』っていう教科書の簡単な文法解説を国際部 3) 担当の先生と一緒に英語で作りました。

　　中井　学生も教員も使えるようにお作りになったんですね。昔，参考書とかがない時代だと，本当にありがたいですよね。教材作成もご研究の一環なんですね。

---

3) 早稲田大学国際部は，1963 年に創設されたコースで，アメリカをはじめとする諸外国からの留学生を受け入れ，日本語教育を行うとともに，日本やアジアの歴史，文化，社会について英語で講義を行っていました。

北條先生　だから，いつも必要に迫られて何かを作っている。

中井　必要だから研究して，即教育に，という。

北條先生　だから，教育と研究が分かれるなんていうのは考えられないですよ。

中井　やはり現場をおもちの先生方だからこそできることですね。

北條先生　当時は，非漢字系学習者の方が授業に対する要求が多かったように思います。現実に起きている状況を扱った実用的なものの方が好まれましたね。今日の新聞が読みたいとかね。

中井　やはり学生の背景によっても期待とかが違うから，教え方とか教材開発の仕方も違ってきますよね。

3　日本語教師養成講座と大学院での日本語教員養成と研究

中井　先生は色々なご研究をなさっていますが，敬語もなさっていますよね。

北條先生　そうですね。早稲田大学語学研究所主催で夏に2週間，社会人対象の「日本語教師養成講座」というのがあったんですね。その時，専任教員は全員そこで何か講義を担当しなくてはならなくて，しかも，前の年にやった分野以外のものを担当しなければいけないと言われていたんですね。だから，全員が色んなことをやったんですよ。それで，敬語などもせざるを得なくてやりました。

中井　昔は早稲田が結構メインで教員養成をしていたんですね。

北條先生　そうですね。当時，その他に教員養成をしていたのは，国立国語研究所の夏期研修と東京日本語学校の夏期講座でしたね。

中井　そうですか。やっぱり教員養成のために，またご研究も広げられたという感じなのですね。やはり教育現場の実践が先にあって，実践からのご経験を研究にして伝えるというかたちですかね。

北條先生　そうですね。その後は，早稲田大学大学院に新設された日本語・日本文化専攻の大学院生を担当することになって，それぞれの関心分野が異なる院生を引き受けざるを得ないという状態で，日本語教育をやりたいという院生を一人で引き受けていました。

中井　大変でしたね。日本語教育学を専攻とする大学院生さんたちでしたら，教授法とかもテーマとして扱われていたんですか。

北條先生　そうですね。そういう本をクラスでかなり読みましたよね。

中井　そういう研究から学んだことを大学院生さんたちがまた教育実践で活かされていたんでしょうね。では，先生は，どのような日本語教師の人材を育成しよう

第8章　北條淳子先生へのインタビュー　　99

と思われてきましたか。

　北條先生　それは，日本語教育の一般的なことを知っていて，自分の専門分野について ちゃんと説明ができて，かつ，教材も作れる人でしょうね。

　中井　現場をもつ時に，どういう教師であった方がいいのでしょうか。

　北條先生　学習者の身になって考えられる人じゃないですかね。漢字に強い人・弱い人など色んな学習者がいますから，それぞれの学習者の立場をよく考えてあげて，学習者ががっかりした時に「あまりがっかりしないで。そういうタイプの人はいるんだから」とかフォローがちゃんとできる教師ね。

　中井　そのためにはやっぱり基本的な知識もないとだめなんでしょうね。

　北條先生　色んなタイプの学習方法があり，学習者がいると思うんですね。だから，それを見極めてあげて，だめだと言わないようにする。言語なんだから，誰だっていずれはコミュニケーションできるようにはなると思うんですよね。アクセントが違っても，人に伝わればいいのだから。

　中井　学習者の状況を的確に判断して，精神的な面もケアできる教師ですね。

　北條先生　それから，能力を引き出せる人ですよね，きっとね。

　中井　では，大学院での日本語教員養成の先には，何があるんですかね。

　北條先生　その人たちはだいたい日本語教師になっているから，専門性が活かせていると思うけど。読解の研究を続けてやっている人もいますしね。

　中井　先生の元大学院生さんたちは，たとえば，読解授業の研究をされて学会で発表されたり，読解ストラテジーの教科書もお作りになったりしていますよね。

　北條先生　仲間たちが会って話したりすると，みんな切磋琢磨するんですよね。みんな，やっていることがちょっとずつ違うので，あの人もやっているんだってなるからね。

　中井　切磋琢磨して，みなさんそれぞれの現場でご活躍なんですね。

4　海外での日本語教育

　中井　先生は，海外でも日本語教育を行っていらっしゃいますよね。

　北條先生　早稲田大学の語学教育研究所に移ってから，国際部の日本語を担当しながら，大学間交換教授協定でアメリカのアーラム大学へ行き，ミドルベリー大学の夏期日本語講座や，パリ第七大学で日本語を担当したりしました。

　中井　国内と海外では，どういった点で研究や教育の違いが出てくるんですか。

　北條先生　研究しながらすぐ教育ですね（笑）。文法だけじゃなくて，色んな問題

があって。日本人というものは何でも知っていると思われるでしょ。すべてが次の日のクラスのためで，初めの頃は考える間もなく。そして，早稲田大学を定年退職しましてから，国際交流基金からパリの日本文化会館に派遣されたんですね。その時に，フランスの中学，高校の中等教育の日本語教育を調べてまとめて，中高生たちが日本語科目を選択したい場合，どのように教えればいいのか検討しました。

　中井　教科書とかも作られたんですか。

　北條先生　教科書は学習者が多いところなら売れますが，ヨーロッパでは学習人口が少ないんで，教科書を作っても採算がとれないから，作ってもしようがない。でも，既存の教科書の場合，英語の文法説明書しかなかったりするので，フランス人学習者としては，細かいところまで理解がしにくいようなので，フランス語の説明のある日本語教科書が作れないかって思うんですが，なかなか難しいですね。フランス人は，コミュニカティブな教え方よりも，ロジカルに文法を分析して学ぶのが好きなんです。それに，文化的なものが好きですね。戦前の日本の文化的なものに強い憧れと尊敬の念をもっているんですね。だから，そういうふうな文化とのつながりみたいなものから言語学習に入ってくることもあるようです。

　中井　あ，じゃあ，そういう文法や文化の面を織り交ぜて，学習の動機づけをしたり，教材を作ったりすることが必要なんですね。

5　談話レベルの研究の必要性

　中井　先生は談話レベルの研究も必要だと論文にもお書きになっていますが（北條1978），どういう点で必要だと，はじめにお思いになったんですか。

　北條先生　なんでもそうだと思うけれども，たとえば，「は」と「が」の問題で一番大きく感じました。どういうふうに使ったらいいか，1文とか2文だけではわからなくて，一つの段落とかにならないと，ここでは「は」を使うけど，こちらでは「が」を使うんだ，ってことが説明できないんですよね。学生がね，「どうしてここは，先生が前に教えたのと違うんですか」と言うのね。前に1文か2文の時に「ここは「は」ですよ，ここは「が」ですよ」って教えていたのが，段落単位になると説明がつかない。それから，接続語の使い分けもですね，「それで」なのか「それから」なのかも，談話レベルでみないといけない。

　中井　特に，はじめはやはり文章とか，書き言葉の研究が多かったんですか。

　北條先生　そうですね。はじめは書き言葉でしたね。それでその後で，パリにいる時，私，（中井を指して）いろいろ読みました。面白かった。あの時は時間があり

ましたからね，よく読ませていただきました。

中井　ありがとうございます。私も早稲田で働いている間に，修士論文で書いたものなどを紀要に結構載せていただけるチャンスをいただいたので。私は話し言葉から入っているんですが，だいたい歴史的な流れからいうと，談話レベルの書き言葉がまず研究されていますよね。

北條先生　そうですね。私の頃は，談話というと，書き言葉でしたね。

中井　なるほど。先生は，作文とかの書き言葉のご研究の後に，話し言葉も結構研究されていますよね。データはどのようなものをお使いになられていたんですか。

北條先生　実際の会話ではないんですけどね。録画が多いと思いますけどね。シナリオとかですが，本当の生じゃないからちょっとね。

中井　昔は，ビデオ録画とか，普通にできませんでしたからね。でも，やはり教科書を作られる上では，話し言葉の研究も必要だということですよね。

北條先生　もちろんそうですよね。だって，人間は話しているわけだから。

6　研究をしてよかったこと

中井　ご研究をなさってよかったことは，何でしょうか。

北條先生　発見は素晴らしいですね。面白いですよね。そうでしょう？　だって，みんな，何か知るためにやるわけでしょう？

中井　まずは知りたいっていう，知的欲求が満たされた瞬間の喜びですか。

北條先生　そうそう。でも，すぐ後で失敗してがっかりして，またやって。

中井　失敗もあり，またその上に成功がありますよね。「ト，バ，タラ，ナラ」の条件節のご研究は学生さんに質問されてお始めになって，それを何年間くらいなさったんですか。

北條先生　ずっとやっていましたけど（笑）。

中井　もう教えるための研究というのを越えて，ずっと積み上げていかれて。

北條先生　いつも気になっていましたからね。研究者がいっぱいいるでしょ？で，論文を読んでみたりしてね，ここはちょっと自分と同じだけどここは違うとか。初級の人たちにはどこまで教えたらいいだろうとか，中級にはこの辺までやってもいいんじゃないかとか，上級になると段落のなかで扱った方がいいだろうとか，そういうような見極めをみつけたいというのはありましたね。

中井　ご研究の成果から，日本語レベル別にどう教えていくかまでも考えていかれるんですね。考えていらっしゃる時，楽しいんですかね。

北條先生　楽しいですよ。

中井　学生の顔を思い浮かべながら考えるのは，一番の至福の時でしょうか。

北條先生　そうですよね。

中井　「ト，バ，タラ，ナラ」ならこのレベルはこの用法までって段階をつけて，他の先生方にもわかりやすく提示して，教科書とかプリントも作られたんですね。

北條先生　一応作ってはいますけど（笑）。大学院での教員養成の場合には，初級はこの辺までやったらいいんじゃないですかっていうことも議論しましたね。

中井　こういうすごい研究成果があるけどそれをどう教えたらいいか，知りたいですものね。新人教師ほど，初級から全部教えたがりますよね。

北條先生　そうすると，学習者が混乱してしまう。

中井　そこまで噛み砕いて，教員養成もなさるんですね。研究したからには，責任をもって教育のレベルまでもっていく。あくまでも研究を教育に結びつけようという姿勢でいらっしゃったのですね。

北條先生　私は自分の教育と研究が離れるということが考えられないので。

中井　いつも一体だという。理想ですね。

7　研究と社会のつながり

中井　では，先生にとって，日本語クラスや大学院の授業といった実践の場や社会と，研究とのつながりは何でしょうか。つまり，先生にとって，「研究と社会」の「社会」は何を指すと思われてご研究をなさっていますか。

北條先生　社会は世界じゃないですか。違う？　だって，今，日本語教育は，看護師の日本語教育から継承語としての日本語教育まで，本当に底辺が広がってきているでしょ？　特に，継承語の研究って，やっぱり海外が多いですよね。

中井　先生の場合は，世界まで視野に入れて，ご研究が世界の日本語教育につながっているんですね。

北條先生　フランスの人たちと一緒に日本語を勉強したりとかもね。

中井　世界の人たちともつながるための日本語ということですね。

8　研究と実践の連携

中井　先生のご研究の動機やアイデアは，どこから出てくるのでしょうか。

北條先生　学生からの質問ですね。留学生が質問してくるでしょ？　うまく答えられないんです（笑）。こうじゃないかって説明すると，「ああ，そうですか」と言

って学生が文を作ってくるとね，それが変な文（笑）。

中井　学生の誤用とか質問などから，研究の動機やアイデアが湧いてくるんですね。では，「研究と実践の連携」についてどうお考えですか。

北條先生　研究したら即実践。置いといたら忘れちゃうし，古くなっちゃうし。

中井　やはり実践を通して人に伝えないと，意味がなくなってしまうんですね。

北條先生　そう思いますね。私も，中級用に複文の句末表現とかの例文を集めて辞書的に作っていたことがあるんですね（北條 1989b）。それから，フランス語でも出そうかと思ったんですが，フランス語に訳す人に忙しいと言われて，10 年ぐらい自分の手元に置いちゃったんですよ。それで，例文が古くなったからやめました。

中井　もったいないですね。研究の蓄積を世に出す段階で時間がかかってしまうこともあるんですね。やはり研究は即実践という方がつながりやすいということですね。先生の場合は，研究する人と実践する人をつないだり，違う分野の人をつないだり，人と人の連携というものもたくさん作られていますよね。それに加えて，時間をかけて研究と実践を積み上げていらっしゃって，ご自身のなかでの「研究と実践の連携」があるように思いました。

9　研究の社会的貢献

中井　研究の社会的貢献についてのご意見をお伺いしたいんですが。

北條先生　教科書とか文法説明書を作ったりしたことは，日本語教育にはよいことだと思いますけどね。私の研究を引用して自分の研究で使いましたって言われたこともありましたから。

中井　論文が引用されたら，それはその後の研究に貢献したということになりますものね。先生は社会は世界とおっしゃっていたので，社会貢献は世界貢献ってことですよね。教科書って本当にそうですよね。世界中で参考にされていますものね。これまでの教科書作成や論文執筆などが，やはり教育と研究の知見を広めるという社会的貢献になっているんですね。

北條先生　まあ，活動することがある種の貢献にはなっているんじゃないですかね。黙っているよりは何か言った方がいいんじゃない？　何かもっていれば，それを他の人にあげた方がいいでしょ？

中井　出し惜しみせず（笑）。

10　今後の展望

中井　先生の今後のご研究と実践の展望は，どのようにお考えでしょうか。

北條先生　私は教育現場を今はもってはいないんですけれども，何か学会や研究会があれば行くんですね。で，そこで現在どういうふうに学会が動こうとしていて，どういう広がりがあるのかをみるのがすごく楽しみ。だって，自分がずっとやってきた仕事の延長だから。できれば自分の体が動く間はみつづけてみようと思います。フランスの学会も行きますし，ヨーロッパ教師会にも行くんですね。

中井　広い視野から見守ってくださる先生がいらっしゃると心強いですね。

11　今後の研究者・教育者へのアドバイス

中井　最後に，今後の研究者，教育者へのアドバイスをお願いします。

北條先生　今は，日本語教育も規模が広がって，世界に広がってきているので，自分の言語感覚をちゃんともつということが大切ですね。できれば，学習者の言語もある程度は知ってほしいですよね。少しは知っておくとずいぶん違うと思います。

中井　日本語と学習者の母語が比べられるというか。

北條先生　そうですね。そして，自分のやりたいこと，専門性を深めてほしいですね。私は日本語教育がこんなに長く続くとは全然思いませんでした。

中井　不安定だったんですかね。当時は，色々ご苦労もあったんでしょうね。特に先生方の時代は激動の時代で，岩を砕いてゆかれたんですよね。

北條先生　でも，それに面白さが勝りましたからね，日本語を知っていくことが面白くて，面白くて。私，英文学専攻だったんですけど，英語より日本語の方が面白いから。母語だからね。英語を教えている先生に羨ましがられましたよ。英語を教えていて何か問題があると母語話者のところへ飛んでいって聞かないとわからないから，日本語の先生はいいですねって。

中井　母語の研究ができるってありがたいですね。

北條先生　だから，逆にね，どんな方法にしろ，ちゃんと説明できないとだめなんですね。学習者の母語で説明しろと言われたら，説明できた方がいいと思うし，その学習者に合ったやり方でちゃんとそれが届けられることが必要だと思います。特に，私は学習者の母語を使っちゃいけないと思わないの。日本国内は別として，日本国外の場合はね。

中井　ああ，媒介語としては学習者の母語を使ってもいいということですね。

北條先生　もちろん，なるべく使わない方がいいとは思いますけどね。どうした

第8章　北條淳子先生へのインタビュー　*105*

らその人がしっかり理解するのかということを，学習者によって見極めてやればいいんじゃないかと思います。柔軟性が必要です。

　中井　本日は，貴重なお話をありがとうございました。

北條淳子先生の主要参考文献

●主要著書・論文

北條淳子（1964）「条件の表わし方」『日本語教育』*4・5*, 73–80.

北條淳子（1973）「上級クラスにおける読解指導の問題」『日本語教育』*21*, 71–78.

北條淳子（1978）「初級における敬語の問題」『日本語教育』*35*, 21–39.

北條淳子（1982）「早稲田大学国際部」『日本語教育 特集—初級のカリキュラムとその教授法』*46*, 47–51.

北條淳子（1987a）「日本語教育における形式名詞「の」の扱い」『早稲田大学語学教育研究所紀要』*34*, 76–87.

北條淳子（1987b）「中級における逆接条件文型」『講座　日本語教育』*23*, 15–28.

北條淳子（1988）「変わりつつあるフランスの大学の日本語教育」『日本語教育　特集—多様化する学習者をめぐって』『日本語教育』*66*, 130–136.

北條淳子（1989a）「節末のきまりことばとその条件」『日本語学』*8*(2), 15–25.

北條淳子（1989b）「複文文型」国立国語研究所［編］『日本語教育指導参考書15　談話の研究と教育II』大蔵省印刷局，pp.7–111.

北條淳子（1989c）「中・上級の指導上の問題」寺村秀夫［編］『講座　日本語と日本語教育 13—日本語教育教授法（上）』明治書院，pp.238–267.

北條淳子（1989d）「中, 上級の指導法」木村宗男・阪田雪子・窪田富男・川本　喬［編］『日本語教授法』桜楓社，pp.175–198.

北條淳子（1993）「「外国学生用　日本語教科書初級」における「ハ」と「ガ」」『講座 日本語教育』*29*, 17–38.

北條淳子（1997）「レベル別の日本語教育」『日本語教育』*94*, 99–103.

北條淳子（1998a）「「モノ」のモーダル性—日本語教育の立場から」『早稲田大学日本語研究教育センター紀要』*11*, 59–75.

北條淳子（1998b）「日本語教育における名詞句，連体修飾句」『講座　日本語教育』*33*, 20–43.

北條淳子（1999）「いくつかの主語・立場を表す表現について—日本語学習者の視点から」森田良行教授古稀記念論文集刊行会［編］『日本語研究と日本語教育』明治書院，pp.305–317.

北條淳子（2002）「「日本語教科書 初級」について」『北條淳子教授古稀記念論集』，199–209.

北條淳子（2007）「最近考えること」『日本語教育』*135*, 29–34.

●主要教科書・教材

国際基督教大学（1963, 1966, 1968）*Modern Japanese for University Students, Part I, II, III* 有限会社国際基督教大学売店

国際基督教大学（1963, 1966, 1968）*Modern Japanese for University Students, Part I, II,*

III Exercises 有限会社国際基督教大学売店

早稲田大学語学教育研究所（1967）『外国学生用日本語教科書　初級』早稲田大学語学教育研究所

◆**インタビューを終えて**

　日本語教育の草創期を創り上げていらした北條先生に，当時の研究と教育の関係について詳しくお伺いでき，とても参考になりました。特に，教育現場で必要とされることを研究し，教育現場に還元する「研究を即実践に活かす！」というお言葉は，研究と教育の分業化が見られる現在でも大切な言葉だと思いました。

　また，「社会は世界！」というお言葉から，留学先から日本に帰ってきた後，最近は海外に目を向けることが少なくなった私に喝を入れていただいた気持ちになりました。北條先生は，大学を退職なさった後も，海外でご活躍になり，日本語教育の今後の行く末を見守ってくださっており，我々，今後の日本語教育を創っていく後進の励みとなります。　　　　　（中井）

第9章
南不二男先生へのインタビュー

中井陽子

南不二男先生は，国立国語研究所所員の時代に市民の言語生活の大規模な調査に携わられ，現在でも珍しい 24 時間にわたる会話データの収集と分析を行われました。その後は，さまざまな大学で教鞭をとられ，談話研究を行う後進の育成に従事されていました。

ご経歴

1953　名古屋大学文学部卒業

1961　国立国語研究所所員

1971　東京外国語大学助教授

1973　東京外国語大学教授

1977　広島大学総合科学部教授

1978　国立国語研究所所員

1988　国立国語研究所退職，名誉所員

　　　　文教大学教授

1991　関西外国語大学教授

2000　関西外国語大学退職

インタビュー

日時・場所：2012 年 11 月 30 日（金），12 月 6 日（木）中井研究室から南先生ご自宅へ電話

聞き手：中井陽子

Point

▶国立国語研究所において大規模な言語生活の調査を実施

▶コミュニケーションを行う行動の全体を把握するためには，まず談話という大きな単位でとらえる必要がある

▶実用と理論は，もちつもたれつ，両方必要！

1 第1回目インタビュー（11月30日）

●国立国語研究所での言語生活の調査～松江を調査地に選んだ理由

中井 南先生のこれまでの談話分析のことに焦点を当てて，ご研究を始められた動機や，アイディア，必要性などについて，まずお話しいただけますか。

南先生 具体的に言うと，国研（国立国語研究所）での仕事ですね。国研の仕事の中の島根県松江市で行った市民の言語生活の調査がきっかけです。

中井 その松江調査は，どのような経緯で始められたのでしょうか。

南先生 これは研究所の仕事として，松江でやろうということを我々が考えたわけですけれども，これまでの国研の調査からアイディアを得ました。

1948年に国研が設立されて以来，いくつかのプロジェクトがあったんですが，そのなかの一つに「地域社会での言語生活の調査」というものがありました。私が研究所に入る前のことですけれども，福島県の白河，山形県の鶴岡，人口がだいたい10万程度の町なんですが，市民の言語生活に関する調査を色々行ったんです。その後，愛知県の岡崎，新潟県の長岡といったところで調査をやってきました[1]。

それで，なぜ松江を選んだかといいますと，これまで調査がまだ行われていない方面でやろうということになったからです。白河，鶴岡，長岡というのは，だいたい東の方の町を選んだんですね。それから，岡崎は，少し西になって中部地方になった。新潟の長岡も一応中部地方ですが，まあ東の方ですよね。それから，もっと大規模な調査を行ったのが北海道での共通語化の過程で，これも地域がぐっと北の

---

1) 南先生によると，「地域社会での言語生活の調査」として，白河，鶴岡の調査では，市民の言語生活一般を調べ，岡崎と長岡の調査では，そこからさらにテーマを絞ったものを調べているそうです。岡崎調査では，特に敬語の調査が行われ，長岡調査では，現代仮名遣いや当用漢字が市民にどれだけ受け入れられているかという，戦後の表記についての言語政策の普及状況を調べているということです。松江調査は，白河，鶴岡の調査と同じ，言語生活一般を調べるものでした。詳しくは，南（1973, 1997）を参照してください。

第9章　南不二男先生へのインタビュー　*109*

方になった。それで，今度はちょっと西の方でやろうということになって，色々候補を挙げて検討した結果，松江が選ばれたわけですね。

　松江を選んだもう一つの理由を挙げると，松江あたりの島根県の出雲地方と，それに隣接する鳥取県の西部，昔の「伯耆の国」は，中国地方でも特殊な方言でして，近畿地方よりも西なのに，東北の言葉に近い性格がずいぶんあるんです。で，そういう方言の特殊性ということも考えて，そこを選んだわけです。

●松江調査の内容

　南先生　松江調査の内容としては，だいたい白河とか鶴岡での調査の流れに沿ったものを考えて，これまでの調査に関係してきた所員たちが色々アイディアを出したわけです。白河・鶴岡では，市民の1日中の言語行動を全部記録して分析するという24時間調査というものをやっていたんですね。

　中井　すごいですね。

　南先生　そのことは『国語学の五十年』に書いたものにもちょっと取り上げてあります（南 1995）[2]。とにかく大変だったようです。でも，その調査結果をみると，どんな人がどんな言葉を使っているかとか，色々特徴が出て，面白いんですよ。で，松江調査でもそれもやろうということになりました。

　その松江の調査の準備を検討する会議に，鶴岡調査とか白河調査なんかに参加した先輩もおられました。その先輩方に，その24時間調査は「とにかくまとめるのが大変だから，やめとけ」とずいぶん言われたんですけれども，こちらは経験がないから「やろう」ということになって（笑），やったわけなんです。鶴岡，白河の頃は，録音機もまだ原始的なものがやっとできた程度だったんじゃないですかね。それで，聞くところによると，調査をお願いした市民の方に1日中，もちろん調査名に「24時間」と付いていますけど，そんな24時間もするはずはないのですが，調査員がくっついていて，手書きでそれを記録しました。

　中井　えー，手書きで？（笑）それが白河，鶴岡の頃の記録方法ですか。

　南先生　ちょっと話が前後しますが，松江で調査をしたのは63年ですね。24時間調査を実行したのが11月29日だったような気がするんですけども。松江調査の1963年頃になると，さすがに録音機のいいのができてはいたんですけども，まだそれは大きなものでした。その大きなものを2台交互に使ったんです。その頃若手だ

2）南（1973）にも国研の調査の経緯がまとめてあります。

った私たちがその大きい録音機を担いで，まだ新幹線もない時代ですから，とにか
く東海道線に乗ってまず京都に行って，京都で山陰線に乗り換えて，松江まで運ん
だことを覚えています。そして，向こうで調査に協力してくださる市民の方に1日
中の家族の会話を録音することを許していただいたわけですね。朝も6時頃から夜
8時頃ですかね，結局録音したのは16時間だったと思います。

中井　テープを交換するのに2台使われたんですね。

南先生　ええ，そうです。テープも扱いやすいカセットじゃなくて，7インチの
オープンリールですからね，大変でした。今だったらね，本当に簡単で，そしてさ
らに音声だけではなくて，いろんな非言語行動まで記録できる，まあ，それこそ監
視カメラみたいなものを設置して，いろんな記録ができるわけですけれども，当時
はそんなことはできませんし。

そして，それをとにかく16時間分記録しまして，研究所に持ち帰って，文字に起
こして分析するという仕事にとりかかりました[3]。文字化する仕事と後の分析をも
っぱら受けもったのが私だったんです。もちろん，当時の録音記録なんかの仕事は
何人かの所員がやったわけですが，そのなかに私もおりました。それが談話研究に
関係したきっかけですね。

中井　なるほど。当時としてはまだ珍しいご研究ですよね。

南先生　おそらく世界的にも珍しい。あまり例は多くなかったと思いますね。

中井　今でも，24時間張りつきの言語調査なんて聞きませんよね。

南先生　24時間って寝言までは録音しませんから（笑）。

中井　でも，16時間録りっぱなしって，すごいですね。

南先生　いや，でも，そんな調査はその当時だったからお願いできて許してくだ
さったのですが，今だったらこれはおそらく不可能ですね。

中井　プライバシーとかそういうことですか。

南先生　はい，ほんとにそれは今も昔も，とにかくその問題があります。もうプ

3）南先生によると，会話データ16時間分のうち，分析対象としたのは前半8時間分だとい
うことです。また，この松江調査の会話データの分析から得られた成果としては，「談
話」「会話」といった談話単位の設定，および，談話単位の性格の認定（「切れ目（ポー
ズ）」「連続性」「参加者（の一定性）」「コミュニケーション上の機能（の一定性）」「こ
とばの調子（の一定性）」「話題（の一定性）」）ができたことだそうです。また，この談
話単位内での各種言語要素の現れ方の分析もなさいました。詳しくは，南（1972）を参
照してください。

第9章　南不二男先生へのインタビュー　*111*

ライバシーの問題はどうしようもありませんのでね。で，こんなこと，今も昔も本当にしていいのか悪いのか。

　中井　うーん。でも，先生，了承は取られているんですよね。

　南先生　まあ了承はしてくださったんですけれどもね。これは，談話研究の資料を作成するうえでついて回る一つの難しい点だと思います。

　中井　なるほど。

　南先生　実は昨日手紙で，今お話ししたようなことに関連した要点だけ書いたものを投函しました[4]。そのなかに，松江調査に関係した文献をいくつか挙げておきました。最初に挙げたのは，国立国語研究所（1971）『待遇表現の実態』という松江の24時間調査の報告書ですね。それから，南（1965）は，「この人の敬語行動—松江24時間調査から」という論文です[5]。そこに松江での24時間調査のごく大雑把な紹介と，それから私がその資料の分析に関わって考えた問題点，それから談話研究に入っていく一つの問題意識みたいなものが書いてありますので，それをご覧ください[6]。

　中井　わかりました。

2　第2回目インタビュー（12月6日）

●談話分析の重要性・利点，従来の文法研究との違い

　中井　先生のご著書を読ませていただいて，特に，次の二つの大きな質問をさせていただきたいと思います。一つ目は，談話分析の重要性・利点，従来の文法研究との違いについて，先生のご意見をお伺いしたいと思います。二つ目は，先生は，南（1973，1997）のご著書のなかで，実用的な面だけに研究の目的をおくと視野を狭めてしまうので，一般理論の追究が必要だと述べられていますが，これはどのようなことでしょうか。研究の積み上げに貢献することや，研究を進め，普及させることについての先生のお考えをお伺いしたいと思います。

　南先生　まず，第一のご質問ですが，抽象論になってしまうけれども，我々の言葉を使ったコミュニケーション行動[7]の全体を把握するためには，談話という大きな単位でまずとらえる必要があると思いますね。

4）南先生からのお手紙のなかには，松江調査やその他の談話研究に関するお勧めの文献リストなどが記されていました。文献リストは，後掲の参考文献リストをご参照ください。

5）この文献は，南（1997）にも入っています。

6）松江調査のその後については，次章の杉戸先生へのインタビューでも語られています。

中井 「まずとらえる」というのは，それを入り口として入るということですか。

南先生 そうですね。「まず」であり，または最終でもあるかもしれません。

中井 始まりと終わりは，談話レベルでみるということですね。

南先生 談話レベルで済むかどうかということがありますけどね。つまり，談話というものの概念規定によるわけですけれども，談話というものを言語を手段としたコミュニケーションだとするならば，言語以外の手段による情報伝達も大変大きな役割を果たしているわけですから，談話だけでことが済むとは思えないんです。

中井 先生は非言語行動も含めて考えていらっしゃるのですよね。

南先生 ええ，私は，最終的には全体的なものを目指すべきだと口では言っていて，なかなか自分自身ではとらえきれずにおりますけれども。

中井 じゃあ，文字とかすべての媒体も。

南先生 文字どころか，もっと言葉から離れた，顔つきとか服装とか，それから，そういうことを行うタイミングとかね，大変大事だと思うんです。それで，そういうことがご質問のなかの従来の文法研究との違いでもあるわけですけれども。まあ，ご存じのように，従来の文法研究っていうのは，まず対象を言葉に限定するということと，それからもう一つは，その対象とする最大単位が文ですよね。ところが，実際の我々のコミュニケーション行動は文が最大とはいえないわけなんで，その文が集まったもっと大きな単位になる，あるいは，形としては1文であっても，それが文以上の役割を果たしているということもあるわけで，そこが一番の大きな違いじゃないでしょうかね。

中井 では，もっと人間の言語生活とか大きいところからみるなら，文以上の単位でみるということですね。

南先生 これはもうずっと以前からいわれていたことだと思いますね。日本語研究の世界で，それをはっきり主張された早い時期のものとしては，『国語学の五十年』に私が紹介したような時枝誠記先生の考えですね（南 1995）[8]。文，それから

---

7) 南（1979: 5）では，「人間がことばを使ってなんらかのコミュニケーションを行う行動」を「言語行動」と呼んでおり，言語行動を考える際，実際のさまざまなコミュニケーションの場面での具体的な言語の使用を念頭に置き，ことばの世界とことばの外の世界の物事との間の関係に注意を払うべきだとしています。「コミュニケーション行動」も，この「言語行動」の概念からきていると思われます。

8) ここで述べられている文章・文体の研究の変遷については，第1部第1章「会話データ分析の変遷」でまとめていますので，参照ください。

第9章　南不二男先生へのインタビュー　　*113*

文章の研究が必要だということを強調されたわけですから。

　中井　今，会話分析や談話分析を含めた会話データ分析を行っている論文にはどのような特徴があるのか分析をしているんですが，どれが談話レベルの会話データを扱っている論文なのかという認定基準が非常に難しくて。

　南先生　そうなんですね。

　中井　それで，語彙・文レベルなのか，談話レベルなのか，どっちで文型の分析をしているのかとか。たとえば，「─テクル」などの文型の文法研究[9]から派生して，談話レベルの文章でみているものなどがあって，どこまでが文法研究でどこからが談話分析かっていうのが，本当に認定が難しいです。いわゆる CA（conversation analysis）の会話分析っていうのは，話者交替（turn-taking）の分析とかなので，談話レベルの分析だとわかりやすいんですけどね。

　南先生　そこは，まだ談話分析の，あるいは CA の方もそうかもしれませんが，これだっていう一般理論が確立されていないんじゃないかと思いますね。

　中井　談話分析（DA）と会話分析（CA）との違いは何かとか，いつも聞かれるんですけど，研究者によって違いますよね。

　南先生　それともう一つ。DA と CA の区別の必要があるのかどうか，どこで区別されるのかっていう問題もありますよね。それから，話し言葉のディスコースの分析と，国語学の世界で伝統的にあった文章論，つまり，書かれたものの研究がどういう関係にあるかとかね。これは，あなたの第二のご質問にあるような一般理論の問題になりますが，そういうところの位置づけがまだはっきりしていないんじゃないかと僕は想像していますが，どうでしょうか。

　中井　私も今迷路に迷い込んでいるんですよね（笑）。

　南先生　いや，その迷路に入ってください（笑）。

　中井　結構グラデーションというか，グレーなゾーンが……。

　南先生　ええ。そこが談話研究の魅力かと。

　中井　先生，勇気づけられます（笑）。いや，特に今，大学院生とかで E メールとか携帯メールとか，インターネット上での話し言葉による文字媒体のコミュニケーションを研究したがる人が多いんですが，それを会話に含めるかどうかも面白い問題点だと思います。

9）「技術が発達してくると，生活が便利になる」「経済的に豊かになってきた」などの文型の研究のこと。

114

　南先生　そういうジャンルには，これまたいくつかの大きな特徴があるんだろう
と想像しますけれども。

●実用と理論の追究

　中井　では，二つ目のご質問ですが，先生は，「国立国語研究所 25 周年」（南 1973,
1997）のご論文のなかで，実用的な面だけに研究の目的をおくと視野を狭めてしま
うので，一般理論の追究が必要だと述べられていますが，これはどのようなことで
しょうか。研究の積み上げに貢献することや，研究を進め普及させることについて
の先生のお考えをお伺いできますか。

　南先生　先ほどの第一のご質問については，その程度のことしかお話できません
が，これは結局，第二のご質問の問題でもあるわけなんでね。これは実用的な面だ
と，こういう目的でこういう問題を解決したいというあるはっきりした実用上の目
的がありますよね。それはつまり，それだけ扱う範囲を限定するわけですよね。そ
して，そこにはっきりした解を与えられるか，または，解決しないでまだそのまま
になってしまうにしても，とにかくある範囲のことだけを問題にしがちになってし
まう。つまり，視野が狭まるということで，全体的な研究のなかでのその研究の位
置づけというものがみえてこないという。

　あるいは，さっきおっしゃっていた最近の IT 関係のコミュニケーション手段で
の会話など，ある談話の研究タイプを研究するとなると，そこの領域だけのことに
限定される。で，それが人間の全体的なコミュニケーションのなかでどういう位置
づけになるかということは，結論や観点をもってこないと，はっきりしなくなると
いうことがありますね。私が視野が狭くなるっていうことを書いていたのは，そう
いうことが念頭にあったと思うんです。

　中井　なるほど。

　南先生　全体的にみると，色々違う領域で違う目的の研究っていうのがあるわ
けで，それが全くそれぞれ関係なしに独立して行われていたとしても，同じ人間が
行うコミュニケーション行動の中での関係をどこかでお互いにもっている。もっと
高次の広い観点からみると，人間の行う総合的なコミュニケーション行動のなかの
どこかの位置にそれぞれの問題があって，それがどこか共通した原理に従っていて，
どこかで差異が存在するというようなことをはっきりさせる必要があるだろうと思
うんですね。

　中井　それが視野を狭くもたず，広くもった方がいいということなのですね。

第9章　南不二男先生へのインタビュー　*115*

　南先生　ところが最近は，逆に，個々の実用的な問題にぶつかってその解決を
考えることが視野を広げることにもなるんじゃないかと考えるようにもなりました。
何に役立つのかわからないような研究分野っていうものがあるとすれば，それがは
っきりした形でみえてくることにもなるんじゃないか。だから，私が前に書いたこ
とは実用目的の研究を否定するようなニュアンスがあったかもしれませんけれども，
逆に実用面での研究の進展が，今度は理論的な研究を助けるということにもなるん
じゃないかと思いはじめました。

　つい2，3週間前にあった『クローズアップ現代』（2012年11月15日放送）で，
おしゃべりが年寄りの認知症の防止とか治療に役立つという話題が取り上げられて
いました。そこに実例として出てきたのが，大変長寿な4人姉妹の話題です。現在
この4人のなかの3人が90代，それから一番下の人が80代ですかね。で，お互い
に割に行き来しやすい，近所に住んでいる。名古屋の郊外らしいですけど。で，よ
く集まっておしゃべりをする。これが非常に，彼女たちの元気さを支えることに役
立っているということが取り上げられていました。実際にその4人を観察して研究
している人たちの研究も紹介されました。一人は年寄りの健康長寿の研究所の人で，
その人の研究が紹介されていました。もう一人は関東の大学の人工知能が専門の先
生で，この4人姉妹の会話の内容を分析して，記憶力の強化が起こっているという
話も出てきていました。談話研究に興味をおもちの人たちに見ていただきたいと思
いました。談話研究にいくらかでも関わっているものにとっては，大変心強い内容
でした。しょっちゅう集まって，いろんなおしゃべりをするのが役立っているんで
すって。昔だったら井戸端会議とか言ったんでしょうけどね。

　中井　そこから「話す」ということの根源的な意味もわかりそうですね。

　南先生　そして，話の性格によって脳の働きに違いがあるらしくて，儀礼的な決
まり文句みたいなもので，かしこまった話の調子の時は，脳の血流があまり盛んで
はない。ところが，おしゃべりになると，俄然，血流が活発になるという，そういう
調査結果もありました。その4人姉妹の誰かを調査した結果，わかったようですね。

　中井　話すという目的が脳からもわかるんですね。

　南先生　だからこれは，ボケの防止，治療のためといった実用目的もあるわけで
すね。前からね，頭の働きと関連づけて談話の研究をするというのは，むしろ言語
の研究者よりも，精神科のお医者さんなどがやっている例があります。統合失調症
の患者さんの言語行動の研究をやっていた精神科のお医者さんが何人かおられたよ
うです。

第1部

第2部

第3部

中井　ああ，なるほど。臨床心理学とか精神医療などですね。

南先生　それから，なんかアメリカの方で，そういうコミュニケーション障害の問題を研究しているのもあります。会話分析なんかやられていたんじゃないですか。で，まあ，そういうことで，実用と理論というのは，もちつもたれつ，両方必要のようだと思うようになりました。

中井　わかりました。先生，2回にわたり，貴重なお話を聞かせていただきまして，ありがとうございました。

南不二男先生の主要参考文献

●主要著書・論文

国立国語研究所（1971）『待遇表現の実態―松江24時間調査資料から』（国立国語研究所報告41）秀英出版

南不二男（1972）「日常会話の構造―とくにその単位について」『月刊言語』1(2), 28–35.

南不二男（1974）『現代日本語の構造』大修館書店

南不二男（1987）「談話行動論」国立国語研究所［編］『談話行動の諸相―座談資料の分析』（国立国語研究所報告92）三省堂，pp.5–35.

南不二男（1993）「談話分析」『國文学　解釈と教材の研究』38(12), 86–92.

南不二男（1995）「文章・文体（理論）」国語学会［編］『国語学の五十年』武蔵野書院，pp.224–239.

南不二男（1997）『現代日本語研究』三省堂

　※以下の論文を含むこれまでの南論文を収録

―――（1965）「この人の敬語行動―松江24時間調査から」『言語生活』162, 28–38.

―――（1972）「日常会話の構造―とくにその単位について」『月刊言語』1(2), 108–115.

―――（1973）「国立国語研究所25周年」『言語生活』267, 16–24.

―――（1979）「言語行動研究の問題点」『講座言語第3巻　言語と行動』大修館書店，pp.5–30.

―――（1981）「日常会話の話題の推移―松江テクストを資料として」藤原与一先生古稀御健寿祝賀論集刊行委員会［編］『方言学論叢Ⅰ　藤原与一先生古稀記念論集　方言研究の推進』三省堂，pp.87–112.

―――（1982）「日本の社会言語学」『月刊言語』11(10), 74–81.

―――（1983）「談話の単位」国立国語研究所［編］『日本語教育指導参考書11　談話の研究と教育Ⅰ』大蔵省印刷局，pp.91–112.

―――（1985）「質問文の構造」『朝倉日本語新講座4　文法と意味Ⅱ』朝倉書店，pp.39–74.

南不二男（2003）「文章・談話の全体的構造」佐久間まゆみ［編］『朝倉日本語講座7　文章・談話』朝倉書店，pp.120–150.

南不二男（2007）「現代社会とことば―言語生活研究の歩み」『反差別人権研究所みえ研究紀要』6, 59–85.

南不二男・江川　清・米田正人・杉戸清樹（1980）「談話行動の総合テクストについて」
　『研究報告集（2）』（国立国語研究所報告 65）秀英出版，pp.77-111.

◆インタビューを終えて

　国研で行われた 24 時間にわたる言語生活の調査という大規模な調査は，現在でもなかなか行えるものではなく，それが 1963 年であったということに驚きと感動を覚えました。当時，大きなテープレコーダーを抱えて現地調査に向かわれ，その後，会話データの文字化の方法や分析の方法を確立されていかれた南先生のご研究の姿勢や功績の恩恵を受けている研究者は多いだろうと思います。私も，学部 2 年生の頃に初めて南先生の授業を受け，その後，大学院の先生の授業で初めて会話データを録音・文字化して分析をしてみました。その大変さと面白さを教えてくださった先生に感謝しています。

　また，コミュニケーション行動の全体を把握するためには，まず談話という大きな単位でとらえる必要があり，それを実用面だけの目的で狭めて研究するのではなく，常に全体的な研究のなかでの広い視点をもって一つひとつの研究を行い，その関係性をみていくべきだということがよくわかりました。私の場合，雑談の分析などを日本語教育のために行ってきましたが，日本語教育の分野だけでなく，もっとさまざまな分野も意識して，そこに横たわる共通の原理を見出すような研究ができるようになりたいと思いました。そして，南先生がおっしゃるように，実用面と理論面のもちつもたれつの関係も大切にしたいです。

（中井）

第 10 章
杉戸清樹先生へのインタビュー

寅丸真澄・中井陽子

杉戸先生は，名古屋大学大学院文学研究科言語学専攻修士課程修了後，国立国語研究所に入所されました。以後，待遇表現やメタ言語行動表現などの研究を中心に，言語行動の研究に尽力されました。国立国語研究所では所長を務めるなど，第一線の研究者として，日本語学，および社会言語学における言語研究を牽引されてきました。著書や論文が多数出版されています。

ご経歴

1973	名古屋大学文学部文学科言語学専攻卒業
1975	名古屋大学大学院文学研究科言語学専攻修了（文学修士）
1975–2005	国立国語研究所言語行動研究部第 1 研究室研究員，同主任研究官，同研究室長，言語行動研究部長，日本語教育部門長などを歴任
2005–2009	国立国語研究所所長
2006–2007	日本語教育学会会長
2009– 現 在	国立国語研究所名誉所員

※この間，東京大学，大阪大学，名古屋大学，津田塾大学，筑波大学大学院などで非常勤講師，北京日本学研究中心で客員教授（1990），政策研究大学院大学連携教授（2001–2008）を務める。

インタビュー

日時・場所：2013 年 11 月 22 日（金）東京外国語大学留学生日本語教育センター会議室にて
聞き手：中井陽子・寅丸真澄・増田将伸

第10章　杉戸清樹先生へのインタビュー　*119*

> **Point**
> ▶ 国立国語研究所における談話研究から日本語学，社会言語学の世界へ
> ▶ 言語行動に現われる配慮の意識を研究
> ▶ 「社会を立ち現われさせることば」の研究が必要
> ▶ 日本語と外国語の違いを明らかにし，整理することが日本語研究や日本語
> 　教育に役立つ

1　国立国語研究所における調査研究

　中井　先生の研究理念やこれまでの歴史や業績，日本語教育についてのお考えなどをお伺いできればと思っております。まず，先生のご研究のきっかけからお聞かせいただけますか。

　杉戸先生　昔の配布資料，たとえば内部の研究会の時に「こんなことをやりたい，やるべきだ」ってしゃべった時の資料をいくつかもってきました。

　最初のプリントは，1988年の社会言語学ワークショップのものです。そこで，日本で談話研究が，文章研究も含めて，どんな流れであったのかをざっと眺めて話すようにと言われたんです。今では，ディスコースとか談話などという用語で書き言葉も含めてしまうことが多いと思いますが，昔はもっとはっきり分かれていましたね。

　大きな流れをみると，やはり書き言葉が中心的だった。それが，談話，話し言葉の研究に広がっていきました。1988年というと，私が国立国語研究所（国研）に入ってから13年経っていますが，研究所の仕事をいくつかやるためにも，歴史的な流れを改めて勉強しようと思い，このような資料でしゃべったんだと思います。で，この資料を見ると，かなり古い時代から，時枝誠記をはじめ，気になる研究が始まっていることがわかるんですね。永野賢さん，市川孝さん，それから林四郎さんのお仕事ですね。林さんの『基本文型の研究』（林1960）と『文の姿勢の研究』（林1973），これらの書籍は，復刻されるという話を聞いています[1]。

　これ（『談話行動の諸相─座談資料の分析』（国立国語研究所1987）は，談話研究としてはこぢんまりしているけど，談話研究に必要な録画，録音から，文字化，テクストの作成法，調査の着眼点の選択とか，基本をきちんと押さえながら展開した仕事だと思います。もちろんその前に，南不二男先生の執筆された『待遇表現[2]の

---

1)　これらの書籍は，ひつじ書房から2013年に復刊されました。

実態―松江 24 時間調査資料から』（国立国語研究所 1971）が出版されています。こちらはもう，研究所だけじゃなくて，日本全体で考えても重要な研究ですね。話し言葉を大量に録音して，きちんと文字化して，形態音韻論的な枠組みのテキスト化もする。そして待遇表現に着目して，談話研究という非常に大きな枠組みや，コンピューターを使ってどうするかっていうことも意識しながらした仕事です。

　中井　もうコンピューターも使われていたんですね。

　杉戸先生　1971 年刊行の報告書だから，仕事自体は 1960 年代からですね。これは，松江市のお宅で録音させてもらっています。で，数年前，松江で学会があった時に，そのお宅がまだあるだろうかと思って行ったんです。で，帰ってきて，電話で南不二男先生に報告しました。そして，言ったんです。このお宅の前に「日本語談話研究発祥之地」っていう石碑を建ててはどうでしょうかと。まあ，そのお宅にとってはご迷惑な話ですね。

　中井・寅丸　（笑）

　杉戸先生　でも，そのくらいの思いがある。そういうふうに位置づけてしかるべきものだと思うんです。

　それから，日本語教育に適用されることを目的に掲げた談話研究の一つが『日本人の知識階層における話し言葉の実態―表現意図および文の長さ，音韻，構文』（野元・国立国語研究所 1980）です。これは，野元菊雄さんが科研費の代表者になって企画なさった。留学生が日本に来た時よく接触しそうな人，つまり，大学教員とか大学院生，あるいは学会関係者を「知識階層」と呼んで，そのような日本人の話し言葉，これを松江の調査と同じようにして 24 時間型調査で収録したんです。

　松江では一人の人を中心に追いかけたんですが，こちらの方は，複数の人たちに時間帯を分けて録音をお願いして，全体としてみると何人かの分の，朝から夜までの録音が集まるという構造の録音資料を作りました。そして，場面を中心にして，文法の形式，単語の頻度，語彙の種類，発話単位などを調べました。

2　録音機材と調査データ

　杉戸先生　大きな流れとしては，国研のそのような流れのなかで仕事をしてきました。そして，その間に，個人単位の研究もしていました。

2）「待遇表現」とは，敬語表現や敬遠表現も含まれる広い概念であり，人と人の社会的・心理的態度を表す言語手段としてとらえられます。

中井　実際の買い物の場面をデータとして収集して分析されたのですよね。

杉戸先生　その録音資料をあれこれ分析して，研究所の同僚だった沢木幹栄さん（もとえい）（のちに信州大学）と一緒に月刊誌『言語生活』の論文「衣服を買う時の言語行動」（杉戸・沢木 1977）を書いたら，それを南先生が読んでくださり，ご自身が編者をされている『講座言語3　言語と行動』にまとめなおすようにというお話をもらったんです（杉戸・沢木 1979）。それで，分析の観点を増やしたりしました。

中井　1979 年に先生たちが買い物行動について分析されたご論文では，新出語が出たり，専門用語が出てきたりすると，それを知っている話者が会話の段階を進めていくと先生がおっしゃっていたのがとても印象に残っています。

杉戸先生　すべてが全くの独創じゃないと思いますよ。色々な研究の観点や手法を一つのテクストに当てはめようっていうことだったと思います。他にあまりやっていないおもしろそうなことがあれこれできた。幸せな時代というか，貴重な機会だった。そういえば，また余計なことを今思い出しました。実は，私，この頃結婚して，それで結婚のために必要なものを買いに行く時も録音機を持って行って。

中井・寅丸　あははは（笑）。

杉戸先生　知りあいに，家が呉服屋さんの人がいて，衣服を買う時の談話ということで，その店先で録音をしてもらったりとか。それから，モーニングを買う時も。

寅丸　ご論文のなかに「モーニング」という言葉が出ていましたね。

杉戸先生　それは私自身。まあ，そういう裏話をしていても今日は仕様がない（笑）。でも，会話の現場にいるかいないかっていうのは分析のために大きなことなんです。できるだけ自分がその場に居合わせた録音の資料を使いたいということを沢木さんと話していた記憶があります。

寅丸　この時代からもう現場にこだわっていらっしゃったんですか。

杉戸先生　そうですね。きちんと録音して，文字化すれば，今では，非常に詳細で厳密な物理的な時間の経過も測定してテクストに反映させるツールはありますね。今の国研でいえば，話し言葉のコーパスで，非常に精密な時間情報を備えたテクストが公表されています。しかし，その場の雰囲気としかいいようのないものも経験して記憶のなかに留め，それもテクストのなかに留めて分析に活かしたい。『談話研究の諸相』（国立国語研究所 1987）の仕事の作業では，B4 判の大きな紙に贅沢に欄を作りましてね。4 人参加者，1 人司会者，合計 5 人という座談の録音ですから，音楽の楽譜の総譜みたいに，一行一人分，それが五行，五段くらいあって，その下に非言語的な要素の色々なメモ欄も用意して。それで，一人がしゃべりつづけ

るところは他の段は真っ白でどんどんページが進んでいくというテクスト用紙でした。これにも南不二男先生が参加されていたんだけど，録音したものをテクストとしてどうきちんと残すかということを非常に意識されていました。そういう仕事が松江調査で始まって，別の研究に流れ込んでいるんですね。

　中井　機材とかコンピューターというのは，国研はもうこの1970年，1980年代から結構充実していて，他では使えないようなものもあったんでしょうか。

　杉戸先生　電子計算機についてはそうですね。当初は，語彙調査，単語の出現頻度調査ですね。人文系の研究所では初めて1960年代から大型の計算機を自前で導入して，まずは語彙の頻度調査に活用した。その後，松江調査のような談話研究，話し言葉のテクスト分析にもコンピューターが使われました。ただ，『談話行動の諸相』（国立国語研究所1987）の時も，録音段階のハードウェアっていうのは今からいえば古風なものでした。経過時間を記録するのも，座談会で集まった人たちのテーブルのカメラ側に，大きな掛け時計をぶらさげて，画面に映し込んだ（笑）。

　中井・寅丸　あははは（笑）。

3　社会言語学と敬語

　寅丸　先生のお話から，研究者がデータ収集の段階から関わっていたということがわかりますが，文字化や分析などすべてに研究者が関わっていたのでしょうか。

　杉戸先生　はい。それが基盤だったと思うんですね。もちろん，海外の研究を参考にしていました。私はあまりしていなかった方だと思いますが（笑）。1987年の日本言語学会第94回大会の時に，「社会言語学の理論と方法」をめぐって，日本と欧米を対比させながら議論するというシンポジウムがあったんですね。「私の社会言語学の理論と方法」という題で話しあいましょうって。私は，「日本派」の一人で，「言語行動というコトの研究に向けて」という標題で話しました（杉戸1988）。私は，談話研究というより，基本的に言語行動の研究をしているつもりでいる。その言語行動をどういうサイズで考えるか。そこで談話というサイズが出てくる。

　言語行動について興味をもったきっかけは，1975年4月に研究所に拾ってもらう直前のちょうど修士論文を書き終えた頃のことです。当時の国研の所員で高田誠さんという，のちに筑波大学に移られた人が『言語生活』（1975年2月号）の「耳」という欄に投稿したエピソードなんですね。研究所の言語調査で，「尊敬している目上の人が本を読んでいます。その人に何を読んでいるのかと尋ねる時どう言いますか」という敬語に関係する質問調査をした。ある中年男性の回答者が，その質問

に対して黙りこんじゃったそうなんです。で，結局その回答者は，「うーん，尊敬している目上の人にそんな質問できないな」と答えたという内容です。これに私，いたく感激しましてね。言葉に出すか出さないかっていうところから言語行動の選択が始まっている，そこから敬語的な配慮が始まっているということに気づかされたんです。修士論文では，敬語がらみのこともやっていたから。

　寅丸　修士の頃から敬語に興味を抱かれたきっかけは何でしょうか。

　杉戸先生　自分のなかできっかけだと感じた記憶はあまりないんですね。ちょうどその頃，明治書院の『敬語講座』（林・南 1973-74）の編者である林四郎，南不二男というお二人の敬語観というのに出会わせていただいたからでしょうか。そこから，言語行動に興味をもったんですね。それも，長い単位，今でいえば，ディスコースを構成する要素をみるような方向にいったんです。

　で，さっきのシンポジウムでは，日本の社会言語学の研究のタイプを5種類に分けてみた。一番多いのは，属性論的言語変種運用論。固い名前ですけど，男性・女性とか，年齢層とか，あるいは立場の上下とか，そういうのを属性と呼んで，その属性で言語変種，たとえば「です・ます」体と普通体がどう使い分けられるかを調査する研究です。それから2番目が言語生活研究。これは，たとえば林四郎さんがさっきの松江調査のデータから，普段の暮らしのなかで人はメモを三日に一回くらいとるものらしいという論文を書かれていた。

　中井・寅丸　（笑）

　杉戸先生　それから3番目が，実体的社会内言語状況論。実際の社会，いわゆる世の中で，言葉がどんなふうに使われていたり，ぶつかりあったりしているかというような言語状況をマクロな視点からみるもの。それから，4番目の社会要素命名論。当時，日本でも，名づけに関する研究がにぎやかだった。親族呼称もそうだし，組織や商品のネーミングについてもですね。

　中井　これは1970年代頃ということですか。

　杉戸先生　そうですね。1970年代から1980年前半までを意識していたと思う。それから，5番目は対人行動的言語運用論。これが私にとっての談話研究のつもりなんです。時枝誠記さんの言葉なんですけど，『国語学原論』（時枝 1941）に出てくる話で，疑問の助詞の「カ」っていうのは，話し手を質問者，聞き手を被質問者の立場に立たせる社会的機能をもつというくだりがあって。質問者と被質問者という社会的な存在を「カ」という助詞が作りだすっていう発想です。これも，最初の例の「無言の敬語」のエピソードと同じくらい印象深く残っています。

で，そういういくつかのタイプの社会言語学があるけれども，そこでどんなこと
が多くわかってきているかというと，やっぱり短い単位の言語形式（音節，形態素，
語など）についての情報が多いですね。それから二つ目は「実態」の情報。実際に
こういう会話が起こりましたよ，あるいは，いま日本の社会ではこんな言語状況が
ありますよ，という実態の情報です。その実態というのは，別の観点から別の言い
方をすると，言語行動の残滓，残りカスなんですね。

中井・寅丸　残りカス！（笑）

杉戸先生　残滓とか残りカスっていうのは，国研の所長でいらっしゃった林 大
先生の言葉です。言語研究では，まずは分析する対象をきちんと録音してテクスト
化したり，録音して音声分析にかけるデータにしたりしないと始まらない。しかし，
それはもう既に起きてしまった言語活動の所産というか，残滓，残りカスですね。
そこから何か次につながる情報を得るため，まずは跡づけたり，追いかけて記述し
たりという作業が必要ですね。そこから，さっきの「実態」の情報がパーセントで
語られるような「確率論的な数値情報」が生まれるわけです。

中井　先生は質的研究と量的研究の両方が必要だとお考えでしょうか。

杉戸先生　そう思いますよ。それぞれ多分存在意義があると思います。質的なデー
タで心配するのは，その再現性というか，検証できる保証をどうやってとるのか
という点です。それを支えるのは，統計的にバックアップされたデータであった方
がいいだろうという気がします。

4　言語行動：「社会を立ち現われさせることば」の探究

杉戸先生　私はもう少し長い単位を直接扱おうと思った。さらに，言語行動を扱
うようになっていくんですね。それはメタ言語行動表現につながる。「待遇表現と
しての言語行動―注釈という視点」（杉戸 1983a）が，メタ言語行動表現について私
が最初に書いたものですが，そのような流れできていたと思います。

このメタ言語行動表現という表現類型は，言語行動がどんな要素から成り立って
いるのかを考える手がかりであると同時に，それらの表現類型自体が待遇表現的な
性格を色濃くもった言語行動だと考えた。そこでいわれていることの中味の心映え
は待遇表現的なものだし，それと同時に，メタ言語行動表現を口にしたり書いたり
すること自体も待遇表現行動であるという二重の性格をもっていると。それで，言
語行動の社会性をみていこうと思いました。

社会言語学（sociolinguistics）という場合の社会，socio- は，相互性とか共同

性，あるいは対人性と考えていいのではなかろうか。socio-って，society っていう実体のある社会という意味も含むけれども，それだけじゃなくて，もっと抽象的な，人と人との相互関係とか，一緒にやるっていう companionship とか，fellowship，友達関係，あるいは participation，役割を担うといった意味がある。それから association，一緒にやる。名詞になると，共同者とか仲間。今でいえば，相互性ですね。こういう意識でやっているみたいだということで，それで「社会を立ち現われさせることば」（杉戸 1998a）という論文を書いたわけです。

中井　それはどういう意味でしょうか。

杉戸先生　社会性，対人性を言葉や言語行動のなかにみたいという，そういう目標ですよね。たとえば，遂行動詞が出てくる表現ですね。「ちょっとお願い，窓閉めて」と言うとする。ここで「窓閉めて」だけでもいいわけだけど，「ちょっとお願い」と言っている。これなども，どういう対人関係を作ろうとしているか。自分は頼んでいるんだ，あなたは頼まれているんだっていうことを明示的に言っています。

中井　言語研究をしながら，いつも社会とのつながりを意識されていたんですね。

杉戸先生　そうだと思いますね。言語行動研究っていったい何をどう扱うか，どういう観点から何を目指した情報を作りだすべきかっていうようなことを考えていた。遠い目標としては，言葉を交わしあっている人同士の人間関係がよりよく進むような情報を作りだすことですね。このことは応用先が非常にはっきりしている日本語教育でもそうでしょう。教えること，あるいは，教えるための教材作りに研究を活かすことが一つの非常に具体的で大切な目標ですが，一方では，日本語を母語としない人が日本語を使った時に周囲にどういう人間関係が生まれるかというようなことも意識しながら研究していった方がいいだろうと思うんですね。

5　日本人の言語意識についての研究

中井　人間関係も含めた社会のなかの言語使用を研究することが日本語教育の現場につながっていくということでしょうか。

杉戸先生　日本語教育の現場に関していえば，学習者が身につけた日本語を運用する時に，その人のまわりにできる人間関係，社会関係まで広げて考えるべきだと思いますね。言語行動主体，つまり話し手や書き手を問題にする時も，その人だけじゃなくて，対人関係のなかでとらえる。それから言語行動も相互的な枠組みでとらえる。たとえば，要求があれば応諾や拒否がある。質問には応答があり，説明には納得とか無理解という相互作用がついてまわる。データを集めて，実際に話した

り書いたりする自分自身や他の人たちのために役立つような，意識のうちに残っていてふっと思い出してもらえるような情報が提示できればいいですね。

中井　先生，よく「配慮」とか「調整」という言葉をお使いですよね。

杉戸先生　はい。「何を気にするか」っていうことだと思うんです。気にする事柄をいろいろな方向で幅広く整理したり，教えたりするといいんじゃないかと。

寅丸　日本語教育にもそれが必要であるということでしょうか。

杉戸先生　一つの枠組みとして，いろいろな言語を母語にする人たちにチェックしてもらいたいとも思うし，自分の母語と学習対象言語の表現の仕方，マナーのようなものの異同が重要な問題だと思いますね。また，配慮のメカニズムをどう考えるかということも大きな課題だと思います。2006年の社会言語科学会で招待講演をした時の話では，人々の言語意識を六つ挙げてみました[3]。①は現状認識。みんな普通はこんなもんだろうっていう認識。それから②が社会規範。個人のなかの社会規範のあり方です。それから③はその人の志向性ですね。自分はこうしたいんだ，したくないんだ。あるいはちょっと違って④の信念。自分はこうすべきだと思う，すべきでないと思う。それから，⑤が評価ですね。これがかっこいいなとか，可愛くないとかという好悪美醜の評価。それから⑥は，自分だけのことではなく，相手や周囲の人の希望や志向に合わせる場合もあるだろうと。

　①から⑥までが重なったりつながったりして，対人的な配慮をする時の判断基準になるのではないかという話ですね。あとは，これらの根拠をどうやって見出すかが問題ですね。私の場合は，このメタ言語行動表現がそのあたりのことを言ったり書いたりしているだろうととらえる。非常に形骸化したメタ表現ってありますし，心にもないお世辞として言う場合もあるけれど，手がかりの一つだと思っています。

寅丸　先生は，言語行動，特に敬意表現行動のメカニズムをどのようにとらえるべきか，そのためにどのような手がかりが有効かという課題を長い間もちつづけていらっしゃるということでしょうか。

杉戸先生　そうだと思いますね。どちらかというと，そのような手がかりの研究が興味の対象です。それ自体の解釈をしてもおもしろいし，「この人，何を気にしてるのかな」っていうこと自体もおもしろいと思いますね。たとえば，最近ときどき耳に留まるんですけど，なぜ最初から「ごめんね」で始まるのか。

中井・寅丸　ははは（笑）。

---

3) 杉戸・尾崎（2006）に同様の記述あり。

杉戸先生 それから，敬意表現の調査で扱いたい視点の一つとして，その時の言語行動の理由を言うかどうか，また，最後まできちんと言うかどうかというポイントもありますね。「買い物をしていて，大きなものを買った。もう一軒，他の店で買い物をしたい。その間，荷物を預かってもらうためにどう頼みますか」という質問をしたことがあります。これは，岡崎市の言語調査や他の場所で国研が聞いている質問項目ですね。京都で年配の女性お二人に伺ったインタビューでは，私から追加の質問として，「先ほどお二人とも，「この荷物，重たいから」という説明をして，「預かっといて」って頼まれたと思うんですけど」と質問してみたら，「それを言わないと頼みにくい。言わないと，京都では言葉が足りないし，後で問題になりそう」だと。私が「京都では，ですか」とつぶやくと，「それを言わないのは東京の人！」とまでおっしゃった。

中井・寅丸 （笑）

杉戸先生 インタビューの文字化資料が手がかりになる。「相手に頼む時の言語行動では，その理由を言う方がよい」という意識を，この京都のご婦人がもっていらっしゃるってことを知る手がかりになるわけです。これは国研の岡崎敬語調査の準備段階で，予備調査をした時のインタビューの録音ですね。

中井 これをもとに分析項目を作っていくというものなんですかね。

杉戸先生 そうですね。これは，先ほどの『言語行動における「配慮」の諸相』の研究（杉戸・尾崎 2006）につながっています。

6　次世代へ向けて

寅丸 待遇や配慮について研究されてきた先生にぜひ伺いたいのですが，時代が変わっていくなかで，日本がもっている文化や社会を次世代につなげていくには，どのようにしていけばよいとお考えでしょうか。

杉戸先生 答えるのが難しいですね。「何を気にするか」っていうことは，気配りの幅広い選択肢，あるいは意識の引き出しのようなものですね。それは，もっと広げていっていいと思います。日本語社会で昔から気にされてきたことのレパートリーですね。それは変わってきているのか，きていないのかすらまだわかっていない。特に言語行動ということを中心に考えると，言語行動で何を気にしてしゃべったり書いたりしているかっていうことの広がりはまだ十分にはわかってない。もっとも，気にする事柄が減らない方がいいとは思うんですね。そのレパートリーというか引き出しの数は多い方がいい。基本的に保守的ですね。

寅丸　引き出しの多さは日本語の豊かさを表しますからね。

　　杉戸先生　外国との接触でそれが増えていく可能性がある。それを意識するというか，整理して，暮らしていたいと思うんです。そのために，学校教育や日本語教育でどういうことができるか，日本語学習者の母語と日本語とどう違うのかということの整理が最初の大切な課題だと思います。それをふまえて，そういうものごとを絶えず気にするような学習者が育っていくといいなと思うんですね。

　　寅丸　日本語学習者の母語と日本語の違いを通して，日本語とは何だろう，または，日本人って何だろうということがわかってくるということですね。

　　杉戸先生　そうですね。

　　中井　先生，あともう一つ。国研の日本語教員養成にも関わられていたんでしょうか。教員養成についても伺いたかったんですが。

　　杉戸先生　研修一期生，二期生なんて，今も活躍中のすごい人たちが……。

　　中井・寅丸　（笑）

　　杉戸先生　私自身は，研修の講義をときどき担当したくらいです。国研の教師研修が始まったのは昭和49年かな。日本語教育部ができて，その年から初心者研修と現職者研修が始まりました。最初は分かれていましたね。その公式の記録というか，目的とかカリキュラムについては，『国立国語研究所年報』に書かれている。その後，現職者と初心者という枠組みから，長期研修・短期研修とか上級者研修という枠組みに変わるという変遷があります。それぞれの目的や内容，どんな分野や課題を焦点にしていたのかについては，『年報』で追いかけてもらう必要がありますね。『年報』は電子化されて公開されているので [4]。

　　中井　国研の研究や教員養成が，会話データ分析が活発になった一つのきっかけだといえるでしょうか。

　　杉戸先生　それも難しい質問です。会話分析や談話分析が，どんな理由や経緯でああいう活発な状況になったのかというのは，これは今日の話からはなかなかみえてこない。別の研究が必要だと思いますね。日本語教育の分野だけでなくて，同じような関心が他の分野でもあると思います。どうしてだろうなと。それも含めて，どうぞ，がんばってください。

　　中井・寅丸　本日は貴重なお話をありがとうございました。

---

[4]　国立国語研究所ホームページ「刊行物データベース」の『国立国語研究所年報』において公開されています。

杉戸清樹先生の主要参考文献

◉主要著書・論文

佐久間まゆみ・半澤幹一・杉戸清樹［編］（1997）『文章・談話のしくみ』おうふう

真田信治・陣内正敬・渋谷勝己・杉戸清樹［編］（1992）『社会言語学』桜楓社

杉戸清樹（1983a）「待遇表現としての言語行動―注釈という視点」『日本語学』2(7), 32-42.

杉戸清樹（1983b）「〈待遇表現〉気配りの言語行動」水谷　修［編］『講座日本語の表現3　話しことばの表現』筑摩書房，pp.129-152.

杉戸清樹（1987）「発話の受け継ぎ」国立国語研究所［編］『談話行動の諸相―座談資料の分析』（国立国語研究所報告 92）三省堂，pp.68-106.

杉戸清樹（1988）「言語行動というコトの研究に向けて」『言語研究』93, 104-118.

杉戸清樹（1989）「ことばのあいづちと身ぶりのあいづち―談話行動における非言語的表現」『日本語教育』67, 48-59.

杉戸清樹（1991）「言語行動を説明する言語表現―専門的文章の場合」『国立国語研究所研究報告集』12, 131-164.

杉戸清樹（1993）「言語行動を説明する言語表現―公的あいさつの場合」『国立国語研究所報告集』14, 31-80.

杉戸清樹（1996）「メタ言語行動の視野―言語行動の「構え」を探る視点」『日本語学』15, 19-27.

杉戸清樹（1998a）「社会を立ち現われさせることば」『言語』27(6), 58-65.

杉戸清樹（1998b）「「メタ言語行動表現」の機能―対人性のメカニズム」『日本語学』17(1), 168-177.

杉戸清樹（2006）「序章」国立国語研究所［編］『日本語教育の新たな文脈―学習環境・接触場面・コミュニケーションの多様性』アルク，pp.6-8.

杉戸清樹・尾崎喜光（2006）「「敬意表現」から「言語行動における配慮」へ」国立国語研究所『言語行動における「配慮」の諸相』くろしお出版，pp.1-10.

杉戸清樹・沢木幹栄（1977）「衣服を買う時の言語行動―その諸側面の観察」『言語生活』314, 42-52.

杉戸清樹・沢木幹栄（1979）「言語行動の記述―買い物行動における話し言葉の諸側面」南不二男［編］『講座言語 3　言語と行動』大修館書店，pp.273-319.

寺村秀夫・佐久間まゆみ・杉戸清樹・半澤幹一［編］（1990）『日本語の文章・談話』桜楓社

日向茂男・杉戸清樹（1980）『日本人の知識階層における話し言葉の実態―場面について』（1980 年度文部科学省科学研究費補助金研究成果報告書　資料集 3）国立国語研究所日本語教育センター

参考文献

国立国語研究所［編］（1971）『待遇表現の実態―松江 24 時間調査資料から』（国立国語研究所報告 41）三省堂

国立国語研究所［編］（1987）『談話行動の諸相―座談資料の分析』（国立国語研究所報告 92）三省堂

時枝誠記（1941）『国語学原論』岩波書店

野元菊雄・国立国語研究所（1980）『日本人の知識階層における話しことばの実態―表現意図および文の長さ・音韻・構文』国立国語研究所日本語教育センター

林　四郎（1960）『基本文型の研究』明治図書出版
林　四郎（1973）『文の姿勢の研究』明治図書出版
林　四郎・南不二男（1973–74）『敬語講座』第 1 巻～第 10 巻　明治書院

◆インタビューを終えて

　杉戸先生のご研究は，国研の談話研究から始まりました。国研の大規模調査に参加されながら個人研究にも励まれ，日本語の待遇表現の機能や日本人の配慮の諸相を明らかにされました。そのお話は，日本語学および社会言語学の談話研究の歴史をたどるようなものでした。そのなかでも特に印象的だったのは，「社会を立ち現われさせることば」，そして，その言語を使用する人々が「何を気にするか」を知りたいという研究への情熱です。重い機材を抱えて一つひとつ会話データを収集し，膨大な分析をするという緻密で手間のかかる研究を継続されていた根底には，談話研究の黎明期を支えた杉戸先生の情熱があったのだと知りました。

（寅丸）

ちょっとひといき⑤：
多人数会話の分析とその後の発展

　私は，博士論文[1]で，接触場面と母語場面の三者会話を分析対象としました。会話データ分析は二者会話を対象とした研究が多かったのですが，三者会話を対象とすることで，二者会話とは異なるやりとりの特徴がみえてきました。たとえば，私が分析を行った接触場面の三者会話（日本人2人と中級レベルの留学生1人）では日本人2人でやりとりが進んでしまい，留学生は話に入れなかったのかと思っていると，留学生からは2人のやりとりを聞いていて楽しかったという報告がありました。日本人の2人も，話題が途切れそうになった時にもう1人の日本人が話をつなげてくれたり，留学生からの質問に2人で相談しながら答えることができたりして，安心感があったとのことでした。

　この三者会話の分析は，私にとって過去の経験と現在の研究をつなげてくれるものとなりました。過去とは，学生時代の経験です。学生の頃，留学生のチューターをよくやっていたのですが，留学生と会う時に私の日本人の友人を誘っていくと，日本人同士で話が盛り上がってしまうことがありました。留学生自身は楽しかったと言ってくれたのですが，申し訳なく思ったことがあります。この経験は，三者会話を分析対象とした研究動機の一つでもあります。実際に研究を行ったことで，当時の留学生は私と友人のやりとりを聞いていて本当に楽しんでいたのかもしれないと少しほっとしました。現在は教員として日本人学生にチューターなどの活動を勧める立場になりましたが，接触場面に不慣れな学生には，日本人の友人を誘って2人で行くように助言をしています。2人で協力しながら会話を進めることで，楽しめるであろうと考えられるためです。

　そして，その後も，接触場面や母語場面の多人数会話のデータを分析することがありました。たとえば，ニュース番組の複数の登場人物のやりとり，4人でメイドカフェに行った時のやりとり，介護施設での介護職員同士（外国人と日本人）のやりとりなどです。表面上は種類の異なる会話データですが，二者会話には観察されないやりとりが出現した点では共通していて，三者会話の研究の経験が役立ちました。

　博士論文執筆当時は，三者会話の分析という一つの研究の経験が，教員になってからの日本人学生への助言，その後の種類の異なる会話データの研究へとつながっていくとは予想していませんでした。ただ，私たちの日常生活には多人数でのやりとりがごく普通にあり，今になると，つながっていくことは当然であるようにも思えます。自身の学びがどのように始まり，どのように発展していくのかは，後で徐々にわかっていくこともあるかもしれません。まずは，自分が日頃の経験から興味をもったことをテーマにして分析を行ってみてはどうでしょうか。そこから研究が発展していく可能性もあると思います。

（大場美和子）

---

1) この博士論文をもとに加筆修正をしたうえで以下の出版を行いました。
　大場美和子（2012）『接触場面における三者会話の研究』ひつじ書房

第11章
三牧陽子先生へのインタビュー

大場美和子

　三牧陽子先生は，異文化の接触場面のコミュニケーション，特に，多様な条件の初対面の会話データを分析して，初対面のやりとりの特徴を実証的に明らかにし，その特徴をポライトネス理論の観点から考察してこられました。その研究成果は，大阪大学を中心に日本語教育や日本語教員養成，大学院生の教育などの多様な教育現場で活用してこられました。これらの研究と教育の成果を博士論文としてまとめていらっしゃいます。

ご経歴

1972	大阪大学文学部卒業
1987	大阪外国語大学大学院外国語学研究科日本語学専攻修士課程修了
1987–1991	AKP 同志社留学生センター専任講師
1991–1994	大阪教育大学教育学部専任講師
1994–1996	大阪大学留学生センター助教授
1996–2013	大阪大学留学生センター（–2010）・大阪大学国際教育交流センター教授
1995–2013	大阪大学大学院言語文化研究科助教授・教授
2012	大阪大学博士（言語文化学）
2013– 現在	大阪大学名誉教授

インタビュー

日時・場所：2013 年 12 月 8 日（日），広島女学院大学大場研究室（当時）にて
聞き手：大場美和子・中井陽子・寅丸真澄

Point

▶心理学から日本語教育の世界へ

▶会話のダイナミックなやりとりをデータから実証し，理論を修正していくプロセス

▶日本語教育にかかわる者としての責任

1 日本語教育の世界に入った経緯

大場　まず，日本語教育の世界に入った経緯と初対面会話をデータとしたポライトネス理論のご研究についてお話しいただければと思います。

三牧先生　私は，学部時代は心理学専攻で，当時は臨床心理学を一生の仕事にしようと思っていました。特に臨床に関心があって，学部時代から関連施設に出入りして子供のプレイセラピー（遊戯療法）の訓練を始め，卒業後は心理判定員として子供専門の病院に就職しました。子供と遊びのなかで問題を見つけ，ストレスを発散させたり，どうしたらよいかたちで人と関われるか考えたりする現場で，発達検査やセラピーを担当しました。子供に受容的に接するという当時の経験は，私にとって原点のようなものです。自分が壁を作ったら，絶対，子供はうまくコミュニケーションができないんですよね。すごくよい経験ができたと思います。

その仕事を続けようと思っていたんですけれど，その後，夫の仕事でアメリカに2年半ほど滞在することになったんです。その間，アメリカの大学院で unclassified status（学位取得は目的としない学生）というかたちで，臨床心理学，言語心理学のような授業を履修しました。授業のディスカッションで，日本語ではこんな表現があるから日本人はたぶんこんなことを重視して話しているのではないかなどと話していると，日本語のことをあまり知らないって気づいて，言語と心理，言語と社会の関係って面白いと思ったんです。

帰国してから臨床心理関係の就職活動と並行して，YWCA の日本語教師養成講座に通うことにしました。アメリカで感じた日本語に対する興味を思い出して少し勉強してみようと思って。そして，その2年間の講座を終える頃には，日本語を教えたいという気持ちがすごく強くなったんです。さらに日本語の勉強を続けたいと思って大阪外国語大学の大学院に入学しました。私は，その時，30代半ばだったんですけど，たまたま留学生を含めた同期の8人は全員社会人でした。社会人枠とかではなかったんですけどね。

その当時はまだポライトネス理論[1]も知らなくて，大学院の研究テーマとして選んだのは待遇表現で，修士論文は呼称の研究でした。子供の野球チームで知りあった，結婚して10年くらいのお父さんやお母さん方に頼んだんです。知りあった頃，恋人になった時，結婚当初，現在，それぞれお互いをどう呼びあってきたか，親密

---

1) ブラウンとレヴィンソンによって確立された理論。詳細は Brown & Levinson（1987）を参照。

化していくに従って言語面がどう変容したかなどについて調査しました。心理学出身というのもあって，統計的な分析を加えました。

　大場　YWCA の養成講座へ行かれる時に，ご関心のあった教授法について，「ここで習えるのかー」みたいに意気込んで行かれたとおっしゃっていましたよね。

　三牧先生　オーストラリアで効果的な日本語の教授法をやっているという記事を目にしたんです。今思えばネウストプニー先生のことだったんですよ。それで，面接の時に，「オーストラリアですごく有効な教授方法があるって聞いたんですけど，ここでも学べますか」って言ったんですね。すごく失礼なこと言っちゃった（笑）。

2　ポライトネス理論について

　三牧先生　大学院修了後は，大学の日本語教育の教員として就職したんですけれど，教えはじめると，教育と研究は表裏一体なので，自然に研究も行うことになりますよね。だから，いつ，どのようにポライトネス理論に出会ったのか，実は，あまり記憶にないんです。でもやっぱりポライトネスって新鮮でした。日本でも，敬語とか，どちらかというとネガティブ・ポライトネス的な現象の研究は盛んでしたけれど，ポジティブ・ポライトネスの観点を持ち込んだというのはすごく面白いし。なんか気がついたらいつも一緒に，みたいな感じです。

　大場　ポライトネス理論と友達みたいな感じで（笑）。

　三牧先生　そうですね。色々とまだ不十分なこともあるかもしれないけれど，それを補っていくことで，もっとさまざまなことも説明できるし，新しい知見も生まれる余地は十分にあると思います。私は，ポライトネスを中心に研究してきて，よかったと思っています。

　中井　ポライトネス理論は西洋の枠組みではあると思うのですが，日本語の配慮といった現象の説明にも使われていて，普遍的な部分もありますよね。

　三牧先生　私は普遍的だと思います。どんな文化でも，相手や自分のフェイスを尊重しあうことが大事だという点をブラウンとレヴィンソンは言っているんですよね。ポジティブとネガティブのどちらに重心があるのかは，それぞれの文化によって違うということを言っているわけですしね。私がこの数年，特に興味をもって取り組んでいるのは，談話全体のダイナミックな様相です。実際にデータをもとに細かくみていくと面白いということを強調したいと思っています。

　大場　やはり，文脈，社会との関係などをかなり意識されていたのでしょうか。

　三牧先生　そうですね。でも，私の大学院時代の 80 年代半ばは圧倒的に文法研

第11章　三牧陽子先生へのインタビュー　　*135*

究が中心で，私が社会言語学をもっと勉強したくて「学会や研究会はないですか」って指導教員に聞いたら，「そんなのないよ」って即座に言われたんです（笑）。当時は，あまり人が目を向けないようなこぼれたところを拾うようなムードでした。

3　会話データによる実証的な研究

　大場　会話データを録音するというお考えはどのあたりからでしょうか。

　三牧先生　それは科研費[2]の助成を受けるようになった97年の頃からですね。それ以前は「徹子の部屋」[3]とか，テレビ番組を録画してデータにしていました。スピーチレベルシフト[4]は，まだあまり注目されていなかったんですが，生田先生と井出先生の論文（生田・井出 1983）には，スピーチレベルがシフトすることに関して明確かつ理論的に書いてあり，大変感銘を受けたんです。それで，実際に会話データを用いて詳しくみたいと思ってスピーチレベルシフトの研究を始めました。そして，それを説明するために「あ，ポライトネス，使えるな」って結びついた……。

　寅丸　なぜ，このスピーチレベルシフトに強い印象を受けられたのでしょうか。

　三牧先生　文単位の文法の面からの研究ばかり目にする時代に，ダイナミックな点がみえたんですね。日本語の普通体とか丁寧体とか，敬語を語のレベルで使うとか，相手との関係をみながらどういうところでシフトしているのかをみていると，「あ，こんな機能があるんだ」とか気づくこともあって，あの頃本当に研究が面白くて，楽しくて夢中になりました。徹子さんも，「あなた，いらっしゃるの？」って，語のレベルでは敬語を使うけれども，文末は普通体とかね。徹子さんは会話の達人ですけれども，でも大学生を対象にデータを録ったら，普通の20代の学生でももうスピーチレベルを使いこなしているんですよね。巧みにスピーチレベルを操作することによって，相手との距離を調整しながらコミュニケーションしていることがわかって，「母語話者ってすごい」と思いました。

　寅丸　母語場面と接触場面の両方のデータを収集していかれたんでしょうか。

　三牧先生　その時は，まず，日本語母語話者をみたいと思っていました。その当時から研究を日本語教育に活かしたいという思いはあったんですけど，そこにいくには，まず，母語話者を知らないといけないと思いました。

2）科学研究費の略称。審査を通過した研究課題に国が数年間研究費を助成する制度。
3）1976 年放送開始のトーク番組で，司会の黒柳徹子がゲストと対談を行う。
4）話者が会話の状況などにより，たとえば，丁寧体と普通体の使用を変化させる現象。

寅丸　先生のご研究は緻密に段階を経て計画されているように思いますが，まず母語話者の研究を行って，それから接触場面という順序ですね。また各国の母語話者の調査でも，きちんと条件統制をされているのですが，やはり研究はそうあるべきというお考えだったのでしょうか。

　三牧先生　一番関心があるのは接触場面なんですが，ある現象が接触場面特有なのか否か判断するには，接触場面と母語場面とを全く同じ方法でデータ収集して分析する必要があると考えました。ただ，収集できるデータには限度がありますよね。蓋を開けてみたらちょっと偏ったデータだったということはよくあります。でも，それは「私の収集したデータではこうでした」と条件をふまえて考察すれば，数が限られていても，同じ方法論で積み重ねていくことには意味があると思っています。

　寅丸　まず，現実をみたい，実態をみたいということですか。

　三牧先生　実態をみたい。そして，理論の方を修正する，というか実態を説明できる理論に結びつけたいというスタンスですね。言語研究には，理論中心で理論を説明するために事例を出す人，事例を中心に出発してそこから理論を導きだす人といますが，両方必要だと思います。ただ，私は理論を実証する方が好きですね。

　寅丸　データの信頼性を重視されているようですが，やはり現実をみるためにデータは信頼のあるものでなければならないということでしょうか。

　三牧先生　その通りです。実証研究ではデータを分析した結果から何かを主張したいわけですから，基となったデータをどのような理由から選択したか，どのような条件で収集したかを説明する責任があると思います。

　大場　まさにご著書『ポライトネスの談話分析』（三牧 2013）で，「ポライトネスの理論研究と実証研究とを相互に関連づける」と書かれている点ですよね。

4　社会人の初対面会話の研究

　大場　先生は，大学生の分析からさらに社会人の会話データに広げられていますが，やはりご関心が色々出てきたということでしょうか。

　三牧先生　もちろん大学生で日中韓のデータを収集するという選択肢もあったとは思います。でも，社会では圧倒的に大学生よりも社会人の方が多いし，グローバル化の現代では，ごく普通の人が色んな接触場面に遭遇するし，突然海外に派遣される人もいるし，一緒に行く家族もいるので，社会人を対象としたいと思いました。社会人は大学生に比べるとまだあまり研究されていないので，社会人がどういう状況なのかという関心もあったし，社会に貢献したいという思いもありましたね。で

第11章　三牧陽子先生へのインタビュー　*137*

も，社会人に足を踏み入れたがために，協力者探しに大変な苦労がありました。

　寅丸　失礼な言い方かもしれませんが，情熱というか，研究の理念というか，研究の姿勢はどこから湧いていらっしゃるのでしょうか……。やはり，研究には厳しい姿勢で，データの条件統制をした上で実験を積み重ねて，現実や実態を追及するという姿勢を貫いていらっしゃったんでしょうか。

　三牧先生　そんな大げさなものではなくて（笑）。幸い科研費がずっと継続して採択されていたというのもあります。おかげで，多くの人に作業を手伝ってもらって研究を続けることができました。

5　理工系の研究室の実態調査と教育への還元

　三牧先生　でも途中で4年間は少し違うことをしていたこともあったんですよ。

　大場　科研費の「大学コミュニティにおける留学生のコミュニケーションに関する研究」（三牧 2006）ですよね。理系の研究室に張り込みみたいな感じでしょうか。

　三牧先生　私たち日本語教育関係者ってほとんどが文系でしょう？　でも，大阪大学の留学生は圧倒的に理工系で，研究室で過ごす時間が長いのに，私たちはその実態を知らない。日本語教育でそういう留学生を対象としているのだから，これは職務上やるべき義務かなと思って。

　毎月，特定の研究室の教授，准教授，助教，留学生と日本人学生のインタビューを継続してやりました。留学生には IC レコーダーを渡して，会話を録音してもらっていました。本当は実際に研究室の様子を観察したかったんですが，できなかったのは残念でした。データ収集に協力していただける研究室を探していて断られたことが多かったけれど，快諾していただいた二つの研究室は本当に協力的でした。

　この調査は，知らない世界を垣間見ることができて面白かったです。うまくいっている人，ちょっとしんどい思いをしている人の様子など色々うかがい知ることができました。後で，研究室に報告書を持って行くと，「あ，こんなこと考えてたんやー」と，女子留学生が少し孤立していることに気づいてくれたこともありました。

　大場　その後，留学生の教育などに，どのように影響していったのでしょうか。

　三牧先生　これはかなり教育に活かせています。「アカデミック・オーラルコミュニケーション」という中級と上級のクラスで，「研究室を知ろう」という活動をシリーズで必ず入れて，毎回，すごく盛り上がるんですよ。

　授業では，まず，研究室の見取り図を書かせます。グループでお互いにそれを見せてそれぞれの部屋で何をするのかを説明しあって，特に面白い人に全員の前で発

表してもらったりします。これは研究室での生活について語りあうんですが，お互いに知らない情報をやりとりするインフォメーション・ギャップで真のコミュニケーションになるから，みんな興味をもって色々質問するし。で，もし知らないことがあったら，研究室で確かめて，次の週にまた持ってくるようにしていました。

　この活動では，研究室のルールも扱うようにしています。ルールというと，最初はゼミのスケジュールみたいなフォーマルなことばかり出てくるんです。でも，もう少し突っ込んでいくと，「隠れたルール」も出てきます。たとえば，欠席する時は誰に知らせるのか，知らせないでよいのか，研究室には何時から何時までいないといけないのか，相談は誰にするかとか。研究室によっては最初にルールを書いてくれる場合もあるんですけれど，実はそこに書いていないこともあるし。これはまさに「研究室文化」で，研究室によってルールが違うんですね。そのルールから外れた行動をすると，知らないうちに陰で批判されてしまうこともありえます。その陰のルールのようなもの，あるいは，たとえば授業以外でのおしゃべりといったインフォーマルなコミュニケーションが重要だということも，この研究から明らかになりました。このルールを知らないがために，その人の評価が下がっていくのは好ましくないと思うので，研究室を知ることをタスクにすると，留学生も「日本語の授業でこんな宿題が出たのでちょっと聞きたいんですけど」と研究室でルールについて聞きやすくなります。具体的に所属する研究室について知ることを通して，専門分野や研究室文化の共通性や個別性の気づきを促すということが，この授業活動の最大のねらいと位置づけてやってきました。

　大場　もともと，留学生から研究室のことで相談があったりしたんでしょうか。

　三牧先生　特定の深い切羽詰まった悩みというのはなかったけれど，関連する情報はある程度は耳に入ってきていました。授業でも留学生が話題として研究室のことを語る機会もあるし，日常的には聞いていました。

　中井　実践現場から研究の種となる問題点をみられていたということですね。

6　日本語教員養成や国際交流に関わる活動

　大場　日本語教員養成についても伺いたいのですが，この『日本語教授法を理解する本』（三牧 1996）はどのような経緯で書かれたのでしょうか。

　三牧先生　これは依頼されて書いたんです（笑）。ずっと YWCA の日本語教師養成講座で教授法の授業を担当して色々な内容の授業をやったので，それを改めて全体としてまとめたという感じです。日本語教育の職に就いているわけだから，日

第11章　三牧陽子先生へのインタビュー　　*139*

本語教育に関わる仕事がまず中心にありました。

　大場　大阪大学の日本語パートナーの活動もご研究をふまえたのでしょうか。

　三牧先生　当時，日本語パートナーっていうのがなくて。留学生と教員だけの教室活動にちょっと違う風も欲しいですよね。それで，一般の学生や社会人にクラスに入ってもらって日本語レベルに応じた活動と，週に1回の日本語テーブルという活動を組織化して，外部の人に来てもらうようにコーディネーションしていました。年配の社会人の方が中心にはなったんですけれど，日本人学生も参加していました。本当に熱心な方もいて，研修会も実施しながら行いました。数年間経つうちに教員主導ではなくて，自分たちでグループを作って参加してもらうようになってきました。最初は参加者の名札まで作ったり，毎回お知らせを出したりしていたんですけれども，今はもうその人たちのなかに世話役の人がちゃんといます。そうなった段階で，コーディネーションは次の先生にバトンタッチしたんですけどね。

　大場　伺っていると，すごくこれをやらなければというより，現場から何か気づかれて，それを動かしてうまくいくように調整されているような印象をもちました。

7　一般社会への研究成果の発信

　大場　以前，社会言語科学会のワークショップ（中井ほか 2012; 中井ほか 2013）で一緒に発表をさせていただいた際に，教育現場だけでなく，一般社会への研究成果の発信についても意識されていることを伺った記憶があるのですが。

　三牧先生　一般向けに，自分の研究について書きたいなとずっと思っていたんです。母語場面の日中韓米の分析をした時からの懸案です。接触経験の豊富な人も，最初からわかっていたわけではないですよね。その国の人々と接触して，色々な経験を重ねて，自力で辿りついた方が多いと思うんですね。でも，その陰には不愉快な経験や悔しい経験もたぶん色々あったと思うので，防げるものは防いだらいいんじゃないかと思うんです。

　ある程度，頭を打った方がいいっていう意見もあるかもしれないけれども，経験を積み重ねる前に嫌になってしまったり，もう○○人とは友達になりたくないなんて極端になってしまったりしたら，惜しいと思うんです。だから，一般向けに，接触場面も含めた初対面会話の研究内容を伝えたいと思っていて，その一つとして，大阪日日新聞のコラム「澪標（みおつくし）」[5]の執筆もお引き受けしました。この新聞の面白いところは，さまざまな職種の人が1ヵ月半に一度程度の頻度で，半年間にわたって順にコラムを担当し，各分野の人がそれぞれの思いを自由に書くことです。

大場　会話データ分析を知らない人が読んでもわかるように，でしょうか。

三牧先生　ええ。社会を意識して，全く背景のない人にもわかりやすく，関心をもっていただけるように書くことに挑戦していきたいと思っています。

8　ご自身の接触場面の経験

大場　素朴な疑問なのですが，先生ご自身の異文化体験は……。

三牧先生　実は，私は高校の時も結婚後もいつも家族と一緒で，ちょっとクッションがあって，あまり苦労しないで結構楽しく過ごしてきたんです。

大場　高校の時も？

三牧先生　高校1年の時，1年3カ月でしたけれど，親の仕事でアメリカのケンタッキー州に住んでいました。当時はその高校も日本人はもちろん私一人だったんです。もう一人エジプトから来ている男の子がいて，なんと高校のホールに，私とエジプトの子の写真と世界地図があって（笑）。そんな珍しい時代。だから引っ張りだこでしたよ。日本についてのスピーチに呼ばれたり着物を着せるデモンストレーションをしたりとかね。友だちのおばあさんが入院しているから着物を見せてあげてほしいって言われて，持って行ったら「これがシルクかー」って触って。

寅丸　着物にご利益でも感じたんでしょうかね（笑）。

三牧先生　先生がとてもよくしてくださったんです。毎日自習の時間には必ず私のためにクラスのしっかりした子を担当者にして，別室で復習して私のノートの足りないところを補ったりなど，配慮したりしていただきました。おかげで，毎日が刺激に満ちていて異文化を存分に楽しめました。アメリカであまりによくしてもらったので，翌年，ホストファミリーになって留学生を受け入れたんです。

寅丸　後にアメリカの大学で言語に興味をもたれたというのは，そういう背景があったからでしょうか。途中で心理学という要素も入りましたが。

三牧先生　それもあったと思います。大学に入った頃に1970年の大阪万博があって，大学とかけもちで半年間勤めました。私はチェコスロバキア館の通訳・案内係で，チェコスロバキア人と日本人の通訳・案内係が半々くらいいて，すごく楽しかったですよ。一緒に遊びに行ったり，彼女たちの宿舎に泊まりに行ったりしてね。もう異文化。その頃は若いし，キャピキャピしていただけなんですけどね（笑）。一方で，冷戦下の東ヨーロッパが大変な時代だったことを垣間見たりもしました。

5）2014年4月4日，5月16日，6月27日，8月8日，9月19日に掲載。

第11章　三牧陽子先生へのインタビュー　*141*

寅丸　異文化への興味が底にあって，ずっと流れていたという感じですね。

中井　YWCA の日本語教育養成講座に入られるのも必然的というか，やはりそういう背景がおありだからですね。

9　自立した大学院生の指導

中井　大学院の授業はどのようにされているかにも興味があるのですが。

三牧先生　M（博士前期課程）は，毎年ポライトネスに関して自分の興味のあるテーマを選んでやっていました。前期は理論中心に文献を読んで，後期は必ずみんなで議論して決めた調査テーマに関してデータ収集をして発表するかたちでやっていましたね。D（博士後期課程）は，博論に向けての発表の場としていました。

中井　先生の院生さんもよく学会で発表されていますよね。やはり，理論に基づいてデータで実証を行うということでしょうか。

三牧先生　M の授業で収集したデータはみんなの共有財産としていました。もし発表する時は全員の合意を取ることにして，国際学会で発表した学生や修論にそのデータを使った学生もいました。

中井　院生を育てるうえで，特に，何を大切にされていたのでしょうか。

三牧先生　自立してほしいから，最初から「どうしたらいいですか」っていうのは禁句にしていました。依存姿勢ではなく，「私はこう考えるんですけど，どうでしょう」っていうふうに言わないとだめって。

中井　自立した研究者や教育者になってほしいということですね。でも，共有できるものはみんなで共有して，ディスカッションもしていたんですね。

三牧先生　当日，授業やゼミで初めて他の学生の発表を聞いて，その直後にコメントするって，実は，相当難しいことですよね。だから，それを上の学年の人達がやっているのを見て，下級生は学んでいくんですよね。

寅丸　授業では，一番，何を重要視して指導されているのでしょうか。

三牧先生　特に，何かを主張するには，主張をサポートするデータと読者が十分納得できる論理展開が必要だと口うるさく言っていました。みんな問題意識や発想はいいものがあって，面白いデータも集めているんですけど，それをどう料理するかが問題になります。退屈な分析になるか，キラッと光る鋭い分析になるかは，料理の仕方一つですよね。だから素材はいいから，いかにみんなが食べたくなるような料理に仕上げるかっていうふうに，いつも料理を比喩に使っていましたね。打たれ強い学生もいるし，ちょっとデリケートに言わないといけない学生もいるし，個

性に応じて指導していました。でも，やっぱり私が厳しく言っていた学生は，修了時に「厳しくご指導いただいて」って言っています（笑）。

　寅丸　データの信頼性や主張の論理展開の問題に対するご指導でしょうか。

　三牧先生　データの信頼性については，最初にどんなデータを収集するかという計画の時点で大体クリアはしているんですけど，それをどう分析して，みせられるように整えていくかについては，Ｄのゼミでは結構みんなでコメントしあいました。

　中井　理論を勉強したり，自分で帰納的に編みだしていったりというのは永遠のテーマだと思うのですが，そこも議論していくということでしょうか。

　三牧先生　相互にコメントしあうことで，その分析の優れた点と問題点の双方を批判的にみる姿勢が養成され，研究に生きてくると思うからです。私と一対一の場面やゼミで話しあう場面でも色々な視点が出てくるので，「あ，結構共通している」「あ，こんな弱点があった」など気づきもあったと思います。みんなが忌憚なく言いあえる雰囲気は最初から作っていて，代々それはつながっていたと思います。

10　多様な学生に対する教育

　寅丸　学生さんは，研究者になったり実践者になったりと色々でしょうか。

　三牧先生　大学院は日本語教育というより，ポライトネス理論に興味のある人が自然に集まってくるという感じだったので，私のゼミでは日本語教育の人と英語教育の人が半々でしたね。日本語教育をやってきた人，これからの人，それから学部時代は英語が専攻でポライトネス理論に出会ったっていう人もいました。英語が背景の院生は，仕事としては英語の方のポストに就いています。それから，日本人と留学生とは半々くらいでした。留学生は日本で就職する人もいますが，すでに自国で日本語教員の職があって，修了後は元のポストに戻るという人が多いです。

　大場　確か初対面会話のご研究の中国や韓国のデータは，元教え子さんたちが国で先生になって協力してくださったとおっしゃっていましたよね。

　三牧先生　そうです，そうです。もう自国に戻って専任教員になっていたので，その勤務先の大学を使わせてもらったりしました。

11　研究をふり返って

　大場　昨日は広島女学院大学日本文学会秋季公開講演会で，「コミュニケーション重視の日本語教育─初対面異文化間コミュニケーションを通して考える」という題目で，先生のこれまでのご研究の流れをお話しいただきました。ご退職というの

第11章　三牧陽子先生へのインタビュー　*143*

も一つの契機かと思うのですが，これまでのご研究を振り返っていかがでしょうか。

　三牧先生　私としては，一連の研究を通して，母語話者の言語能力ってすごいというのが正直な感想です。色々な会話を収集・分析して改めて認識したのですが，18-20歳で母語話者はスピーチレベルシフトや話題管理などを巧みに自然に使いこなす能力を身につけているんですよね。特に意図的に教育されたわけでもないのに，その域に達しているっていうのは，なんかすごいなと改めて認識させられました。昨日の講演の後で学生さんに「何歳ぐらいからそういうテクニックを身につけるんでしょうか」って質問されましたが，それはもうご自身で分析してもらうしかないですね。なんか研究したい対象は汲んでも汲んでも次々出てきますよね。大学院でもディスカッションしているうちに，「あ，それもテーマになるんじゃない？」ってけしかけたことが結構多くあるんですよ。一人ができることって限られているけど，多くの人が自分の興味のあることをどんどんやっていけば，もっと色々なことが明らかになっていきますよね。そう思うと，今後がすごく楽しみですね。

12　今後の研究者・教育者へのメッセージ

　大場　では，今後の研究者・教育者へのメッセージをお願いいたします。

　三牧先生　昨日の講演会で学部生さんと接して，しっかりした手応えを感じました。大場先生のゼミで立派に学生さんが育っていらっしゃるように，日本全国，外国双方で日本語教育に携わる人材を養成しているわけですよね。学部時代や大学院入学後に日本語教育やコミュニケーションの専門教育を受け，教育者・研究者の道を志す方には，ぜひ積極的に学会に参加してほしいと思います。同様の関心をもった仲間と直接接することは，今後の研究にとって必ず大きな刺激となるはずです。

　ただ，全員が日本語教育の実践者や研究者にならなくてもいいとも思います。日本語教育の観点をもった人が増えていくということは，言語に敏感な感覚をもった人が社会に出ていくことだと思いますから。私は，Mの最初の授業で必ず初対面会話を受講生同士でやって，双方の言語行動の振り返りから始めていました。学生は，授業が進むにつれて，講読した文献を自分に当てはめて分析してみたり，自分のコミュニケーションについて意識し始め，さらに広げて考えるようになりますね。

　今，コミュニケーション能力が脚光を浴びていますが，やはり一人ひとりが言葉の重要性を意識し，もっと言葉に敏感になることが大切だと思うんです。学部・大学院レベルを問わず，日本語教授法やコミュニケーション関連の授業を通して，そういうマインドをもった人がどんどん増えてほしいと強く願っています。そういう

気づきが広がると，少しでも社会がよくなるんじゃないかと期待しています。

三牧陽子先生の主要参考文献

●主要著書・論文

三牧陽子（1996）『日本語教師トレーニングマニュアル⑤　日本語教授法を理解する本
　　実践編』バベル・プレス

三牧陽子（1997）「対談におけるFTA補償ストラテジー―待遇レベル・シフトを中心に」
　　『大阪大学留学生センター研究論集 多文化社会と留学生交流』創刊号, 59–78.

三牧陽子（1999a）「初対面インターアクションにみる情報交換の対称性と非対称性―異
　　学年大学生間の会話の分析」吉田彌壽夫先生古稀記念論集編集委員会［編］『日本語
　　の地平線　吉田彌壽夫先生古稀記念論集』くろしお出版, pp.363–376.

三牧陽子（1999b）「初対面会話における話題選択スキーマとストラテジー―大学生会話
　　の分析」『日本語教育』103, 49–58.

三牧陽子（2002）「待遇レベル管理からみた日本語母語話者間のポライトネス表示―初対
　　面会話における「社会的規範」と「個人のストラテジー」を中心に」『社会言語科学』
　　5(1), 56–74.

三牧陽子（2006）『大学コミュニティにおける留学生のコミュニケーションに関する研究
　　平成14年度～平成17年度科学研究費補助金基盤研究（C）研究成果報告書』（課題
　　番号14580329, 研究者代表：三牧陽子）

三牧陽子（2008）「会話参加者によるFTAバランス探求行動」『社会言語科学』11(1),
　　125–138.

三牧陽子（2013）『ポライトネスの談話分析―初対面コミュニケーションの姿としくみ』
　　くろしお出版

三牧陽子・村岡貴子・義永美央子・西口光一・大谷晋也［編］(2016)『インターカルチ
　　ュラル・コミュニケーションの理論と実践』くろしお出版

●主要教科書・教材

伊藤博子・三牧陽子・村岡貴子・山下好孝（1990）『中・上級日本語読解教材　朝日新聞
　　で日本を読む』くろしお出版

伊藤博子・三牧陽子・山下好孝・山田　准（1992）『中級前半用日本語読解教材　「読み」
　　への挑戦』くろしお出版

三牧陽子・村岡貴子・伊藤博子（1997）『日本語・日本事情リソース型総合教材　過渡期
　　の「日本」を考える』凡人社

参考文献

生田少子・井出祥子（1983）「社会言語学における談話研究」『月刊言語』12(12), 77–84.

中井陽子・大場美和子・寅丸真澄・加藤好崇・三牧陽子（2012）「会話データ分析のむこ
　　う―社会的貢献の可能性を考える」『社会言語科学会第29回大会発表論文集』, 202–
　　211.

中井陽子・大場美和子・寅丸真澄・加藤好崇・三牧陽子（2013）「第29回大会ワークショ
　　ップ　会話データ分析のむこう―社会的貢献の可能性を考える」『社会言語科学

会』15(2), 71-78.
Brown, P., & Levinson, S. C. (1987) *Politeness: Some universals in language usage*. Cambridge: Cambridge University Press.（ブラウン, P.・レヴィンソン, S. C.／田中典子［監訳］斉藤早智子・津留﨑毅・鶴田庸子・日野壽憲・山下早代子［訳］（2011）『ポライトネス　言語使用における，ある普遍現象』研究社）

◆インタビューを終えて

　このインタビューは，私が広島女学院大学日本語日本文学科に勤務していた時に，学科の日本文学会で三牧先生にご講演いただいた翌日に行ったものです。ご講演では一連のご研究について伺い，翌日のインタビューでは講演会の内容の背景を幅広くお聞きすることができました。

　私自身は，学生時に三牧先生の初対面会話の論文を読んでとても面白いと思ったのですが，教員になってから日本人学生に三牧先生のご研究を紹介すると，現在の学生も論文の内容に「あー，確かに」と納得することに驚いています。ある程度時間が流れても，母語話者がいつの間にか習得しているルールにもあまり変化しないものもあるのかと思いました。そして，そのルールは，三牧先生がデータの統制を厳しく行ったうえで実証し，理論的に考察するプロセスをふんでいらっしゃったからこそ明らかになったことであると思いました。

　さらに，その研究成果を，教育現場をはじめ広く社会に還元することについて，日本語教育に関わる者としての「義務」や「責任」という表現で当然のこととして指摘されていました。まさに，「研究と実践の連携」の実現であり，それを自然におっしゃったことがとても印象的でした。日本語教育や会話データ分析が社会に貢献する可能性を大いに感じました。

（大場）

第 12 章
文野峯子先生へのインタビュー

寅丸真澄

文野先生は，専業主婦としての日々を送るなか，興味から受講した日本語教師養成講座がきっかけとなり，日本語教育の世界にお入りになりました。その後，ご家族のご都合でいらっしゃったアメリカのコロンビア大学ティーチャーズカレッジで授業研究に興味をもたれ，授業改善や教師教育を目的とした教室談話の研究を始められました。帰国後も，アメリカでのご研究の成果を活かし，国立国語研究所や大学で日本語教育の実践と研究に専心されました。談話分析の手法を用いた教室談話の研究論文を数多く執筆されるかたわら，日本語教育に関わる公的な仕事を歴任され，現在も日本語教育界のために尽力されています。

ご経歴

1967	東京女子大学文理学部（文科系）英米文学科卒業
1988–1989	コロンビア大学専任講師
1989	コロンビア大学大学院ティーチャーズカレッジ修了
1991–1999	国立国語研究所非常勤研究員
1992–1998	早稲田大学非常勤講師
2001–2004	名古屋大学国際言語文化研究科博士後期課程　日本言語文化専攻　博士（文学）
2001–2010	人間環境大学人間環境学部・人間環境学研究科教授
2011–2014	人間環境大学人間環境学部・人間環境学研究科特任教授
2014– 現 在	人間環境大学名誉教授

インタビュー

日時・場所：2014 年 8 月 28 日（日）早稲田大学日本語教育研究センター会議室にて

聞き手：寅丸真澄・中井陽子・大場美和子・宮崎七湖

第12章　文野峯子先生へのインタビュー　*147*

> **Point**
> ▶アメリカの大学院時代に授業研究に開眼
> ▶現場の改善や教師の成長を目指すには実践研究が必要
> ▶日本語教師は日本語教育の知見を積極的に外に発信していくべき

1　日本語教育の世界に入ったきっかけ

　寅丸　まず，日本語教育に入られたきっかけと経緯について，お話いただけないでしょうか。

　文野先生　きっかけは……偶然ですね。10年間専業主婦をしていたんですが，ある時，何かやりたい，社会に出たいと思い，子供に英語を教える仕事を始めました。家族でアメリカに行った時から，子供のことばの教育に関心をもっていたからです。

　ですが，その仕事が物足りなくなってきて。そんな時，民間のカルチャーセンターで大学院レベルの日本語教師養成講座をやるという新聞記事を見つけました。1970年代でしたね。その時，すでに国立国語研究所では教師研修がありましたし，国際交流基金では海外に専門家を派遣する派遣前研修を開いていました。ですが，それらは私が通えるものではなかったので，結局，カルチャーセンターに行きました。日本語教師なんてその時初めて聞きましたけれど，すばらしい先生方のもとで大学院レベルのことばの教育が受けられるんだったら何でもいいと思って，誰の了解も得ずに（笑）。

　もちろんそうはいっても，子供がいて一日中授業を取るわけにはいかないので，少しずつ取り出したんです。1週間に1度2時間だけですが，これが楽しくって。講義形式の先生もいらっしゃいましたけど，自分たちで教材研究をして発表しなさいというような発表形式の講義が半分ぐらいありました。

　寅丸　その時代に？

　文野先生　はい，その時代にかなり画期的な教育が行われていました。

2　養成講座から日本語学校へ

　寅丸　大学で英語を勉強されて，実際にアメリカにも何回かいらっしゃったご経験を通して，日本語や日本語教育に興味をもたれたのですね。

　文野先生　学ぶことが楽しかったんでしょうね。私，文学部だったけれど，文学が嫌いだったんです。ですが，音声や意味論，語彙論，文法とか色々な観点から日本語を見直した時，日本語が初めて面白いと感じました（笑）。

寅丸　カルチャーセンターを終えられてどうなさったんですか。

文野先生　カルチャーセンターが終わる1979年頃から，インドシナ難民を日本で受け入れるために姫路と大和に難民センターができていました。ちょうどそこに誘われたので，1週間に1回行くことになりました。また，日本語学校にも行きました。ただ，「日本語」と「国語」の区別がまだない時代だったので，「日本語を教えています」と言うと，「国語の先生ですか？」「英語がお上手なんですね」って（笑）。カルチャーセンターでも，先生に「これでご飯が食べられると思ってはいけません」と言われていましたね。

ですが，仕事ができる場を与えられただけで私はもう十分楽しかったんです。子供の夕飯を忘れるくらい一生懸命仕事をしていたんですよ（笑）。カルチャーセンターの先輩には，日本語教育現場を大きく変える教材を出版なさったパワフルな方々が多いんですが，その先輩方に影響されたんだと思います。

3　アメリカでの大学院生活

寅丸　その楽しい環境のなかで，同じ仕事を続けるという選択肢もあったと思うんですが，大学院にいらっしゃったのですね。どのようなきっかけで大学院に進学されたのでしょうか。

文野先生　1回目の転機は，仕事で行き詰まったことですね。楽しくて仕方のなかった日本語教師の仕事を5年ぐらい続けた頃から，やってもやっても思ったほどの効果が出なくなってきて，どうすればいいんだろうという問題意識が芽生えてきたんです。その時，かつてカルチャーセンターで大学院を勧められたのを思い出して。でも，当時母校の大学院は残念ながら文学部（笑）。

寅丸　もう日本語の楽しさを知っちゃってるから（笑）。

文野先生　そう。で，その時はあきらめたんですが，日本語学校の5年目ぐらいの時に，主人のアメリカ転勤が決まりまして。

寅丸　チャンス到来で。

文野先生　はい，子供3人と行きました。それで，コロンビア大学のティーチャーズカレッジに入りました。

寅丸　ティーチャーズカレッジでは何を勉強されたんですか。

文野先生　留学生アドバイザーに，私はここに来る前にことばの教育に関心があって，日本語を教える仕事をしていたので，できたら，いい教え方のようなことを勉強したいと言ったんですね。そうしたら，TESOL（Teaching English to

Speakers of Other Languages）を紹介されました。「あなたはたぶんここだろう」と言うので，「ああそうですか」（笑）。

　それで，そこで学ぶことになったわけです。その時 TESOL のセクションのボスが私のアドバイザーになった John Fanselow（ジョン・ファンズロー）でした。コアコースというコースがあって，一つが SLA（Second Language Acquisition，第二言語習得論），もう一つが Observation（観察）。この「観察」の授業をファンズローが担当していたんです。これは必修だったので，取ったのですが，最初は何を言っているのかさっぱりわかりませんでした。そこでは，ファンズローがちょうど *Breaking Rules* っていう本を書いていたので，章を書きあげるたびに，読んでフィードバックするという課題も出ました。アメリカでのこの経験が私の 2 回目の転機ですね。

　寅丸　では，その授業で授業研究に興味をもたれたのですか。

　文野先生　いいえ，それはしばらく経ってからです。そもそもファンズローは何も教えないんです。初日，授業時間になったのに教壇に誰も現れない。しばらくすると，男性がひとり，ファンズローだったんですけど，彼が突然，ツカツカ教室に入って来て，挨拶も何もなく黒板に絵と「自分の自己紹介を絵で描け」っていう指示を書いて出て行ってしまった。みんな唖然としました。「何これ？　あれ誰？」みたいね。だから，しばらくは「これ何なの？　何の話しあいなの？」という状態でした。ブレインストーミングという言葉も概念も私のなかにはなかった。だから，しばらくの間，先生の話の趣旨，メッセージがよくわからなかったです。

　寅丸　ことばの問題ではなく。

　文野先生　はい。私のなかでは，まだパラダイム・シフトが起こっていない。

　寅丸　（笑）一世代前の状況で。

　文野先生　はい，わからなかったので。先生が教え方の例を出すと，熱心にメモを取ったりするだけで，最初の 1 年は過ぎました。もちろん *Breaking Rules* には納得できる部分もありましたが，全体像がつかめないまま終わったんです。

　寅丸　でも，最終的に，その時に学ばれたことが後の論文，あるいは先生が授業をみる観点になったのですね。

　文野先生　そうですね，ある時，私のなかでパラダイム・シフトが起こったんです。教育の主体は，教師ではなく学習者なんだと。今では当たり前のことですが，大事なのは，どう教えるかではなく学習者にどのような学びが起こっているかに注目すること，それは教師のどの言動と結びついているかを観察することなんだと。

寅丸　どのようなきっかけがあったのでしょうか。

文野先生　ファンズローの主張のなかでも，特に，思い込みや先入観を排除しろというのが刺激的でしたね。私たちは自分の先入観に縛られ，操られて教授行動をしているのだから，どのような呪縛に縛られているのかを見抜けという主張です。で，そのルールを明らかにするためには，自分の行動パターンをみなさい，でも，みるだけでは同じ目線でしかみられないから，見方を変えなさいっていうわけですね。で，自分があるルールに縛られているのを見つけるいい方法が日常生活と教室での自分の行動を比べることなんです。これは，ミーハン（H. Mehan）の IRE（Initiation, Response and Evaluation）[1] でいっていることと後で結びつきました。授業を変えたいなら，まず，judgement（評価・判断）をせず分析的な眼差しで授業をみる，言語行動や行動パターンの背景にある先入観を明らかにすることが重要だっていうことに気づかされましたね。まさに *Breaking Rules*。

寅丸　貴重な転機ですね。

文野先生　はい。ファンズローとの5年間がその後の私の考え方の基礎になりました。

4　アメリカでの気づき

中井　先生は以前，ご自身や皆さんの授業を録音・録画して，それを分析される授業もなさっていましたけれども，それもファンズロー先生のなさったことですか。

文野先生　そうですね。ファンズローの授業観察の授業では，実際の授業をデータに使います。私は，私が教える日本語クラスの録画ビデオを持ち込みました。ファンズローはまず，ビデオを再生しはじめて数分のところで「ストップ」をかけ，そこで何が起こったかをありのままに説明させ，次にその行動にはどのような見方や解釈が可能か，などと問いかけます。たいていそのテーマをもとにしたやりとりでその日の授業は終わります。今でも私のビデオを使った最初の授業のことをよく覚えています。それは初級クラスの1コマでした。そこでは，教師である私と学習者の間で，次のようなやりとりが行われていました。「今何時ですか」―「今2時10分です」―「2時10分ですね」。そこでファンズローは，「はい，ビデオ止めて」と

1）ミーハンは，教室における教師と学習者の会話において，教師主導の発問と指示（initiation），学習者の応答（response），教師の評価（evaluation）という IRE の循環構造（日常生活にはあまりみられない特殊な構造のやりとり）が頻繁に出現することを指摘しています（Mehan 1979）。

言いました。次に,「学生の答えは間違っていたのか」と私に問いかけました。その時の私には,何を質問されているのかわかりませんでした。こんな状況でしたから,彼の前に行くと緊張しましたね。2,3年目になると,余裕が出てきましたけど。

寅丸　少しずつ慣れていらっしゃったんですね。

文野先生　はい。でも,その時は,本当にわかりませんでした。彼は,「オーディオリンガル・メソッドでは,教師の後のフィードバック発話はネガティブ・フィードバックである」と言うんです。「だから,オーディオリンガルでは教師が何か言ったら,必ずそれを繰り返さなければいけない。で,あなたは今学生の発話を繰り返したよね。それはどういう理由なのか」と聞かれたわけです。指摘されて初めて,「あ,私って無意識に学習者の回答をくり返すパターンをもっていたんだ」って気がつきましたね。そのような無意識の行動はとても多いですよね。たとえば,どうして教師は授業をする時にみんなの前に立つのかとか。たいてい何も考えないでしているんですね。だから,自分の行動にどのような機能があるのか,別の方法がいいんじゃないかって考えてみる必要がある。たとえば,「先生は大きな声で話しなさい」とよくいわれます。でも,ファンズローは「なんで?」って聞くわけです。それで,よく考えてみると,大声を使う意味がないことに気づく。教室が騒がしいと教師は大声を張り上げるけれど,それによってますますうるさくなるんですね。

小さな声でも,みんなが黙っていればしっかり聞こえる。そのような研究結果があるにもかかわらず,なぜ大きな声がいいといわれるのか。無意識の習慣がある限り,授業の改善は無理なんです。ですから,授業では一つの行動をできるだけ多様な観点で解釈する練習ばかりしました。

寅丸　では,ファンズロー先生は,学生の応答内容を評価されなかったのですね。

文野先生　しないです。彼が目標とするのは小さい変化（small change）なんです。大きく変化させると相手もびっくりするし,続けられるかどうかわからないから,一つだけ変えてみようということですね。たとえば,今まで大きな声で話していたのであれば,ある時は小さい声にしてみる。そうすると,何かが変わり,全体が変わってくる。また,声が出なくなったら教師は授業ができないといわれるじゃないですか。でも,教師が話せないと授業は本当にできないのか。それを確かめるために,ファンズローは,「次の授業は教師が声を出さないで指示を与える授業をしてみよう」と指示します。

ファンズローは,視点を変えるためにコミュニケーションをさまざまな観点からみています。たとえば,「コミュニケーション手段」という観点があります。このな

かには，「音声言語」や「文字言語」「絵」「匂い」「表情」「ジェスチャー」などがあります。日常生活では，音声言語より視覚的な情報の方が有効なメッセージを伝えているんですね。

寅丸　確かにそういうことがありますね。

文野先生　通常，教師は音声言語に頼って授業をしているけれど，たまには視覚的な手段だけで授業をやってみる。そうすると，教師がことばを使わないことで，色々変わってくるんです。まず，よく音が耳に入ってきます。生徒は自信がなかったりすると，小声になったりするけれど，それもはっきり聞こえるんです。学習者をよく見られるようになります。話し手がいる限り，相手は聞き手になるから，教師が一方的に話してしまうと，学生は聞き手になるしかない。その結果，受動的な学習になる。だから，学生の受動的な学習姿勢をやめさせて，自分から学ぶという姿勢にしたかったら，教師は黙りなさい，ということです。結局，先に何かを与えるのを止めましょうよ，ということですね。教師は，自分に全責任があると勘違いする。そんなことはないんです。学習者にとって，私たちの存在は小さいしね。

寅丸　名前も覚えてくれませんしね（笑）。

文野先生　教室にいる時だけは，単位がほしいから従いますけれどね。それなのに，教師というのは勘違いをして，全部やってしまう。それがいい時もあるけれど，実は学生の主体性を伸ばすのを阻害していることもある。

寅丸　そのような考え方に気づかれたのが先生のパラダイム転換だったのでしょうか。

文野先生　そこが私の転換期だったのだと思いますね。自分の授業のビデオをもっていって，今何が起こっているのか，なぜこれをやっているのか，これの意味は何かというのを考えはじめた時です。

5　日本での教師教育

中井　先生が受けられた教師教育と，ご自身が教師教育でなさったこととは，つながりがあるのでしょうか。先生の学生さんがビデオを撮って，新しい視点で分析するというような指導もされたのでしょうか。

文野先生　アメリカ生活が終わる時，帰国したら日本語教師養成講座の主任にならないかというお誘いをいただいて，「やります」って受けました。

寅丸　環境的にそういう状況になられたわけですね。その教師養成講座で教えられた時は，ファンズロー先生に教わったことをなさったのですか。

第12章　文野峯子先生へのインタビュー　*153*

　文野先生　もう100％やりました（笑）。時間があれば，自分の授業を振りかえるというのをやってみたりね。

　寅丸　教師教育に従事されてお忙しい日々だったのではないかと思いますが，研究生活はいつから本格的にスタートされたのですか。

　文野先生　私が一番初めに論文を書いたのは，帰国後担当した教師養成講座の時です。その後，教師と学習者の視点のずれを書いたり，教室活動と教師の認識との距離について書いたりしました。また，インターアクションを重視した実践の指導方法について提言したこともあります。

　寅丸　それは教師教育のための論文でしょうか。

　文野先生　はい。当時，自立研修型教師の研究をされている先生がいらっしゃったので，アメリカから帰国後，すぐにそのグループに入ったんです。その頃は授業改善のために，学会活動も率先してしました。また，国立国語研究所の研修は，アメリカから帰ってきてすぐに飛び込みました。国研の研修は，それぞれが研究したいテーマを決めて1年間研究するというものでした。私のテーマは「教師教育（Teacher Education）」でしたね。修了論文のテーマは「自立し成長を続ける教師育成と指導者の役割」でした。指導者はどうあるべきかに関心があったのです。教師教育という視点は，私の軸になっていますね。

　大場　アメリカで書かれた修士論文も，そのようなテーマだったのでしょうか。

　文野先生　MA（修士課程）の時に"Observation system and second language learning and teaching"という第二言語の授業を観察，分析した論文を書きました。MAの次の段階に，博士課程に進む手前のM.Ed.（Master of Education）という課程があって，そこで書いたのが"When a change occurs?"です。それは，自分の教授行動や教室に変化が重要だということを主張した論文です。その理論のもとは変化に注目したマクルーハン[2]の研究です。

　大場　メディア論で有名なマクルーハンですか。

　文野先生　はい。彼には職場の効果を上げる研究があるんです。ある時，職場の効率を上げるには明るさが関係するだろうと仮定して，部屋の電気を明るく変えた。効果が上がりました。でも，しばらくするとまた元に戻ってしまう。だから，明るさそのものがいい効果に直結するわけではない。で，今度はリラックスした雰囲気

2）マーシャル・マクルーハン（H. M. McLuhan）は英文学者，文明批評家。'Medium is the message' を主張しました。

を出すために音楽を流す。確かにある期間効果が上がる。でも，また元に戻る。

寅丸　「変化」が重要なんですね。

文野先生　はい。だから，今までとは違うことをしてみる。たとえば，教師がいない教室でテープレコーダーだけ置いて授業したりとか，本当に面白い授業をしました。また，授業観察もよくしましたね。そうすると，色々なことがわかってきます。説得力があったのは自由会話。「今日は学習者に意見を出してもらいます」と言って授業をして，書き起こしてみると，教師ばかり話しているとか。

寅丸　よくありますね（笑）。

文野先生　「学習者同士のロールプレイをします」と言って録音してみても，教師の発話が多かったり（笑）。学生の自発性を大切にしたいなら，教師はいない方がいい。後ろに隠れていなさいということですね。

寅丸先生　そこで得られた経験や知識が後の教師教育や論文執筆に活かされていったのですね。

文野　そうですね。研究者になろうとは全く思っていなかったけれど，こんなに面白い分野がある，面白いことが起こっているというのを知ってもらうために報告や論文を書きはじめたように思います。私の論文が研究論文と呼べるとしても，その目的は，現場の先生方にある視点をもってもらいたいということです。もてば仕事も楽しくなるだろうし，現場も変わるかもしれないし，何よりも自分がハッピーになる。そうでないと，現場はいい現場にならない。ですから，やっぱり私の基本は現場。そして，それをお伝えすることが私の研究なんです。

6　談話分析・会話分析との出会い

寅丸　先生はご研究に談話分析や会話分析を使われていますが，そのような会話データ分析にご興味をもたれるようになったのはいつ頃ですか。

文野先生　アメリカから帰ってきてから，談話分析やエスノメソドロジーの研究会に入ったんですが，そこで談話分析のものの見方に出会い，興味をもちました。談話分析では，やりとりそのものをじっくりみて，その発話から何が読み取れるのかを考えます。たとえば，教室でよく耳にする「はい，いいですね」というフレーズの発話者はたいてい教師です。教室には学習者もいるのに，通常学習者はこのフレーズを発する権利を与えられていません。このことは，教師と学習者の間の力関係を示しています。また，「はい」は，「次の話題に移りますよ」「あなたのターンはここで終わりです」というメッセージをもっていますが，教師はこのフレーズを巧

みに使って授業を進めています。「なるほど，当たり前に思っていたやりとりは，そのような仕組みの上に成り立っているんだ」と目からうろこが落ちるような経験でした。

　寅丸　研究会で学ばれたことをもとに，質的研究で博士論文をお書きになったのですか。

　文野先生　博士論文は時間的な制限があって，ベストといえませんが，談話分析の手法を参考にしてまとめました。教室の見方は，茂呂雄二さんの研究が私の基本になりました。

　寅丸　談話分析や会話分析などを学ばれて，ご研究に活かしていらっしゃるんですね。

　文野先生　そうですね。やりとりそのものをじっくりみて，発話の意味を読み解いていく姿勢や手法は，教室談話を分析する時だけでなく，授業について説明したり議論したりする時にも役立っています。

　ビデオに撮って見てみれば，そこで何が行われていたかがわかると思われがちですが，ビデオデータの場合，教師・学習者・教室全体の雰囲気などに関して刻々と変化する多くの情報が同時進行で次々に目の前を通過するため，表面的な見方に終わってしまうことが多いのです。また，観察者がどこに注目するかによって同じ授業も違って見えてきます。その結果，授業後の検討は，印象に残った現象に基づく抽象的な理想論や観察者の価値観が反映された主張の提示で終わってしまい，議論はかみあわず，そこで何が起こっていたかの理解・解明とは程遠いものになってしまう危険性があります。一方，文字化したデータを，表面化した言語行動の背景に何があるかという眼差しでさまざまな観点から検討する談話分析の方法は，焦点を絞り込んで議論することができるので，現象を深く理解することや知見を共有することを容易にしてくれるわけです。

　寅丸　論文などでこのようなことが教室で起こっているんですよ，という報告をする時のエビデンスにもなるということですね。

　文野先生　結果だけ示されても，暗黙知で何となく理解するか，疑心暗鬼になるだけだけれど，文字化データと説得力のある解釈があれば，読み手は納得しますよね。

　寅丸　そうですね。談話分析や会話分析を用いた教室談話の分析というのは，教師が自身の教授行動を振り返る際にも，他者との共有のためにも有益であるということですね。ところで，先生は，博士論文を執筆された後も，そのような視点をもって，教室談話の分析をなさっているのですか。

文野先生　はい。ただ，研究対象が広がりました。今興味があるのは，台湾の学生との交流から学生が何を学ぶかです。以前は，教室談話の数行のやりとりの読み解きに興味があったのですが，今は活動での言語行動，仲間や環境との相互作用，またそれらの変化を研究対象として，学生が活動を通して何をどのように学び成長していくのかを談話分析の視点で読み解くことを楽しんでいます。かつては，学習者はどうやって新しい言語を習得したり，保持したり，教師はそれをどう支援できるのだろうということが興味の中心だったんです。ですが，次第に，教師が教えなくても，ことばや色々な能力が学習されているってことがわかってきたんですね。

　　寅丸　ことばだけではなくて，もっと広い視点から，「学び」をみてみようということなんでしょうか。

7　日本語教師への一言

　　中井　最後に，これから日本語教育の世界で教育研究をする学部・大学院生たちにアドバイス，メッセージをいただけるとありがたいのですが。

　　文野先生　日本語教育という学問分野は，社会的にも意義深い分野だと思います。また，やりがいのある分野でもある。実際に，私たちは社会にさまざまな貢献をしているし，仕事にやりがいを感じている日本語教師は多いと思います。でも，それを外に発信していかなければならないんですね。「こんなに意義のあることをやっていますよ」「やりがいのあるとても楽しい職場ですよ」ってね。

　　そして，それをするのは教師一人ひとりなんです。日本語教師は素晴らしいリソースです。でも，その発信が少ない。日本語教育はグローバルで学際的な分野でもあって，これから若い人に活躍してもらわなければいけないのに，特に発信ということに関しては，まだまだだという感じがします。

　　寅丸　教師一人ひとりが発信していかなければならないと。

　　文野先生　そうです。昔，水谷修先生が国研で，「日本語教育っていうのはすごいことをやっているんだから，発信しなければいけないよ」っておっしゃってくださったんです。その時は私もわからなかったけれど，今，本当にそう思いますね。発信できていない自分，十分に発信できていない日本語教師，日本語教育分野。まずは，それぞれの現場で，自分が楽しくなるためのノウハウを身につけて，それを周りの人たちに理解してもらうことが大切。外の人にわかってもらえなかったら生き残れない。以前，学校教育の先生方を対象に教員免許更新講習を担当させてもらった時，日本語教育で培ったノウハウが他の分野でも役立つということがわかったん

第12章　文野峯子先生へのインタビュー　　*157*

ですね。だから，日本語教育分野をよりよく理解してもらうためにも，活動の場を広げるためにも，もう少し外に発信する必要がある。まずは，プライドをもっていただく，それで，楽しんでいただく。そして，外に発信する。少なくともそれが将来的に自分の分野のため，自分のためになるということですね。

　　寅丸　日本語教師はプライドをもって仕事を楽しみつつ，自分の仕事や研究を外に発信していこうということですね。本日は，長い間お話をしていただき，ありがとうございました。

文野峯子先生の主要参考文献

文野峯子（1991）「授業分析と教育の改善—客観的な授業分析の試み」『日本語教育』*75*, 51–62.

文野峯子（1993）「学習に視点を置いた授業観察」『日本語教育』*82*, 86–98.

文野峯子（2002）「日本語教室の談話分析とその研究方法」『藝』*1*, 35–51.

文野峯子（2004a）「「質問‐説明」連鎖の終了に関する質的研究—初級日本語クラスの一斉授業の場合」『日本語教育論集』*20*, 34–49.

文野峯子（2004b）「授業参加過程の質的研究—「サイド発話」への注目」『日本語教育』*121*, 103–108.

文野峯子（2005a）「日本語教室談話の質的研究—一斉授業成立の仕組み」名古屋大学博士学位論文.

文野峯子（2005b）「学習者の自発的発話が開始する発話連鎖の終了に関する質的研究—初級日本語クラスの一斉授業の場合」『世界の日本語教育』*15*, 59–74.

文野峯子（2007）「学習者はどのように学んでいるか」井上　優［編］『日本語教育ブックレット 9—教室活動における「協働」を考える』国立国語研究所，pp.5–14.

文野峯子（2009）「教室のコミュニケーションから学ぶ—授業が分かる教師・授業を変えられる教師を目指して」水谷　修［監修］小林ミナ・衣川隆生［編著］『日本語教育の過去・現在・未来　第3巻　教室』凡人社，pp.181–206.

文野峯子（2010）「教室の成長と授業分析」『日本語教育』*144*, 15–25.

文野峯子（2011）「授業を使って振り返り」『小出記念日本語教育研究会論文集』*19*, 122–131.

文野峯子（2016）「「よい話し合い」のイメージはどのように形成されるか—リーダーのイメージ形成に注目して」宇佐美洋［編］『『評価』を持って街に出よう』くろしお出版，pp.123–137.

文野峯子・阿部洋子（2009）「実践の公表に向けて」『日本語教育論集』*25*, 71–83.

文野峯子・工藤節子（2012）「体験型授業を通じた学生の学び—日台プロジェクト交流を例に」『イマ×ココ』創刊準備号, 60–72.

参考文献

Mehan, H. (1979) *Learning lessons: Social organization in the classroom.* Cambridge, MA: Harvard University Press.

◆**インタビューを終えて**

　文野先生は，日本語教育における教室談話分析の第一人者でいらっしゃるにもかかわらず，私たちに明るく気さくにご自身の貴重なお話をしてくださいました。その表情豊かな快活なお話ぶりから，日本語教育に従事されてきた30年の日々がいかに充実されていたか，また，いかに深く日本語教育について考え実践されてきたのかが想像できました。実践者として日々の授業をされながら，研究者としてその実践の実態を緻密に分析し，研究論文として発表していくという大変な活動の根底には，旺盛な好奇心と，日本語教育研究者としての厳しい使命感がおありだったのだということがわかりました。私たち一人ひとりが，文野先生のような好奇心と使命感をもって研究と実践に邁進していけば，日本語教育はより楽しく有意義な分野になるのではないかと感じました。

(寅丸)

第13章
森純子先生へのインタビュー

増田将伸・宮﨑七湖

　森純子先生は日本人の会話分析（conversation analysis）研究者を代表するお一人です。学習者の行動を微視的に分析する森先生の論文は，現実のコミュニケーションに即した外国語教育を考えるうえで示唆に富んでいます。教育者としても，会話の研究や日本語教育に取り組む教育者・研究者を多く育てていらっしゃいます。

ご経歴
1982–1986　京都大学教育学部
1986–1989　一般企業
1989–1990　ウィスコンシン州教育庁日本語日本文化推進プログラムインターン
1990–1992　ウィスコンシン大学マディソン校修士課程修士号（日本語学）
1992–1996　ウィスコンシン大学マディソン校博士課程 Ph. D.（博士号，日本語学）
1994–1996　ウィスコンシン大学マディソン校東アジア言語文学学科講師
1996–1999　アイオワ大学アジア言語文学学科助教授
1999–2002　ウィスコンシン大学マディソン校東アジア言語文学学科助教授
2002–2009　ウィスコンシン大学マディソン校東アジア言語文学学科准教授
2009– 現 在　ウィスコンシン大学マディソン校東アジア言語文学学科教授

インタビュー
日時・場所：2014 年 7 月 13 日（日），京都市内の会議室にて
聞き手：中井陽子・増田将伸

Point

▶ 会話では形式よりも達成できる行為を重視したい
▶ 1990 年代後半以降，相互行為の観点から第二言語習得研究のとらえなお
　しが進んだ
▶ 海外では外国語教育全体のなかでの日本語教育の位置づけを考えること
　が必要だ
▶ 自分の問題意識と研究の方法論のつながりを考えよう

1　研究のはじまり

中井　まず，森先生が研究を始められた動機をお伺いしたいと思います。京大の
学部にいらした時は何を研究なさっていましたか。

森先生　専門は教育心理学で，卒論では父と娘の関係性のなかで，どのような
父親像をもっているかということと，その娘の性役割観や自尊感情がどのように相
関しているのかというようなことをテーマにしました。ゆくゆくは臨床カウンセリ
ングをやりたいと思っていたので，学部生で実際の臨床の分析はできないけれども，
何らかのかたちでそれを考える基礎を勉強したいと思って。今の研究とは全然違う
んですが，カウンセリングに興味をもっていたというのは，やはり人間の対話への
関心が根底にあったんだなと思っています。

　大学を卒業してから 3 年間は普通に会社勤めをしていたんです。大学院進学を考
えたんですけれども，学校の世界しか知らない状態で臨床職に就くことは自分のな
かでありえないと思っていたんです。ですから，一度は学校の外に出てみて，やっ
ぱり臨床関係のことをやりたいと思ったら，大学院に戻ってくればいいと思って。

　当時は日本語教育がブームだったんですが，本屋で手に取った日本語教育の雑誌
のなかにインターンシップ・プログラムの情報が掲載されていたんです。ウィスコ
ンシン州内の学校に配属されて，そこで日本語・日本文化紹介をするというもので
した。一人で，日本，日本文化，日本語を紹介するという使命を負って地方の学校
に放り込まれるわけですから，拙い英語でもなんとか意思疎通してみないことには
話が始まらないんです。そういう体験ができるのがいいと思って申し込んだんです。

　それで，とりあえず 1 年アメリカに行って英語力をつけようと思って参加した
ところが，1 年では物足りなかったんですね。配属先の学校がウィスコンシン大学
から近かったので，大学での日本語の授業を見せていただいたら，申し込めば TA
（teaching assistant）として雇ってもらえる可能性が高いと言われました。

もともとお金と英語力の問題がなければ，社会学を勉強したいと思ったんです。でも，日本語学科なら，日本語の TA として雇ってもらえて，経済的に保障される。それに，日本語学科の授業はそれほど多くなくて，ほかの学科の授業を取りに行ってもよいということだったので，TA として日本語を教えながら，自分の関心ある勉強も同時にできると思って，日本語学科に入ったんです。

中井　指導教官の先生はどなただったんですか。

森先生　修士課程の時には，「指導教官」というシステムはありませんでした。当時ウィスコンシン大学の修士課程は，専門学校的な職業トレーニングの要素が強くて，1 人の指導教官につくというよりも，すべての教官の指導を受けるというかたちになっていたんです。アメリカの大学の場合は，研究実績も求められる教授職（tenure-track faculty）か，教育に専念することが期待されている講師職（lecturer／academic staff）かという二つの選択があって，講師職であれば，研究は要求されません。しっかり教えられるということが重要で，研究するにしても実践系の研究とか，教材開発とか，そちらの方が求められるんです。

2　2人の先生に指導を受けた博士課程

森先生　博士課程に残った場合は，指導教官を選ぶんですね。私の場合は日本語学科所属の語用論・談話研究専門のマグロイン花岡直美先生と，英語学科所属で会話分析の専門家であるシシリア・フォード先生，2 人の先生にみてもらう co-chair というシステムにしました。

シシリア・フォード先生とは，先生の授業を取ったのが最初の出会いなんですが，それがきっかけで，会話分析の手法で書きたいと思うようになったので，彼女に方法論の部分をみてもらおうと。でも，シシリア・フォード先生は日本語を知っているわけではない。マグロイン先生は日本語の専門家だけれども，言語学の語用論・談話の研究をずっとやってこられたので，会話分析的な視点に懐疑的なところもあり，2 人の先生の考え方が違うところも色々ありました。

でも，結果的には，2 人に指導していただいたのは非常によかったと思います。やはり論文を投稿するとなると，必ず突っ込まれるポイントというのがあって，語用論・談話の人たちからと会話分析の人たちからの突っ込みの両方にどう答えるのかを考えることができましたから。

中井　会話分析との出会いは，フォード先生の授業だったということですね。どんな授業だったんでしょうか。

森先生　いわゆる「文法と相互行為[1]（grammar in interaction）」，今では「相互行為言語学（interactional linguistics）」とも呼ばれています。言語の形式をみていくうえで，その形式がどのように行為のリソースとして使われているか[2]をみたい人たちにとって，会話分析の手法を取り入れることは重要だったんですね。いかに行為を見ることが言語形式の追究にも役に立つかということを伝えるような内容の授業でした。ですから，文法と相互行為の関係を扱った論文を中心に読みました。この授業を取った時，ちょうど言語の詳細をみていく加減と，それが社会性とつながっていることに非常に魅力を感じ，このやり方でやっていきたいと思いました。

3　形式の研究から行為の研究に

　森先生　博士論文を書いている時に「アメリカ言語学会（Linguistic Society of America）」が開催する夏期講座に行ったんですよ。その時に，チャック・グッドウィンとキャンディ・グッドウィン[3]の授業に出て，かなり刺激になりましたね。私の博士論文は音声データに頼っていたわけですけど，将来はビデオを撮ってみていかなきゃと思ったんです。

　中井　その後は非言語的なものまで広げられたんですね。

　森先生　そうですね。博士論文を書いていたのが1994年から1996年ぐらいの間だったんですけれど，分析の章は，たとえば，これは接続詞の章というように言語形式で分けていたんですね。でも，夏期講座へ行って，章は行為で分けて，行為のなかにどう形が使われているのかをみていった方がいいと思うようになり，章の立て直しをしました。

　中井　ここでいう行為というのは，「同意」とかいうことですね[4]。

　森先生　そうです。形式で分けるのではなく，行為で分けて形式をみる，そういう見方を言語関係の人たちに提起したかったんですね。正直言って，私は形式だけ

1）相互行為とは，会話に代表されるような人々のやりとりを指します。
2）たとえば，相手の同意を求めるために自分の述べたことについての理由説明を追加する場合，英語では多くの場合 because で始まる節が使われます。フォードと森（Ford & Mori 1994）では，同じような行為が日本語ではそのように達成されているのかを観察し，「だって」という接続詞であらかじめ理由説明をすることを示す場合と，「……から」という接続助詞で理由説明をしたことを後から示す場合との違いについて，相互行為の成り立ちという立場から検討しています。
3）グッドウィン夫妻（C. Goodwin & M. H. Goodwin）の愛称。視線や身体動作の分析を取り入れた相互行為研究の先駆者です。

にこだわることに飽きたんです（笑）。チャック・グッドウィンたちと出会って，もっと行為の方に自分の関心があることがわかった。もともとの心理学，社会学系の関心事の方に戻ったんですね。言語形式自体の追究も大切だと思いますが，行為を作っていくなかでどのように形式が使われているのかをみることが非常に重要だと思うんです。

4 教室場面の会話分析を始めたきっかけ

中井　その後は主にどのような方向に研究を発展されてきたのでしょうか。

森先生　私の 90 年代は「文法と相互行為」なんですね。学位を取って，最初の 3 年はアイオワ大学で働きました。アメリカの教授職の雇用形態というのは，最初の 6 年間の研究業績で終身雇用になれるかどうかが決まります。なれなかったらクビになるので，教えながらいかに研究業績を出していくのかという実際的な（笑）問題が出てきました。それで，研究でやっていることと教えることを少しオーバーラップさせることができると両方が充実すると考えました。

最初の年に院生たちの修論の指導をすることになったんですね。そのうちの 1 人は，教室のなかで先生が使っているジェスチャー，もう 1 人は教室のなかのコードスイッチング[5] を修論のテーマにしていました。私はそれまでそういう研究をやったことがなかったけれど，その人たちはもうそのテーマで修論を仕上げる段階だったので，私のためにテーマを変えろと言うわけにもいかなかったんです。その人たちを指導するなかで色々なことを学びました。それで，こういう研究をしたい院生たちがこれからもいるんだったら，指導もできないといけないし，自分の今までやってきた研究をどう関連づけられるかを考えました。一応会話分析を学んできたわけだから，それを教室活動の分析や教室外の会話テーブル[6] での会話などに応用すれば，一石三鳥ぐらいになるかなと（笑）。

もう一つ契機となったのは，アラン・ファースとヨハネス・ワーグナーの 2 人が 1997 年に *The Modern Language Journal* 誌に書いた論文（Firth & Wagner

---

4) 森先生の博士論文（後に Mori (1999) として出版）では，同意や不同意という行為を行う発話や発話連鎖の組み立てられ方について，用いられる接続表現や発話連鎖のなかでの発話の出現位置との関連から論じています。

5) 相手の属性やその場の状況に応じて複数の言語やスタイル（日本語と英語，常体と敬体など）を使い分けること。

6) 語学学習者が地域に住む日本語話者たちと自由に会話をして交流する課外活動のこと。

1997）です。この論文は第二言語習得研究に問題提起をするかたちで書かれたもの
です。「第二言語習得研究の中には相互行為をデータとしているものもあるが，そ
の分析の仕方が，母語話者対非母語話者というのが最初にありきで，非母語話者の
欠けている能力にフォーカスがおかれている。コミュニケーション・ブレイクダウ
ン[7]など，問題となっているところを中心に見ていく傾向にある」というのが彼
らの指摘でした。彼らの論文には会話分析とは書いていないですけど，ネイティブ
性・非ネイティブ性というのが本当に参与者たちにとって意味のあるものなのかど
うかはその場で変わってくるし，言語的に完璧ではなくても，色々なリソースを使
って相互行為をこなしているのであれば，その力の方に焦点をおいて非母語話者の
データをみていくべきではないかということを指摘していて，その見方の基盤とな
っているのは会話分析的視点だったんですね。あとは，第二言語習得で分析されて
いるデータは実験室的なデータが多い。第二言語話者の活動は教室内，実験室内に
限られているわけではないから，もっとデータベースを広げていく必要があるとい
うことも問題提起していました。その特集号には，彼らの論文とそれに対する第二
言語習得研究の著名人たちのコメントが載っていて，非常に話題になったんですよ。
その論文以後，会話分析が，少なくともアメリカ，ヨーロッパの第二言語習得の研
究分野で認められる手法になってきました。タイミング的に私が働き始めて1，2
年目だったので，その波に乗ってやっていけないかと考えたわけです。

　増田　教育現場の会話分析が認められるようになってきたということですか。

　森先生　いいえ，第二言語習得研究のコンテクストのなかでですね。会話分析は
結局社会学の分野で，言語学の方に浸透してきたのは80年代後半とか90年代初め
だと思うんですけれど，そういう会話分析が，第二言語習得研究の分野に入ってき
て表舞台に立つようになったのが，90年代の後半からでした。院生からの影響もあ
りましたし，色々な論文も出始めていたので，その流れに乗って，私も教室場面の
分析，ペア・ワークやグループ・ワークの分析とか，学習者たちと日本語母語話者
の人たちとの会話の分析とかをやってみたんですね。分析してみると，やっぱり教
科書の会話や教室のドリル練習の不自然さが目立ちます。アイオワ大学でもウィス
コンシン大学でも教官とTAが一緒に教えるというかたちになるので，毎週ミーティ
ングをするんです。その時に，自然会話と比べるとインタビュー・テストの質問
や構成が不自然じゃないかといった疑問を投げかけたりしています。

7）コミュニケーション上の意思疎通ができなくなる瞬間のこと。

5 アメリカでの日本語の授業の進め方

中井 私はアメリカにいた時に，エレノア・ジョーデン先生の研修に行ったんですけれども，先生の大学でも形をきちっと入れていらっしゃいますか。

森先生 90年代当時は，ジョーデン系の学校と非ジョーデン系の学校という区別がありましたね。うちは，非ジョーデン系で，運用能力重視で，色々な活動，ペア・ワーク，グループ・ワークを入れるべきだという考えが強かったんです。形へのこだわりもありますが，自分のことを伝えられるようになることも目指しました。

中井 その当時は，どんな教科書をお使いでしたか。

森先生 90年代は，*An Introduction to Modern Japanese*，通称IMJを使っていたんですね。アイオワで3年間教えていた時は，『なかま』という教科書を使っていました。99年にウィスコンシンに戻った時に『げんき』が出たので，IMJを『げんき』に替えさせてもらいました。

中井 アメリカのなかでも色々なやり方がありますよね。

森先生 そうですね。今，アメリカで初級だと『げんき』が一番使われていて，後は『なかま』か『ようこそ』か，3冊のうちのどれかを使っているところが多いと思います。

増田 4技能を教えないといけないということですが，時間数も少ないなかで文型を使えるようになるために，どれぐらいのコマ数でどういう工夫をされているか，聞かせていただけますか。

森先生 うちの大学はアメリカの大学のなかでも授業数が多いプログラムだと思います。たいていのアメリカの学校は，1年生レベルは1週間に4,5時間なんですが，うちの大学は1,2年生の授業は週8時間で，2倍速でやっているんです。

週8時間のうち3時間は，教授が教えるレクチャーという授業があって，新しい文型の導入だとか，文化紹介だとか，説明が必要なところの講義をします。レクチャーは100人ぐらいの学生が受けているんですけれど[8]，今どき一方通行の授業というのはまずいというのがあるので，隣の人と練習してみるとか，指名して答えさせる授業にしています。

あとの5時間は小グループに分けて，一つのグループに15人から多くても20人までにしています。それで，レクチャーにはTAとして教えている院生たちが見学

---

8) 2016年現在では，レクチャーのセクション数を増やして各セクションの人数が50人程度になるようにしているそうです。

に来るんですね。つまり，レクチャーの機能が二重構造になっていて，言語を学習している人たちに教えることと，見学に来ている院生のTAたちに，導入の仕方とかドリルの始め方とかを見せるということがあります。それで，レクチャーの時間に導入されたものを院生たちが15人から20人のグループに対して運用練習をしていくというシステムになっています。そこで，単語の復習や文を作る練習に加えて，もう少しコンテクストがあるタスクの練習やペア・ワークやプレゼンテーションなどをしながら，レクチャーで勉強したことを確認する。このような練習を毎日させるんです。特に，初級文法を勉強している段階では，話すことが重視されています。

教室では会話中心ですけれども，それを短い作文にして書いてくるような宿題を出したりします。でも，読みは1年生ではあまり比重が高くない。文字を読むとか，練習で話すぐらいの内容を読むことはできますけれど，読むスキルは初級の段階ではあまり教えていないです。2年生も週8時間ですが，中級レベルなので，もっと読む割合が増えます。

中井　三浦昭先生とマグロイン花岡直美先生の *An Integrated Approach to Intermediate Japanese* を使っていらっしゃるんですか。

森先生　あの教科書は2年次で使っています。2年生も週3回のレクチャーを受けるんですが，ほとんど英語は使わず，説明する時にも，やさしめの日本語で講義をしています。3年生，4年生は，生教材を使っています。

6　研究の教育への活用

中井　先生は，ご研究をどう教育に活かされていますか。

森先生　難しいですね。1，2年生は，教科書を軸としているので，先ほどお話ししたように教室活動でどうアレンジするかといった私なりの考えをTAの院生に述べるぐらいですね。授業活動をデザインする際にどのようなかたちにすればいいのかとか，評価をする際に何をみるのかとか。

やはり形が大事とおっしゃる先生もいますけれど，私はタスクが達成できるかということに評価の重きをおきたいタイプの人間なんですね。だから，院生たちともどこまで形を重視するのかということをよく論議をしますし，そこの部分でかなり葛藤があります。でも，自分自身の英語学習を振り返ると，私が選んだ道というのは，英語学校に行くことじゃなくて，自分を現場に投げ込むということでした。とりあえず，自分の言いたいことを伝えられるレベルまでは，きちんと形を整えなければいけないと思うんですけど，それ以上の形っていうのは，どこまでこだわるの

か。間違いを常に直していると，結局言うのを躊躇するようにならないか，そうならないような励まし方の方が重要ではないか。この辺りが日本で教えることとの大きな違いです。つまり，日本で教える場合は，一歩外に行けば，できなくてもやらなきゃいけない状況というのがたくさんありますよね。でも，アメリカの場合，一歩外に出ると英語の世界なので，教室のなかでやることになる。そして，教室のなかで正しさを非常に強調すると，正しく話せなければ話してはいけないみたいな（笑）。間違うのを恐れて言えないという感じ。そうなっちゃうとだめだと思うんですね。だから，達成感や自信を養うことができるのはどんな活動かを考える視点が大事なんじゃないか，と院生たちとも話したりします。

　日本の学校を視察に行った時に，留学生たちとの懇談会があったんですね。彼らはクラブに入って日本人学生に混じって活動していて，すごく自信がついたと言っていたんですよ。間違えることを恐れなくなったと。だから，間違うことを恐れて社会に踏み出せないというような姿勢を教室活動が作っていくようでは困るなあと。そういう文化をなるべくなくして，学生が自分のできることに自信をもてるように，という努力はしているというところでしょうかね。

　中井　具体的に，どのようなタスクをなさっているんでしょうか。

　森先生　そうですね。教科書の限界は，文型に沿った練習が多いことですね。そのままやってしまうと，発展が難しいというのがあります。

　中井　学生は，「この文型を使えばいいんだ」ってわかってやりますよね。

　森先生　そうそう。だから，その後の活動は自由に会話ができるようなタスクをなるべく増やすぐらいになってしまいますが。学習者のペア・ワークでは A，B，A，B とやりとりをして，一応会話になっているかのようにみえるけれど，言わなければいけないことが決まっているんですね。結局は会話練習ではなくて，文型練習なんですよね（笑）。その練習が終わった後に，話していることの方がずっと会話らしい（笑）。タスクから発展した会話ができるようにするためにはどうしたらいいのか，そういうことを考えているんですけれども，特に初級ではなかなか難しい。

7　教室外で日本語を使う機会の重要性

　森先生　先ほど申し上げたように，教室の一歩外に行くとなかなか日本語を使う機会がないというのが日本国外での難しさなんです。だから，いかに課外活動を増やすかというのは非常に重要な課題なんですね。日本では盛んにやってらっしゃると思うんですけども，アメリカでも地域参加型を取り入れたいわけですよ。たとえ

ば，うちの大学では，毎週金曜日に学生会館で日本語を話せる人たちが集まって話す「会話の会」というのをやっています。それから，「日本語ハウス」というのもあります。大学の寮の建物の各フロアが言語フロアになっているんですが，その一つが日本語フロアになっているんです。

日本語ハウスは，日本人の院生と日本語を勉強している学生が一緒に住める寮です。日本の大学とインターンシップを始めて，日本人学部生が，2か月ぐらい来てくれるので，その人たちとの交流を通しても，日本語を使う機会を増やしています。2，3，4年次の授業では，地元に住んでいる日本人の方々に話を聞きに行かせて，聞いた内容を授業で報告するというインタビュー・プロジェクトもしています。

今の私の課題は，教室活動として会話を教えることです。やっぱりどうしても教室で行う会話の限界というのを感じてしまいます。私たち教員は，学習者の話し方に慣れているので，一般の方にはわからなさそうな言い方でもわかってしまうんですよね（笑）。だから，教員ではない人と会話をして「ああ伝わった」という喜びを感じたり，逆に「これは伝わらないんだ」という経験をしたりして，どのような問題に出くわしたのかを教室に持ってこさせて，話しあう活動ができればと思っています。

中井　日本人と話す機会を作ってあげるというのは，海外では特に大切ですね。

森先生　そうですね。幸いに昔と比べれば，インターネットを使って遠くにいる人と会話ができるようになりましたからね。それから，ときどき日本人との会話の録画を見せて，自分で会話ができていることの喜びを感じてもらったり，多くの単語を使っていないのに会話が続いているのはなぜなのかを考えさせたりしています。以前に中級を教えていた時に，インタビュー・テストをした後，自分たちでその録画または録音の書き起こしと自己評価をさせて，こちらの評価とのすりあわせをしたうえで，次にこういうことを目指そうね，という話をしたこともあります。

中井　会話分析的な手法の一つですね。

森先生　そうですね。書き起こす作業を通して，気づくことがあります。書く作業をするには，自分でしっかり聞かないといけないわけですから。

8　全米日本語教育学会にみるアメリカの日本語教育事情

中井　私達は *Japanese Language and Literature* （JLL）誌に掲載されている論文の調査をしておりますが，その発行元の ATJ（全米日本語教育学会）のことを伺えますか。先生は役員をなさっていましたが。

第13章　森純子先生へのインタビュー　*169*

　森先生　2000 年代以降のことならお話しできます。以前は ATJ（Association of Teachers of Japanese）だったんですけれど，3, 4 年前に AATJ（American Association of Teachers of Japanese）になりました。ATJ は長い間，基本的には大学レベルでの日本語教育の組織だったわけです。それで，前は ATJ 以外に，中高の先生が中心の NCJLT（National Council of Japanese Language Teachers）という組織があったんです。私がアメリカで教授職を得たのは 96 年ですが，その二つが並行してあって，大学の先生でも中等教育との連動・連結に関心の高い先生は NCJLT のメンバーでもある場合が多かったんです。

　でも，2010 年代に入って二つの組織が統合されることになったんです。アメリカにおける日本語教育の位置を外国語教育全体のなかで確保していかなければならないわけですよね。NCJLT と ATJ の両方があると，日本語教育をとりまとめているのは誰かというのがはっきりしない。それで，初等，中等，高等教育からの声を一つにまとめようということで一緒になったというわけです。

　中井　そうですか。JLL 誌には，言語学系から，教育学系，文学までと多様なものが掲載されていますが，どういった論文が奨励されていますか。

　森先生　AATJ のメンバーのなかで，どれだけの人が教育志向で，どれだけの人が研究志向かという構造的な問題があるんです。お話ししたように，アメリカの大学の場合，講師職と教授職があって，講師職の場合，教えることが期待されていて，研究実績は要求されないわけですね。だから彼らは，研究発表しなくてもとりあえず職がなくなることはないんですね。

　ですから，講師職の方々は AATJ の大会に行って実践報告発表みたいなことはするんですけど，それを論文として JLL 誌などに掲載することは少ないというのが現実です。たくさんのコマ数を教えないといけないし，雑務も回ってくるし。アメリカの言語教育の場合，地位が 2 層，3 層構造になっていることが問題になっていて，結局「語学教師は研究者ではない」というように思われて，発言権がなくなってしまうことがあります。教授職の人たちと講師職の人たちでは投票権が違うということもあります。実は，教授職として雇われた人たちのなかにも，言語教育コーディネーターという立場で雇われて，結局つぶされてしまう人もいるんですね。

　中井　つぶされるというのは？

　森先生　言語教育のコーディネーターは，プログラム運営のための仕事がすごく多いんです。たとえば，中高で日本語を勉強して大学に入ってきた人のレベルチェックとか，各レベルの学生の登録者数に応じての人事の調整とか，留学のプログラ

ムから帰ってきた人たちの単位の認定とか。そういった大切な仕事を引き受けているのに，論文が少ないとか言われて，研究実績不足で解雇されることもあるんですよ。授業をしながら研究もしないと，認めてもらえない。

ですから，日本語プログラムや日本語教育に関わっている人たちの地位を守っていくことが非常に大切だと思っているんですね。たぶんヨーロッパ言語の教員の方が幅広い雑誌に投稿している人が多いんですよね。だから，ヨーロッパ言語の先生たちの方が研究もがんばっていると言われてしまう。大学のなかで，対等な立場で話をすることは非常に重要なことだと思っているので，外国語教育のなかでの日本語教育の位置を高めていかなければいけない。だから JLL 誌も，とにかく投稿してくれる人を増やして，レベルの高いものを掲載しつづけていくようにしないといけない，もっと発表することを奨励しないといけないと思っているんです。

9　今後の研究者・教育者へのアドバイス

中井　最後に今後の研究者，教育者へのアドバイスなどがありましたら，ぜひお願いいたします。

森先生　アメリカで日本語を教えたい人の数が減っているので，まず，「若者よ，外に出よ」，外向きになってくださいということですね。

それから，教育者という観点で考えると，たとえば，うちの大学での修士レベルでの教育では，以前は，言語教育の考え方や基本的なドリルの作り方，基本的な日本語学の知識といった基礎力，つまり，教えることをこなすための基礎力をつければ十分だったと思うんですね。でも，これからは，これに加えて柔軟性がかなり重要だと思っています。これから求められるのは，どんどん変わっていく社会に対応していける力だと思うので。だから，もう少し，「教え方」を習得するというレベルから2，3歩引いて，言語教育が大学教育のどのような位置にあるのかを考えられるようになってほしいですね。

たとえば，今アメリカでは「革新（innovation）」というのがキーワードになっていて，IT 技術の活用や遠隔教育など，色々なかたちでやり方を変えなくてはいけないという風潮なんです。新しい技術を活用した教育や留学の多様化といったことが言われていて，ただ自分の授業を教えることだけ考えていると，他の人に決められたことに従うしかなくなって，世界に振り回されるようなことになってしまう。だから，どのような大きな流れのなかに自分がおかれているのか考えながら教えられる力をつけていかないといけないんじゃないか，職業人としてのトレーニングとい

第13章　森純子先生へのインタビュー　　*171*

うか，そういう情報に触れる機会を増やしていかなければいけないと強く感じます。

　あと，たとえば予算の問題とか，圧力がかかってきた時に対応できる力も必要ですね。「これは必要なんだ」と言って戦える，そういう力っていうのも大切だと思います。教える能力に加えて，流れをみていく力，情報を取り入れていく力というのが重要ですね。

　色々やらなければならないなかで，教育も研究もしていくというのは大変です。だから，研究が好きじゃないとできないですよね。すごく忙しいけれど，時間が少しでもあったら，これを研究しないと気が済まないと思えるものがなかったら続かないと思いますので。

　だから，自分がやっていることと研究がどのように関わっているのかが重要だと思うんです。たとえば，博士論文を書こうという人たちが論文のテーマの相談に来た時に，「なぜそれなのか」ということを必ず聞くんですね。会話分析が好きだから会話分析の研究をしたいというのは，ちょっと違うかなと思うんです。問題意識があって，会話分析という手法・視点がその問題を解決するために適しているから，会話分析を使うわけで，何で会話分析に興味があるのかという時に，その問題意識が言語化できないとだめだと思うんです。逆に，問題意識の方が先に出てくれば，じゃあ，それにはどのような手法を使ったら，よりよい答えが出せるのかと考えていくとか。自分の問題意識に合った方法論と理論的な枠組みを見い出していく必要があると思います。

　キーワードとしてもう一つの核になるのは，コミュニティーですね。自分がどういうコミュニティーのメンバーとして活動したいのか。一人で孤独に研究するわけではないと思うので。どのようなアカデミックな集団の一員としてやっていきたいと思っているのかを見極める，ということも重要ですよね。たとえば，どういう学会に行くのかと，どういう学会でリーダーシップを取っていくのかっていうのは違うじゃないですか。聞きに行くだけだったら色々聞きに行くのはいいことですが，積極的に関わる集団をどこにするのか，先ほど言った問題意識と枠組みと，自分が積極的に関わりたい集団というのがうまく重なっていないと，うまくいかないと思うんですね。

　中井　大変勉強になりました。本当にありがとうございました。

森純子先生の主要参考文献

◉主要著書・論文

森　純子 (2008)「会話分析を通しての「分裂文」再考察―「私事語り」導入の「〜のは」節」『社会言語科学』10(2), 29-41.

森　純子 (2015)「言いさしの事例から考える「文」と「行為」―日本語学習者は何を学ぶのか」『日本語学』34(7), 38-50.

Ford, C. E., & Mori, J. (1994) Causal markers in Japanese and English conversations: A cross-linguistic study of interactional grammar. *Pragmatics, 4*(1), 31-61.

Mori, J. (1999) *Negotiating agreement and disagreement in Japanese: Connective expressions and turn construction.* Amsterdam: John Benjamins.

Mori, J. (2005) Why not why?: The teaching of grammar, discourse, sociolinguistic and cross-cultural perspectives. *Japanese Language and Literature, 39*(2), 255-289.

Mori, J. (2006) The workings of the Japanese token *hee* in informing sequences: An analysis of sequential context, turn shape, and prosody. *Journal of Pragmatics, 38* (8), 1175-1205.

Mori, J. (2007) Border Crossings? Exploring the intersection of second language acquisition, conversation analysis, and foreign language pedagogy. *The Modern Language Journal, 91* Issue Supplement s1, 849-862.

Mori, J. (2009) The social turn in second language acquisition and Japanese pragmatics research: Reflection on ideologies, methodologies and instructional implications. In N. Taguchi (ed.), *Pragmatic competence.* Berlin: De Gruyter Mouton, pp.335-358.

Mori, J. (2010) Learning language in real time: A case study of the Japanese demonstrative pronoun *are* in word search sequences. In G. Kasper, H. t. Nguyen, D. R. Yoshimi, & J. K. Yoshioka (eds.), *Pragmatics and language learning volume 12.* Honolulu: University of Hawai'i National Foreign Language Resource Center, pp.13 -40.

Mori, J. (2012a) *Social and interactive perspectives on Japanese language proficiency: Learning through listening towards advanced Japanese.* University Park, PA: CALPER Publications.

Mori, J. (2012b) Tale of two tales: Locally produced accounts and memberships during research interviews with a multilingual speaker. *Modern Langauge Journal, 96*(4), 489-506.

Mori, J., & Hasegawa, A. (2009) Doing being a foreign language learner in a classroom: Embodiment of cognitive states as social events. *International Review of Applied Linguistics in Language Teaching, 47*(1), 65-94.

Mori, J., & Hayashi, M. (2006) The achievement of intersubjectivity through embodied completions: A study of interactions between first and second language speakers. *Applied Linguistics, 27*(2), 195-219.

Mori, J., & Koschmann, T. (2012) Good reasons for seemingly bad performance: Competences at the blackboard and the accountability of a lesson. In G. Rasmussen, C. E. Brouwer, & D. Day (eds.), *Evaluating cognitive competences in interaction.* Amsterdam: John Benjamins. pp.89-117.

Mori, J., & Ohta, A. S. (eds.) (2008) *Japanese applied linguistics: Discourse and social perspectives.* London: Continuum.

Mori, J., & Shima, C.(2014)Co-construction of "doctorable" conditions in multilingual medical encounters: Cases from urban Japan. *Applied Linguistics Review*, 5(1), 45-72.

Mori, J., & Yanagimachi, T.(2015)Artifacts, gestures, and dispensable speech: Multimodality in teaching and learning of a biology laboratory technique. In D. Koike, & C. Blyth(eds.), *Dialogue in multilingual and multimodal communities*. Amsterdam: John Benjamins, pp.221-251.

参考文献

Firth, A., & Wagner, J.(1997)On discourse, communication, and(some)fundamental concepts in SLA research. *The Modern Language Journal*, 81(3), 285-300.

◆**インタビューを終えて**

　会話分析（conversation analysis）で発話を分析する際には，「発話を構成する言語表現の意味」よりも「発話により行われる行為」に分析の焦点がおかれます。森純子先生も，このように行為に注目したご研究をなさっている研究者だとは存じ上げていましたが，行為への注目というのは教育現場では「会話を通じてタスクが達成できるか」という，実生活のコミュニケーションでの課題につながるという視点は新鮮でした。研究・教育の両面に通じる森先生のルーツを伺った思いがしました。

　「どのような大きな流れのなかに自分がおかれているのか」を考えてほしいというメッセージも印象的でした。アメリカで日本語教育が直面している問題ですが，ある学問分野の地位が無条件に尊重されるわけではなく，その分野を取り巻く状況に適応しながら分野の意義を周りに示す必要があるのだと感じました。

（増田）

第 14 章
リンゼー四倉先生へのインタビュー

中井陽子

　リンゼー四倉先生は，日系アメリカ人とご結婚されたアメリカ人女性です。アメリカの大学を卒業後は，英語指導助手として日本にもいらっしゃいました。その後，大学院で研究をされながら，アメリカの大学の日本語プログラムで教鞭を取られ，京都にも 3 年間滞在されていました。ご研究は，主に，ビジネス場面の電話でのやりとりの分析です。日本語を学んできたアメリカ人の教育者・研究者として，アメリカ人の日本語学習者の指導を行っていらっしゃる姿がノンネイティブ教師のあり方を映し出しています。

ご経歴

1980–1984	ウィリアムズ大学（米国）アジア研究専攻学士号（BA）
1982–1983	ジュネーヴ大学（スイス）フランス語，国際関係学専攻留学
1984–1986	文部省英語フェロー（JET プログラム）英語指導助手
1986–1987	ハーバード大学大学院（米国）教育学研究科修士号（Ed.M.）
1987–1989	カラマゾー大学（米国）日本語プログラム講師
1989–1996	オハイオ州立大学大学院（米国）東アジア言語・文学研究科（日本語言語学）修士課程，博士課程博士号（M.A., Ph.D.）
1996– 現在	メリーランド大学（米国）日本語プログラム准教授・主任
2011–2014	京都アメリカ大学コンソーシアム　レジデント・ディレクター[1]，准教授

インタビュー

日時・場所：2015 年 8 月 7 日（金），京都と米国メリーランド間のウェブ会議にて

聞き手：増田将伸・中井陽子（リンゼー先生は英語，増田・中井は日本語を使用。英語の部分は和訳しました）

---

1) レジデント・ディレクターとは，日本に留学している学生の日常の世話などをする教員のことです。

第14章　リンゼー四倉先生へのインタビュー　*175*

Point

▶日本語は，場面によって変化するスタイル・バリエーションが豊かなので，場面に応じた話し方ができるようにすべき

▶教えながら研究することで，研究の可能性が広げられる

▶自身の日本語学習経験が研究テーマや日本語の教え方に影響を与えた

▶言語を教える教員の使命は，世界に目を開かせること

1　研究の内容

増田　はじめに，先生のご研究の内容について伺えますか。

リンゼー先生　主に，発話行為の分析を中心とした語用論と談話分析の研究をしております。私の研究は，会話のなかで援助の申し出（offers of assistance）がどう行われているかをみるものです。たとえば，何か困っている人がいて，「お手伝いしましょうか」などと申し出るようなものです。

私は，メリーランド大学で長い間，語用論ゼミを担当しているんですが，いつも自分の会話データの研究とこの授業とをつなげるようにしています。ですから，自分の研究で収集した会話データを使って，どうやって学生に日本語を教えられるかをいつも考えているんです。前からずっと，日本語で援助の申し出がどのように行われているのか興味があったんですが，日本語の教科書では，だいたい「～ましょうか」とかいう表現しか紹介されていませんでした。でも，もっと他の表現があるんじゃないかと思って，日本語の実際の会話データを分析してみたいと思いました。

中井　援助の申し出に興味をもたれたきっかけなどがありますでしょうか。

リンゼー先生　はじめに興味をもったのは，修士課程の時です。日本語の TA（Teaching Assistant）をしていた日本人のルームメイトがいたのですが，彼女の話では，教え子のアメリカ人学生が彼女のためにコピーをしてあげようとして，「コピーほしいですか」と言ってきたそうです。それで，彼女は，先生に対してもっと適切に話すなら，「コピーいたしましょうか」の方がいいということをその学生に説明してあげたというのです。私は，その話を聞いて，とても興味をもちました。

中井　その後，研究を本格的に始められたのですね。

リンゼー先生　はい。それで，申し出が自然に行われる会話データを収集したいと思って，顧客サービスの場面なら自然に行われるのではないかと思い，知りあいにお願いして東京と関西のそれぞれの会社 1 社ずつのビジネス電話会話を調査して，比較することにしました（詳しくは Yotsukura（2003）参照）。このビジネス場面の

電話会話データを聞いている時，何か苦情が出された後によく援助の申し出が行われることに気づいたんです。たとえば，お客さんが注文した商品が届かないといった苦情です。お客さんはだいたい英語話者なので，顧客サービスの日本人職員が代わりに日本語で発注会社に苦情を伝えるということがみられました。ですから，私の研究は，お客と会社の英語での会話をみるというよりは，会社間の日本語の会話をみるものでした。データは何か決まった仮説や分析項目を設けて演繹的に分析していくものではなく，収集したデータからいえることを帰納的に分析するというかたちをとりました。すると，このビジネス電話会話のデータのなかでは，援助の申し出として，もちろん「〜ましょうか」も使われていましたが，会社間のやりとりでは「お調べいたしますので」などの「〜ますので」の形がよく使われていたことがわかったのです。

　それで，何でこの形がよく使われているのか考えてみたんですが，苦情を受けた人は自分が何をすべきかすでに知っていて，何かをしようという意志を表明するために「お調べいたしますので」という表現を使っているのではないかと思いました。これを果たして「申し出」と呼んでいいのかわかりませんが。そして，もう少し顧客に確認が必要な場合は，「〜ましょうか」が使われていたのです。実際の会話データの分析を通じて，こうした確証の度合いに応じた言語表現の選択の違いによって，苦情処理が行われているのだということがわかりました。

　これがこの研究テーマを始めた背景です。その後，会話データのなかのほかの表現をみたり，ビジネスの電話会話にみられる「打ちあわせ」や教育機関のデータを分析したりしました。このように，異なるタイプの発話ジャンルをみたりして，特定のやりとりだけでなく，場面全体をみたりすることもしていました。

　その後，私は，2011-2014 年まで，同志社大学の京都アメリカ大学コンソーシアム[2]で，レジデント・ディレクターとして教育と研究を行っていたんですが，その時に，学生が NGO やアルバイトなどのコミュニティー（共同体，特定の集団）に入り込んで働く際に，職場で必要とされる振る舞い方や日本語の使い方をどのように学んでいくのかを分析しました。こうした研究は，言語学だけでなく，コミュニティー実践（communities of practice）と呼ばれる分野[3]に入りますし，ジャンル

---

[2]　同志社大学に留学拠点を置き，アメリカの諸大学が参加する１年間の海外留学生プログラム。アメリカのコロンビア大学のグローバル・プログラム・オフィスが運営しています〈https://www.doshisha.ac.jp/international/from_abroad/study/kcjs.html〉。

分析[4]も関係すると思います。

2 日本語の会話データの研究を始めたきっかけ

増田　日本で日本語のデータ収集をされたきっかけは，何でしょうか。

リンゼー先生　さかのぼりますと，最初に日本語に興味をもったのは高校生の時です。高校の頃の幼なじみに日系アメリカ人の男性がいたんですが，彼と話しているうちに日本に興味をもつようになって，彼の家族や文化などについてもっと知りたいと思うようになったんです。実は，その人が今の夫なんですけどね。

でも，進学したウィリアムズ大学には日本語プログラムがなかったので，歴史学とフランス文学，アジア研究を主に勉強することにしました。そして，3年生の時に，スイスのジュネーヴ大学に留学して，フランス語と言語学を学びました。その時に参加したフランス語のスタイルについての講義で，色々なディスコース[5]のジャンルを学び，スタイルのバリエーションに興味をもつようになりました。今から思えば，これが現在の語用論への興味につながっているのだと思います。そして，フランス留学から帰ってきた後，4年生の時に日本語の自律学習コースを取りはじめたんですが，日本語の方がフランス語よりも場面によって変化するスタイルのバリエーションが断然豊かだということに気づき，研究する価値があると確信しました。

その後，現在 JET プログラム（The Japan Exchange and Teaching Programme）と呼ばれている文部省の英語を教えるプログラムに参加し，秋田県に2年間英語を教えに行きました。それが初めての日本滞在です。

そして，ハーバード大学の修士課程に進学し，教育学や社会言語学の他に，日本語も勉強しました。その後，カラマズー大学に就職し，そこで日本語プログラムを新しく立ち上げました。その頃，私はまだ日本語を勉強していたのですが，同時に，日本語も教えることになり，日本語教育を続けてやりたいと思ったので，オハイオ州立大学の博士課程に進学して日本語学を学び，語用論のなかでも発話行為について博士論文を書くことにしました。それで，日本に行って博士論文のための日本語のデータを集めることにしたんです。

---

3) リンゼー先生お勧めの参考文献は，Yotsukura & Fukai（2014），Fukai & Noda（2011），西俣・深井（2010），深井・野田（2009），Wenger（1998），Coleman（2013）です。

4) ビジネス電話会話，インターンシップでの会話，監査報告などのジャンル別に，その語句や構造の特徴を分析していくこと。

5) 主に話し言葉での複数の発話からなるまとまりのことで，「談話」と訳されます。

最初から全てを計画立てて行ってきたわけではないのですが，これが私が博士論文の研究のために日本に行くことになったいきさつです。

3　日本語教育の世界に入ったきっかけ

増田　色々な所で学ばれてそこで影響を受けて，現在のご研究に至ったのですね。では，日本語教育の世界に入ろうと思われたきっかけは何でしょうか。

リンゼー先生　きっかけは，学部生の時に，スイスに留学してスイスの暮らしによく馴染めたので，今度は日本で暮らしたらどうなのかみてみたいと思ったんです。それで，卒業後に日本に行くことについて，指導教授に相談してみました。すると，その先生は，「リンゼー，それなら教える仕事をやってみたらいいと思うよ。たぶん君なら楽しんで教えられると思う」とアドバイスしてくださいました。そして，4年生の時，近くの小学校でフランス語を教えるアルバイトをしたりして，とても楽しんでいました。その後，文部省の英語を教えるプログラムに参加して，2年間，秋田県にある250の中学校と高校をまわって英語を教える経験をして，日本語教育にも興味をもつようになったのです。

4　研究成果を教育につなげていこうとする姿勢の芽生え

増田　先生の論文を拝読していますと，語用論の研究成果を教育に活かしていくべきだという姿勢を強くおもちだと感じました。そういう研究と教育の関心の結びつきは先生の中で自然に生まれたものなのでしょうか。

リンゼー先生　そうですね。大学でスタイルに関する授業を取っていたおかげで，日本で日本語を学んでいる時，「どうしてこの場面でそう言うんですか」って，いつもみなさんに聞いていて，場面によるスタイルの動態的な変化を学べました。そして，アメリカに帰ってきてからも，ずっと言語のバリエーションについて考えるようになったんです。私の利点は，非母語話者として外国語を学んできた英語母語話者の視点をもっていることです。ですから，アメリカ人の学生によく起こることは，私自身も実際に体験したことなんです。たとえば，日本語を学ぶ上で難しく思うこと，嬉しく思うことなど，私は学生と共有しやすいんですね。ですから，私が教育のなかに研究を取り入れていこうとする姿勢は，私が日本で英語を教えていた時と，またその後アメリカに帰国した後も，自分が日本語を学んでいたから自然についたものなんでしょうね。カラマゾー大学で日本語を教えている時も，自分は教えながら学んでいるのだと常に感じていました。なぜこの場面でこう言うのか，場面によ

る動態的な変化にいつも興味をもちつづけていました。ですから，教えながら研究をすることで，研究の可能性を広げつづけられるんだと実感しています。

5　研究成果をどのように教育に活かしているか

増田　では，少し具体的なご質問ですが，実践や教材など，今まで研究の成果をどのように教育に応用してこられたのか，お聞かせいただけますか。

リンゼー先生　最初に思い浮かぶ例は，全米日本語教育学会（American Association of Teachers of Japanese）発行の論文集に掲載された論文にまとめた教育実践ですね（Yotsukura 2005）。カラマゾー大学の日本語クラスで，レストランの状況設定をして，お客とウェイターの役を学生にさせる活動を行った時のことです。お客役の学生たちが日本語で注文をして食事が運ばれてきた後，ウェイター役の学生が即興で英語の "How is everything?" の表現を日本語に直訳して「全部いかがですか」と言ったのです。アメリカでは，いつもお客の注文が揃って食べはじめているところにウェイターが戻ってきて，何か問題がないか確かめるために "How is everything?" と言うのですが，これが援助の申し出に当たります。このウェイターの申し出を学生が日本語に直訳して言ってみたのですが，うまく意味が通りませんよね。私の博士論文ではこのような申し出については分析していなかったのですが，この時から，学生に自由に会話をさせる場合は慎重にならないといけないと思うようになりました。

日本では，英語クラスで文法をきっちり教えたり，あるいは，英会話を自由にさせたりするだけのことが多いと思いますが，単に会話を暗記させたり，母語の文化背景を引きずったまま話させたりするのではなく，その言語のジャンルの違いに馴染ませて，場面に応じて語用論的に適切に話せるようにした方がいいと思います。ですから，自身の研究を授業に応用するという意味で私が試みているのは，日本で収集した顧客サービスの電話会話のデータを使って学生に聴解練習をさせたり，ビジネス電話会話というジャンルについてディスカッションさせたりすることです。どんな外国語でも，相手の顔が見えない電話会話はとても不安になると思うので，学生にはさまざまなビジネス電話会話の出だしの部分を聞かせて慣れさせるようにしています。たとえば，自己紹介で始まる電話会話では，「田中と申します」とか，「田中です」「田中でございます」とか言ったりします。これは，初めて話す相手に電話して名乗る場合と，毎日のように電話をかけている相手に名乗る場合の違いなどによります。もちろん個人差もありますが。

それから，敬語を勉強する際にも，私が日本にいる時に収集したビジネス電話会話だけでなく，ビジネスメールなども見せながら，そのなかの尊敬語や謙譲語の使われ方などに触れられるようにしています。こうしたジャンルにある程度触れることで，日本語の語用論的なニュアンスや言語的な違いが学べるようにしています。

6　実際のやりとりに触れられる生教材の有効性

　増田　私は日本の大学の教養科目で英語を教えているのですが，生教材の利用の効果について最近よくいわれていて，学生も結構関心をもったりします。先生も実際のメールや会話でのやりとりなどを教材として使われると，学生さんが関心を示したり，適切に話せるようになるのが早くなったり，何か手ごたえがありますか。

　リンゼー先生　それはちょっと難しい点ですね。教師がいくら十分な数の例文を示して，学生がいくらそれに興味を示したとしても，学生がまだ日本に行ったことがないと，習得には時間がかかると思います。たとえば，授業でいくら尊敬語と謙譲語の使い方の違いを詳しく示しても，小テストをしてみたら，両者の違いを混同して間違えてしまう学生もいますからね。やはり実際に日本に行って，何かを伝えようと必死にコミュニケーションをしてみて，うまくいかなかったという経験をすることで，もっと学びたいと強く思い，もっと深く習得が進むのだと思います。どうしてもアメリカで日本語を勉強している段階では，もしこんなことがあったらこう言えばいいといったように，何でも仮定的なこととして学ぶことが多くなってしまい，習得のスピードはそんなに速くならないんじゃないかと思います。ましてや学生が全員日本に行くわけでもありませんし，全員が日本語専攻というわけでもありませんし。ですから，教室で生教材を単に見せるだけでは十分ではなくて，それをいかに使って実際のコミュニケーションに近い練習をさせられるかで，教育の効果も変わるのではないかと思っています。

　増田　なるほど。

　リンゼー先生　話が少しずれますが，国際キャリアフォーラムをご存じですか。毎年，ボストン，ニューヨーク，大阪，東京で開かれるのですが，だいたい面接官が日本人で，面接を受ける人は日本人か日本語がよくできる中国人や韓国人なんですね。ですから，アメリカ人学生が面接に行っても，そこまで日本語が話せない場合は，うまくできないことが多いんですよね。でも，最近は，入学前に日本語をきっちり勉強してくる学生や，入学後に日本の大学に交換留学に行く中国人学生が増えています。そうした学生たちが日本留学から帰ってくると，日本語がすごく上達

第14章　リンゼー四倉先生へのインタビュー　*181*

していて，会社のインターンシップなども経験した後，職を得て日本に配属されたり，日本語を使う仕事を任されたりすることが多いようです。ですから，国際キャリアフォーラムで日本語の面接を受けて，職が得られるようになってきたようです。

　それで，さきほどのご質問に戻りますが，日本の会社で働きたがっている学生の場合は，生教材を与えられると非常に興味をもち，学習動機も格段に上がります。ですから，私のビジネス日本語クラスは，複合的なコースにしています。つまり，ビジネス日本語[6]を扱うと同時に，言語学も談話分析も扱うんです。授業では，英語で書かれた談話分析の教科書[7]を使うのですが，その他に，私が収集した電話会話のデータも使います。そして，学期末に学生にプロジェクト[8]をさせています。

　たとえば，ある学生が日本やオーストラリアに支社をもつアメリカの経理会社でインターンシップをしていたんですが，日本で就職したいので，プロジェクトでこの会社の監査報告のジャンル分析をすることにしました。そのため，その学生は，私のビジネス日本語の授業で使用していた教科書のなかに出てくるジャンル分析を応用して，英語と日本語の監査報告を見て，そこに出てくる語句や構造などを詳細に分析して学びました。彼は，自分のキャリア形成にとても重要なトピックを選んだのです。そして，見事，日本勤務の正社員としてその会社に採用され，授業のプロジェクトで分析した知識を使う機会に恵まれたんです。

　この例からもわかるように，やはり学生が日本と関係のある仕事をやりたがっている場合は，日本語の学習動機も高く，生教材への関心も高くなり，教師が教えることもどんどん吸収していくのだと思います。

7　研究を活かした授業

　中井　メリーランド大学の日本語プログラムでは，4年生は全員，ビジネス日本語のクラスを取るんでしょうか。

　リンゼー先生　いや，選択コースなので，全員取るわけではありません。上級レベルの選択科目には，他に，翻訳クラスや古典クラス，新聞読解クラスなどがあり，学生の興味に応じて各自テーマを決めてプロジェクトをさせたりもしています。

---

6) ビジネス日本語に関しては，高見（2014）を使用しているそうです。
7) 談話分析に関しては，Paltridge（2012）を使用しているそうです。また，この教科書のウェブサイトで提供されている補助教材も使用されているそうです。
8) 学生が主体的に取り組む授業活動のこと。主に，学生がテーマを設定して何かを調べたりして成果物を仕上げます。

中井　4年生になると，自分で調べたり翻訳したり，本当に色々なテーマのクラスで日本語だけでなく，内容も勉強していくんですね。

リンゼー先生　私のゼミのタイトルは，「語用論のトピック」というものですが，その中でのテーマは私が自由に決めていいんです。たとえば，日本語と日本社会のウチとソトの概念について専門的な書籍（Bachnik 1994）や論文を読んで学ぶゼミを担当したことがあります。でも，読んだ論文が学部生には難しかったようなので，このコースはやめました。語用論を扱ったコースとして一番うまくいったのは，日本のアニメ映画を用いて言語スタイルのバリエーションを考えるコースです。このコースについて，2011年に神戸で開催された語用論の国際会議で発表もしました。この授業では，まず英語で書かれた語用論についての書籍（Yule 1996）を読んだ後に，学生に日本のアニメ映画のシーンで登場人物がどんな言葉を使っているかという点から登場人物同士の関係を分析する課題を与えました。そして，最後に，学生一人ひとりが興味をもった語用論のテーマを選び，日本語の語用論について書かれた英語の論文などを探してきて研究を行う期末プロジェクトワークもしました。学生たちは，授業では扱えなかったアニメ映画のシーンなどを取り上げて，語用論の観点から議論していたのですが，みんな本当にアニメが好きなんだなと改めて感じました。私自身は，特にアニメが好きで日本に興味をもったわけではないのですが，私の双子の子供が小さい頃，日本語に触れてほしいと思って，日本のアニメ映画を見せていたんです。それがきっかけで，日本のアニメの映画にみられる言語や語用論を自分の授業で扱おうと思ったんです。単に語用論の本や論文を用いて教えるだけでは，学生には難しいんですが，アニメを見ながら語用論の具体例について議論すると，学生の動機も断然上がるんですよね。今後は，もっとウェブサイトなどを活用して，PDFにした課題論文を読んだり動画を見て課題に答えたり，チャットルームで語用論について議論するような授業をしたいと考えています。こういった授業は，現在，アメリカでよく行われています。

中井　すごく色々な取り組みをされていて，面白そうな授業ですね。

リンゼー先生　私はただ自分の関心のあるテーマを教えているだけです。自分が読みたい論文があれば，それを授業のシラバスのなかに入れて，学生と一緒に読んだりします。自分の研究を続けて，発展させるためにも，とても役立っています。

8　日本語学習者のニーズ

増田　メリーランド大学で日本語を学ぶ学生はどんな人たちなのでしょうか。

リンゼー先生　私のビジネス日本語のクラスでは，ほとんどの学生が日本語の専攻か副専攻，あるいは，日本語と他の専攻の二つを専攻にできるダブルメジャー（double major）です。日本語をダブルメジャーにする学生は，最近，情報科学か工学の専攻が多くなっていますね。この学生たちは，将来はおそらく情報科学関連の会社で働くんだと思いますが，なぜか日本語クラスを取りたがりますね。それから，国際経営学専攻の学生も日本語をダブルメジャーにすることもありますね。

増田　日本語以外の専門ももちながら，ダブルメジャーで日本語を勉強している人が増えているんですね。そういう学生たちは，どういうニーズで日本語を学びたいと言ってクラスに来られるんですか。

リンゼー先生　やはり自分達の仕事で日本語が使えるようになりたがっているのだと思います。でも，彼らの専門の文献は，だいたい英語で書いてあることが多いので，日本語の読み書きというよりは，話す・聞く力をつけたがっていると思います。一方，経理会社の監査報告のジャンル分析をした学生は，書き言葉の監査報告を読まないといけないので，その語彙や構造を研究しようとしました。この学生は，すでにメリーランド大学で会計学の授業を取っていて，英語の監査報告の語彙や構造をよく学んでいたので，日本語の監査報告を読む際も比較的楽だったと思います。

いずれにしても，日本語を学んだアメリカ人学生の多くが日本語を使える仕事をしたがっていることは確かです。日本で働きたがっている人も多いと思いますよ。

9　メリーランド大学の日本語授業の特徴

増田　日米の教え方の違いみたいなことで何か気づかれたことがありますか。

リンゼー先生　メリーランド大学では学生数が1クラス10-15人ぐらいで少ないので，ディスカッションがしやすいと思います。でも，漢字に常に触れている中国人や韓国人と違って，英語を母語とする学生にとって，日本語の文字を習得するのはとても時間がかかります。ですから，1クラスの学生数を上限15人に維持して，一人ひとりの学生をケアする時間を多く取る必要があるんです。日本で英語の初級クラスを見学したことがあるんですが，その時，先生が英語の文を言って，45人全員の学生に同時に同じことを言わせていました。でも，メリーランド大学では，学生のパフォーマンスに焦点を置いています。学生が教科書の会話を覚えてきて，毎回の授業でペアかグループで披露するんですが，教師がそのパフォーマンスを評価します。また，場面設定した会話をすることで実際に日本語を使う練習もしています。こんなふうに，日本語で誰とどんな場面で話しているかによって話し方を変え

て話せるといったパフォーマンスに力点を置いて教育を行っています。

でも，我々のカリキュラムでは，読み書きの学習にあまり時間が割けないので，日本に留学した際，他の大学から来ている学生よりも漢字をあまり知らなくて不利なこともあると思います。それでも，「漢字は後でいくらでも学べるけど，話す力は初期の段階できっちり伸ばしておかないと後で誰もあなたの間違いを直してくれないから，大変になってしまうんですよ」と学生には言っています。ですから，まずはしっかり話せるようになってから，読み書きを学ぶようにしています。もちろん大学院に進む学生は，日本語の原書の文学を読んだりしないといけないので，読み書きが弱いと不利になってしまいますけどね[9]。

10　話し言葉への興味と教育

中井　ちなみに先生の初級クラスの教科書は何を使われているのでしょうか。

リンゼー先生　ジョーデン先生と野田先生の*Japanese: The Spoken Language*（Jorden 1987, 1988, 1990）をもう長年使っています。この教科書はすべてローマ字で書かれていて本当の日本語じゃないとかいう人も多くいますが，大学で日本語を3年間きっちり勉強したい学生には，やはりこの教科書が一番いいと思うのです。日本語の文法や場面，特に語用論の詳細な説明がきちんとされている教科書は，これ以外に見つからないからです。ですから，読み書きに関しては，副教材などを補って教えています。ひらがな・カタカナの導入は，初級開始3-4週目頃に学生がある程度話せるようになってから行っています。

中井　私もミネソタ大学でティーチング・アシスタントをしていて，ジョーデン先生の教科書を使って教えていたので，すごくなじみがあります。あとオハイオ州立大学でもジョーデン先生と野田先生の日本語教師トレーニングも受けたことがあります。私もその影響で，たぶん話し言葉にすごく興味をもって会話データ分析をしようと思ったんですが，先生もそういった影響を受けられたのでしょうか。

リンゼー先生　実は，私も日本語教育の経験があまりなかった頃に，ジョーデン先生の日本語教員養成の集中コースを取ったことがあります。それが初めての出会いだったんです。私は，ジュネーヴで言語スタイルの講義を取って，ウィリアムズ大学で日本語学習を始め，その後，秋田で日本語のスタイルの場面による動態的な

9）サマーコースで，日本語能力検定試験の各レベル対策用に漢字の読み書きを集中的に学べるクラスを開講する計画もあるそうです。

変化に注目しながら日本語を学びました。ですから，いつも先に話し言葉に触れて興味をもち，後から書き言葉を学ぶという順番だったので，ジョーデン先生の教科書に出会った時も，自分の学習経験と似ていて，とても自然な教え方だと思いました。ですから，私自身の日本語学習経験がその後の自身の研究テーマに影響を与えただけでなく，日本語の教え方にも影響を与えたのだと思います。

11　アメリカで日本語に触れる機会

増田　アメリカで日本語教育をされる場合，学生が実際の日本語に触れられる機会を作るのが難しいと思うのですが，どのようにされているのでしょうか。

リンゼー先生　メリーランド大学では，日本人は少ないのですが，ランゲージ・ハウスと呼ばれる，居住を共にしながら各言語が学べる環境を設けていて，日本語のハウスもあります。希望者はここに1–3年住むのですが，留学の前後などに日本語に触れつづける機会をもつことができるんです。ここで共に料理を作ったり，クラスの会話パフォーマンスを友達と練習したりと，朝起きてから夜寝るまで，日本の文化に触れながら実用的な日本語を学ぶことができます。去年，そこの学生たちが年末にディナーに招待してくれたんですが，その招待状の日本語が素晴らしくよくできていました。日本語ハウスには，日本人か日本語上級者のメンター[10]と呼ばれる人が学生たちと共に住んでいるんですが，おそらくそのメンター達に招待状の書き方をみっちり教えてもらったのだろうと思います。

また，最近の学生は日本に行ったことがなくても，インターネットなどで日本のドラマなどを見たりして，日本語に浸ることができているようです。ですから，大学に入学する前から，日本語の聞き取りや発音，語彙などを学んでいるようです。なかには，独学用のインターネット・プログラムで日本語を学習して，日本人と一度も話したことがないのにうまく日本語が話せるようになっている学生もいます。

12　アメリカと日本の留学志向の違い

増田　今のお話を伺っていると，アメリカの学生さんはどんどん日本に行きたいと思っているのかなと思いました。

リンゼー先生　アメリカの学生は，大学卒業後すぐに就職活動をしなくてもよくて，比較的自由に自分のしたいことができるので，在学中に短期留学に行きたがる

10）学生の生活や勉強をサポートする役割の人のこと。

学生が多いのではないかと思います。

　中井　確かにアメリカ人の学生は短期留学が多いですね。学部とか大学院に長期留学する学生はどうしてもアジア系の学生が多いイメージがありますね。

13　言語を教える教員の使命

　増田　研究者の社会貢献ということについて，お伺いしたいと思います。

　リンゼー先生　言語を教える教員の使命としては，人々に言語学習や海外留学の重要性に気づかせることだと思っています。特に，アメリカ人は，英語だけで何とかなると思っていて視野が狭い人が多いので，それが必要だと思っています。たとえその国に行く機会がなくても，その国の言語を学ぶことで，視野が広がるし，自分自身の文化ももっと理解できるようになると思うんです。外国語を学ぶということは，他の国の人々や文化を理解できるようになることであり，同時に，自分自身を知ることでもあり，自分の国にいながらにして，まさに世界に目を開ける経験になるのです。そして，世界に目を向け，他者を理解し，自身を理解して，コミュニケーションがうまくできるようになることが世界平和につながるのだと思います。

　中井　そういう言語教育の使命を感じられて，先生のご研究から教育に，そして学生の人生と世界に広がって貢献されているということなんですね。それは，我々言語教師にとってとても重要なことだと改めて気づくことができました。

14　もっと日本の大学に留学する学生が増えてほしい

　中井　最後に，今後の研究者とか教育者，学部，大学院生たちへの何かアドバイスがありましたら，ぜひお願いしたいと思います。

　リンゼー先生　先ほども話に出ましたように，アメリカ人の学生で日本の大学院に留学する人が少ないので，もっと増えてほしいですね。今，アメリカの景気があまりよくないうえ，実際にすぐに役に立つ知識や仕事を重んじる人が多いため，どうしても両親が大学院ではなく就職を勧めることが多いのですが，やはりどんな専門でも大学院に進学してその分野の知識を深めてほしいと思っています。ですから，奨学金などに応募して，日本の学部や大学院にどんどん留学するべきだと思います。また，すでに大学院で勉強している方は，自分が情熱を注げる研究テーマを見つけて取り組んでいただきたいです。そして，理論とその応用まで念頭に入れた研究を行って，今後の日本語の研究と教育の分野を発展させつづけてほしいと願います。

　増田　本日は，どうも貴重なお話をありがとうございました。

リンゼー先生の主要参考文献

◉主要著書・論文

四倉, リンゼー・アムソール（2006）「米国における日本語教育の現状および学習者動機について」国立国語研究所［編］『環太平洋地域における日本語の地位』凡人社, pp.9–18.

Yotsukura, L. A. (1997) *Reporting problems and offering assistance in Japanese business transactional telephone conversations: toward an understanding of a spoken genre.* Doctoral dissertation, The Ohio State University.

Yotsukura, L. A. (2001) Bakhtin's speech genres in a Japanese context: Business transactional telephone calls. In J. Johnson (ed.), *Bakhtinian theory in Japanese studies.* Lewiston. NY: Edwin Mellen Press. pp.187–220.

Yotsukura, L. A. (2002) Reporting problems and offering assistance in Japanese business telephone conversations. In K. K. Luke, & Theodossia-Soula Pavlidou (eds.), *Telephone calls: Unity and diversity of conversational structure across languages and cultures.* Amsterdam/Philadelphia: John Benjamins Publishing Company. pp.135-170.

Yotsukura, L. A. (2003) *Negotiating moves: Problem presentation and resolution in Japanese business discourse.* Amsterdam: Elsevier.

Yotsukura, L. A. (2003) Topic initiation in Japanese business telephone conversations. *Japanese/Korean Linguistics,* vol.12, 75–87.

Yotsukura, L. A. (2005) Japanese business telephone conversations as Bakhtinian speech genre: Applications for second language acquisition. In J. K. Hall, G. Vitanova, & L. Marchenkova (eds.), *Dialogue with Bakhtin on second and foreign language learning: New perspectives.* Mahwah, New Jersey: Lawrence Erlbaum. (2013 edition published by Routledge), pp.211–231.

Yotsukura, L. A. (2005) Learning words, learning worlds (*"Zenbu ikaga desu ka?"*). *Japanese Language and Literature, 39*(2), 339–381.

Yotsukura, L. A. (2008) Making inquiries: *Toiawase* strategies by Japanese L1 and L2 callers to Japanese educational institutions. In J. Mori, & A. S. Ohta (eds.), *Japanese applied linguistics: Discourse and social perspectives.* London: Continuum. pp.243–273.

Yotsukura, L. A. (2011) Negotiation and confirmation of arrangements in Japanese business discourse. *Japanese Language and Literature, 45*(1), 255–272.

Yotsukura, L., & Fukai, M. (2014) Engaging learners abroad in local communities of practice. Paper presented at the 2014 annual meeting of the American Association of Japanese Teachers, Philadelphia, Pennsylvania.

参考文献

高見智子［著］筒井通雄［監修］（2014）『中級から伸ばすビジネスケースで学ぶ日本語』Japan Times

西俣貴幸・深井美由紀（2010）「地域参加による日本語運用能力育成の試み―ある留学プログラムでの実践例」『日本語プロフィシェンシー研究会国際シンポジウム』, 63–68.

深井美由紀・野田眞理（2009）「留学プログラムにおける地域参加型プロジェクト」『2009年度日本語教育学会春季予稿集』，170-175.

Bachnik, J. M., & Quinn, C. J. Jr. (1994) *Situated meaning: Inside and outside in Japanese self, society, and language.* New Jersey: Princeton University Press.

Coleman, J. A. (2013) Researching whole people and whole lives. In C. Kinginger, *Social and cultural aspects of language learning in study abroad.* Amsterdam/Philadelphia: John Benjamins. pp.17-44.

Fukai, M., & Noda, M. (2011) Creativity in community involvement projects in study abroad programs. In S. Sato (eds.), *Japanese language education and creativity: Recent theories and practices.* pp.42-60 (Association of Teachers of Japanese Occasional Papers No.11). Retrieved from 〈http://www.aatj.org/resources/publications/occasionalpapers/OccPapers_11.pdf〉（2016年11月12日）

Jorden, E. H., & Noda, M. (1987, 1988, 1990) *Japanese: The spoken language. Part 1, 2, 3.* Yale University Press.

Paltridge, B. (2012) *Discourse analysis: An introduction* (2nd ed.). London: Bloomsbury.

Wenger, E. (1998) *Communities of practice: Learning, meaning, and identity.* Cambridge: Cambridge University Press.

Yule, G. (1996) *Pragmatics.* Oxford: Oxford University Press.

◆**インタビューを終えて**

　リンゼー先生は，フランス留学経験，語用論との出会い，日本での英語教師の経験や日本語学習から得た知識・体験をもとに，日本語のスタイル・バリエーションの研究に興味をもたれ，さまざまなご研究をされてきたことがよくわかりました。さらに，ご自身のご研究の成果を日本語クラスにも積極的に取り入れて，学生に日本語のスタイル・バリエーションの豊かさに気づかせ，学生が自身の日本語学習を進めて将来につなげていけるようにされているのだと思いました。そのようにご研究と実践を意識的につなげることで，学習者の日本語力を伸ばすだけでなく，ご自身の研究の刺激にもして発展させていこうとされている姿勢に感銘を受けました。

　ご自身がフランス語や日本語を学ばれた経験を通して，外国語を学ぶということは世界を広げることだと実感されているからこそ，もっと外国語を学び，留学する人が増え，お互いに他者を理解できるような平和な世界になることを望まれているのだと思いました。私も言語教師の使命をもっと意識していきたいです。　　　　　（中井）

第 15 章
大野剛先生へのインタビュー

増田将伸・宮﨑七湖

大野剛先生は，日常の話し言葉の分析に基づいて文法構造をとらえなおす研究を多数発表されています。また，そのような分析の資源となるコーパス[1]の構築や，話し言葉研究のすそ野を広げるワークショップの企画も精力的に進めてこられました。そのかたわらで，長年にわたりアメリカやカナダの大学で日本語教育に携わっていらっしゃいます。

ご経歴	
1978–1982	甲南大学文学部（文学士）
1982	ALPS アメリカン・ランゲージ・プログラム（カリフォルニア）在籍
1983	ポートランド州立大学在籍
1984–1987	オレゴン大学修士課程修士号（言語学）
1989–1996	カリフォルニア大学サンタバーバラ校博士課程 Ph.D.（博士号，言語学）
1996–2002	アリゾナ大学東アジア学科助教授
2002	アリゾナ大学東アジア学科准教授
2003–2006	アルバータ大学東アジア学科助教授
2006–2014	アルバータ大学東アジア学科准教授
2014– 現 在	アルバータ大学東アジア学科教授

インタビュー
日時・場所：2015 年 6 月 28 日（日），東京外国語大学留学生日本語教育センター会議室にて
聞き手：増田将伸・中井陽子

1）用例や発話などの言語資料を大量に集めてデータベース化したもの。

> **Point**
> ▶ 言語の基本的な性質をとらえるために話し言葉研究を推進したい
> ▶ ある理論を理解するためには，その理論が対抗してきた先行理論も理解する必要がある
> ▶ 基礎資料として大規模な自然会話コーパスを作ることで，言語の研究が進められる

1　言語学との出会い

増田　先生はもともと言葉に興味をおもちだったんですか。

大野先生　ええ。言葉というよりも英語の先生になろうと思っていたんですけどね。日本の大学では英文科やったし。

中井　日本で英語の先生になろうと思っていらっしゃったんですか。

大野先生　最初はそう思っていたんだけれど，気がついたら何十年もアメリカにいてしまったんです。

中井　何年頃にアメリカにいらっしゃったんですか。

大野先生　最初は英語学校に行っていたんですけどもね。1982 年だったかな。

中井　日本の大学を卒業なさってからアメリカで ESL[2] に入学されたんですね。

大野先生　そうです。でも，半年ぐらいで「これはあかん」と思った。英語学校に行っても，あまり英語ができなくて（笑）。英語学校は英語ができない人が行くわけやから，ほとんど友だちも英語ができない人やし（笑）。それで，英語学校じゃない普通の大学に入ったんですね。その方が英語の勉強ができるかなと思って。

中井　なるほど。それで，学部 1 年生から始められたんですか。

大野先生　そうです。日本はわりに言語学専攻と英語教育専攻が分かれているけども，アメリカは一緒だったりするんですよね。あの頃は本当に，日本語教育なんかもなかったし，英語教育を教えている先生もほとんどいなくて，まあ TESOL[3] はあったと思うけど，どちらかというと言語学者が教えていたんですよ。だから，1 個ぐらい英語教育のクラスも取ったけれど，自然に言語学を取ったんですね。特

---

2) English as a Second Language の略。英語の非母語話者に対して英語教育を行うクラスのこと。

3) Teaching English to Speakers of Other Languages の略。英語の非母語話者向けの英語教授法のこと。

に従来の言語学っていうのはパズル的に当てはめていくところがあるじゃないですか。まあ深くやると難しいけど，最初は簡単じゃないですか。だから，そんな調子で，続けてるうちに，自然にこれは面白いなって，続いちゃったみたいな感じやね。

　中井　なるほど。アメリカでは学部に行かれて，すぐそのまま同じ大学の大学院に入られたんですか。

　大野先生　学部はポートランド州立大学という大学にいたんですよ。その時その大学に大学院がなかったので，同じ州の隣のオレゴン大学の大学院に入ったんですね。それで，大学院のほとんどの先生が言語学者なんで，そこで生き残っていこうと思うと，言語学ができた方が絶対いい。

　中井　それで，言語学をご専門に研究されるようになったのですね。

　大野先生　オレゴン大学で修士課程を修了した後，カリフォルニア大学サンタバーバラ校に行って博士課程で勉強してたら，「アリゾナ大学で日本語を教える仕事があるから，とにかく行け」って指導教授に言われたんです。まだ学位取ってなかったけど，もう絶対に行かなきゃだめと言われて。やっぱりその頃は言語学で仕事なんてそれほどなかったから。今もないけど。その頃はあまり意味がわからなかったけれど，今思えば，先生はそういうことを言っていたんやなと思います。

　アメリカって自由やとか言っているけれど，昔の徒弟制度的なところがあると思う。先生がやっていることをやらないと相手にされないし，でも，やったら相手にもしてくれるし，就職も助けてくれる。

2　サンタバーバラで学んだディスコース[4]研究

　中井　大学院の話に戻りますが，オレゴンから博士課程でサンタバーバラに移られたのはなぜですか。

　大野先生　ディスコースの研究者が集まっているから。ディスコースというか，会話のデータを使って日本語をみるというのが面白かったし，会話データを使って言語学をやるものだと，いまだに信じているし。いわゆる言語能力（linguistic competence）をみるためには，絶対に会話データをみるしかありえないとか（笑）[5]，そういうふうに僕らは教えられているからね。データを作るなんて話にならないと。

　中井　ああ，作例のようなことは，認められないということですね。

4）日本語では「談話」と訳されます。主に話し言葉での，複数の発話からなるまとまりのこと。

大野先生　うん，そういうことを教えられて，今でもそう思っているし，それを続けてきたという感じです。ほんまに研究を進めたいんやったら，まず，巨大なコーパスを作ることから始めたらいいと僕は思うけどね。

増田　それができれば，日常の言語使用を反映したデータが手に入るということでしょうか。

大野先生　まあかなり大変やと思うけど，自然会話である程度サンプリング[6]ができている巨大なコーパスができたらいいですよね。日本は，肖像権がうるさいじゃないですか。その厳しい状況のなかで，録画データとセットにしてどうやって集められるのかと思うけれど，正しくやりたかったら，まず巨大なデータを集めて，それで，正しい書き起こしの方法を作って，それで書き起こして，研究はそれからじゃないかなと思うけど。

増田　話し言葉のなかでもどのような要素に注目して研究してこられたんですか。

大野先生　文法かな。話し言葉が一番基本的な言語だから，文法の本質的な性質をみるためには，もう話し言葉をみるしかないから。

中井　ご研究される際は，やはり日本語のデータを使用されたのでしょうか。

大野先生　日本語を教える仕事をもらったから，それで始めたようなものです。大学院の時は言語学の専攻だから，別に日本語じゃなくてもよかったんですよね。だから，色々なものができた方がいいと思って色々やりましたけど，やっぱり日本語もやっておいた方がいいだろうと友達と日本語の研究を始めました。

3　言語学の授業：リアクションの言語学

中井　先生の言語学の授業では，どんなことをなさっているのですか。

大野先生　学部2, 3, 4年生で基本の導入みたいなことをやって，3, 4年と大学院生はどっちかというと伝統的な内容をやっていて，それを履修した人に会話の分析の授業を取ってもらう。そうでないと，会話の分析が単なる主観的な印象を述べる感想文になっちゃうから，それは嫌いやから。

中井　日本語を研究するには，まずは基本的な日本語の構造をきっちり押さえた

---

5) チョムスキー（N. Chomsky）が言語の使用（linguistic performance）を生得的に備わる言語能力（linguistic competence）と区別して扱ったことに対して，両者は関連し，影響を与えあっているので切り離して扱うことはできないという批判があったことを指しています。

6) 統計調査で母集団から一部を抽出して調査対象（標本，sample）とすること。

上で，会話データの分析もする必要があるということなのですね。

大野先生　うん。僕は古い人やから，最初の方は久野暲^{くのすすむ}とかも読ませたし。というのは，僕がやってるようなことも，ほとんどその人たちがやってきたことに対するリアクションやから，久野先生とかの理論も絶対わからないとあかんと思っているから。やっぱり，僕は，しっかり言語学の基礎を学んでそれに対するリアクションがきちんとできるようにならないとだめだと思ってるんです。僕が習ってきた言語学は，チョムスキーらの言語学と，それに対するリアクションの言語学やから。

中井　リアクションの言語学というのはどのようなものですか。チョムスキーは，頭のなかで作り上げた理想的な文を分析対象としていましたが。

大野先生　そんなふうにチョムスキーらがいっていることを自然会話でみて，これは全然出てこないじゃないかとか，そこから外れているものが普通に使われているじゃないかとかね。もっとなんか相互行為[7]の説明をした方がいいんじゃないかとか。70年代の終わりぐらいから，みんなディスコースっていい始めるんですよ。やっぱり話し言葉は，人間がやることの基本という考えがあるじゃないですか。だから，チョムスキーの原理に対するリアクションとして，オレゴンとかサンタバーバラで機能的な説明を叩き込まれたというのがあったかな[8]。

80年代，90年代はそういった研究がすごく多かったと思う。もうチョムスキーに対するリアクションで色んなものが出てるから。フィルモア[9]にしても，サンタバーバラの言語学にしても，CA（conversation analysis: 会話分析）にしても絶対そうやから。だから，絶対その元の理論もわからないとあかんと僕は思ってるから，それを読ませてる。

4　日本語教育に話し言葉研究を活かせるか

増田　大学院の学生さん達は，話し言葉研究に興味をもちますか。

大野先生　大学院生は，僕の言語学のクラスは取るけれども，興味があるのは日本語教育なんですよ。その人たちに伝統的な本を使って言語学を教えても全く人気がない（笑）。でも，ディスコース系の本を使って言語学の講義をすると，ちょっと

---

7) 会話に代表されるような，人々のやりとりのこと。

8) チョムスキーが，全ての言語構造に共通する普遍的な原理が人間には生得的に備わっていると主張したのに対して，機能主義言語学者たちが，言語表現が使用される際の機能や状況をもとに言語構造が定まっていく側面に注目したことを指しています。

9) 格文法やフレーム意味論を提唱した認知言語学者フィルモア（C. J. Fillmore）のこと。

だけ興味をもってもらえる。具体的な会話データが示せるから，理解しやすかったりするのかな。だから，自然に，今までやってきた，会話データに基づく言語学を教える。その時から言語学が言語教育に役立つかどうかわからんなあとは思っていたんだけどね。でも，少なくとも学生さんたちが喜んでくれる方がいいじゃないですか。彼らにしてみれば，実際の会話を録音してきて日本語の使い方を研究するという方法が日本語教育に役に立つと思っているわけですよ。

でも1回ぐらいデータ取ってきて見つけた結果なんて，そんなにすぐに役に立たないじゃないですか。言語学って，かなりの人がデータをみて，もめるじゃないですか。もめた時はもうどっちが正しいかわからんし，みんながだいたい同意した時は，まあ日本語教育の題材として使えるかもしれないけれど，それには何十年もかかることやし，と僕は思っているけど。

増田　1回の調査ではわかることは少ないということですが，学生さんに数をみるということを求めますか。

大野先生　昔は言っていたかな。でも，僕らがみるのは100とか200じゃないですか。そのくらいじゃ最近のコーパス言語学者がみたら，笑われると思うし，サンプリングの問題もあるじゃないですか[10]。だから，難しいですよね。まあみないよりはいいかなって程度かな。1回ぐらいの結果をみて，教育方針を変えてもらったら困ると思うし。

中井　確かに（笑）。

大野先生　だから，教育につなげることは，かなり大変なことやと思う。

中井　もっと，研究の積み重ねが教育につながればいいですよね。

大野先生　積み重ねが本当に大変なことやと思う。

中井　先生は，色々文法研究をなさっていると思うんですが，印象に残っている研究がありましたらぜひ教えていただけますか。

大野先生　まあ word order（語順）の研究（Ono 2006b）[11]かな。アメリカの言

---

10) 適切にサンプリング（前掲注6参照）がなされていない100例や200例の用例では言語使用を代表する標本にはならないということを指摘しています。

11) 日本語は述部ないし動詞が文末にくる（predicate-final, verb-final）語順の言語ですが，「絶対若いのみんな」のように，間に韻律の切れ目がないひとまとまりの単位で，話者の感情を表す述部が主部より先に発話されるものがあることを示しました。このような例をもとに，文法や語順が感情のような主観的な要因の影響を受けうるということを指摘しています。

第15章　大野剛先生へのインタビュー　*195*

語学の教科書のどれを見ても，統語論の章に日本語が predicate-final（述部が文末にくる）とか verb-final（動詞が文末にくる）とか書いてあるんですよ。まあ一般的にはそういえるとは思うんだけど，そんなに簡単にはいかないっていうのが僕の感じやけどもね。

中井　それはやっぱり会話データから出てくるものですか。

大野先生　そうでないと気がつかないと思うんです。勘のいい人は気がつくかもわからないけどね。

中井　なるほど。では，実際の会話データをみることで，語順などが実際にどのようになっているかわかるので，それを新たに日本語の教科書などに入れて説明するというのは，大切なことですね。

5　アメリカ・カナダの日本語教育学を学ぶ大学院生事情

中井　最近，日本人の大学院生は少なくなっていますか。

大野先生　すごく減っていると思う。そもそも日本語教育って向こうでは英語教育ほど人気ないしね（笑）。日本語を取っている人はたくさんいますよ。でも，日本語教育の大学院生は少ないですね。

中井　私がアメリカに行った 90 年代は，まだ日本で教授法とか第二言語習得とか談話分析とかが研究できる大学院があまりなかったので，アメリカの大学院へ行かないと最新のことが学べなかったんですけれど，10 年後に，一気に日本に入ってきたという感じでしたね。

大野先生　うんうん。あの頃はアメリカに日本語教育が専攻できる大学院がたくさんあったけれど，最近はやっていないか，元気がないかですね。

中井　日本人も内向きで，留学に行く人が減っていますしね。

大野先生　そう，不思議やなと思う。1 年ぐらい行けばいいのにと思うなあ。ちょっと見方が広くなるという気が僕はするけれども。留学先だと英語をしゃべらないとだめな環境だっていうのも，英語のトレーニングとしては大きいね。これはうちのアルバータ大学の宣伝なんだけれど，授業料はアメリカより絶対カナダの方が安いのね。日本の大学院に行くよりも安いと思う。

中井　そうですか。それはいいですね。でも，私がアメリカに行ってよかったことは，ティーチング・アシスタントとして働けるので，それで授業料を免除してもらえて，かつ，お給料ももらえたことですね。アメリカってそういう制度が昔から整っていましたよね。

大野先生 そうそう，それはうちのアルバータ大学も同じ。あれがいいのは，経験になるじゃないですか。もしかしたら，アメリカやカナダで仕事があるかもわからないし。

6　アメリカ・カナダの日本語学習者事情

中井　先生はアメリカやカナダで教えていらっしゃいますが，日本語を勉強する学生の動機は何でしょうか。経済的な影響とか就職とかポップカルチャーとか，色々あると思いますが。

大野先生　たぶんポップカルチャーが一番多いんじゃないですか。

中井　大学の日本語クラスでは今どんな教科書を使われているんですか。

大野先生　この2，3年は『げんき』で，その前は『なかま』やった。

中井　学生数は，どのぐらいでしょうか。

大野先生　1クラス，25人以下にしてますね。でも，最近は，大学ができるだけ経費を安く済ませたいということもありますね。大学の執行部は理系の人ばかりやから，日本語なんか教授をみんなクビにして，言語はコンピューターに教えさせたらいいと思っているしね。

中井　じゃあ，今は，インターネットの授業が増えてきているんですか。

大野先生　うん。語学の授業はインターネットにしようとして，どこの大学の現場も執行部とバトルしているね。それで負けて，インターネットの授業に切り替わるところが出てくると，あそこの大学ではやっているじゃないかって話になるね。

中井　アメリカやカナダの日本語教育もだいぶ変わってきているんですね。この前，別のところで，アメリカの日本語教育は，そんなに学生数が減っていなくて，もう安定期に入ってると聞いたんですけど。

大野先生　日本語を勉強する学生はあまり減っていないと思う。でも，中国語がかなり増えているから，どっちでもいいと思っている学生が中国語に走ると思う。

7　研究と社会の関わり

増田　先生のSpoken Discourse Research Studio[12]や「話しことばの言語学ワークショップ」で話し言葉研究を広める取り組みについてお伺いできますか。

---

12) 大野先生は，この名前のもとで研究室の活動や研究成果を発信なさっています〈https://sites.google.com/a/ualberta.ca/sdrs/〉。

第15章　大野剛先生へのインタビュー　　*197*

大野先生　さっきも言ったように，話し言葉の研究が（一番基本の言語行動を眺めるという意味で）一番正しいやり方だとどっかで思っているから，皆さんにやってもらいたいと思っていますね。

増田　初学者が話し言葉研究を始めやすくなったりとか，より正確に分析できるようになったりとか，そういう意義があるとお思いですか。

大野先生　それは，あるかなあ。日本は，CA（conversation analysis: 会話分析）が，この5年くらいすごく人気があるじゃない。それはそれでいいんだけども，会話基盤の文法研究は，そこまで人気ないから，もう少しやってもいいかなと僕は思うし。それで，慶應義塾大学の鈴木亮子先生と2人で「話しことばの言語学ワークショップ」を始めたんですね。

増田　サンタバーバラでご一緒だったんですね。

大野先生　そうそう。同級生やったのね。会話のなかで，統語的な特徴とか，構造的な特徴とか，文法だけをまずみたいなと僕は思っている。

8　今後の研究者へのメッセージ

増田　今後の研究者がどのような研究や実践にもっと取り組んでいくべきか，今後の研究者に対して何かメッセージがありましたらお願いいたします。

大野先生　やっぱりコーパスを作ることが一番大事かなあ。少なくてもいいから，大学院生たちも自分でデータ集めて，それを書き起こしてみんなで共有すればいいわけ。だから，1人ではやれないというのは，実は言い訳だと思っているのね。自分でデータ集めて，大変なこともある程度わからないとあかんし，いかに書き起こしが使えないかがわからないとあかんし。だから，今一番大事なのは，みんなで一からコーパス作る態度かなと思う。そのうえで，言語学を始めましょうって僕は思っている。

増田　単純に基礎資料を増やせるということもあると思うんですが，データを集める過程で多くの用例を目にしてデータの見方が身につくという側面もありますか。

大野先生　はい，それはもちろん。それから言語学としても話者が実際にやっていることじゃないと僕は嫌だし，実際の用例のデータを集めた基礎資料があってこそ言語学を始められると思うね。

中井　貴重なお話をお伺いできました。ありがとうございました。

第1部

第2部

第3部

大野剛先生の主要参考文献

●主要著書・論文

岩崎勝一・大野　剛（2007）「「即時文」・「非即時文」—言語学の方法論と既成概念」串田秀也・定延利之・伝　康晴［編］『時間の中の文と発話』ひつじ書房，pp.135–157.

大野　剛・ジョーンズ，キンベリー（2005）「文法規則の使用と形式の選択の実際—会話における「条件節」の観察から」南　雅彦［編］『言語学と日本語教育Ⅳ』くろしお出版，pp.73–85.

大野　剛・中山俊秀（2017）「文法システム再考—話しことばに基づく文法研究に向けて」鈴木亮子・秦かおり・横森大輔［編］『話しことばへのアプローチ—創発的・学際的談話研究への新たなる挑戦』ひつじ書房，pp.5-34.

Couper-Kuhlen, E., & Ono, T. (eds.) (2007) Special Issue: Turn continuation in cross-linguistic perspective. *Pragmatics, 17*(4).

Cumming, S., Ono, T., & Laury, R. (2011) Discourse, grammar and interaction. In T. van Dijk (ed.), *Discourse studies: A multidisciplinary introduction.* Sage Pulications, pp.8–36.

Jones, K., & Ono, T. (eds.) (2005) Discourse and Japanese pedagogy. *Japanese Language and Literature, 39*(2).

Jones, K., & Ono, T. (eds.) (2008) *Style shifting in Japanese.* Amsterdam: John Benjamins.

Kabata, K., & Ono, T. (eds.) (2014) *Usage-based approaches to Japanese grammar.* Amsterdam: John Benjamins.

Laury, R., & Ono, T. (2005) Data is data and model is model: You don't discard the data that doesn't fit your model! *Language, 81*, 218–225.

Laury, R., & Ono, T. (2010) Recursion in conversation: What speakers of Finnish and Japanese know how to do. In H. van der Hulst (ed.), *Recursion and human language.* Berlin: De Gruyter Mouton, pp.69–92.

Laury, R., & Ono, T. (2014) The limits of grammar: Clause combining in Finnish and Japanese conversation. *Pragmatics, 24*(3), 561–592.

Laury, R., & Ono, T. (2019) Usage-based grammar. In A. Kertész, E. Moravcsik, & C. Rákosi (eds.), *Current approaches to syntax: A comparative handbook.* Berlin: De Gruyter Mouton, pp.241–262.

Okamoto, S., & Ono, T. (2008) Quotative *tte* in Japanese: Its multifaceted functions and degrees of "subordination". In R. Laury (ed.), *Crosslinguistic studies in clause combining: The multifunctionality of conjunctions.* Amsterdam: John Benjamins, pp.205–230.

Ono, T. (2006a) Postpredicate elements in Japanese conversation: Nonmodularity and panchrony. In T. Vance, & K. Jones (eds.), *Japanese/Korean Linguistics, 14*, 381–391.

Ono, T. (2006b) An emotively motivated post-predicate constituent order in a 'strict predicate final' language: Emotion and grammar meet in Japanese everyday talk. In S. Suzuki (ed.), *Emotive communication in Japanese.* Amsterdam: John Benjamins, pp.139–153.

Ono, T. (2011) The actual status of so-called particle ellipsis in Japanese: Evidence from conversation, acquisition, diachrony, and contact. In S. Rice, & J. Newman (eds.), *Empirical and Experimental methods in cognitive/functional research*. Chicago: CSLI, pp.195–206.

Ono, T., & Jones, K.（2008）Conversation and grammar: Approaching so-called conditionals in Japanese. In J. Mori, & A. Ohta（eds.）, *Japanese applied linguistics: Discourse and social perspectives*. London: Continuum International, pp.21–51.

Ono, T., & Krekoski, R.（2009）A corpus-based look at Japanese giving/receiving verbs *ageru*, *kureru*, and *morau*. In Y. Takubo, T. Kinuhata, S. Grzelak, & K. Nagai（eds.）, *Japanese/Korean Linguistics*, *16*, 319–328.

Ono, T., & Thompson, S.（2009）Fixedness in Japanese adjectives in conversation: Toward a new understanding of a lexical（'part-of-speech'）category. In R. Corrigan, E. Moravcsik, H. Ouali, & K. Wheatley（eds.）, *Formulaic language*. Amsterdam: John Benjamins, pp.117–145.

Ono, T., Thompson, S., & Luke, K. K.（eds.）（2012）Cross-linguistic, multi-modal, and grammaticization perspectives on turn continuation in conversation. *Discourse Processes*, *49*(3–4).

Ono, T., Thompson, S., & Sasaki, Y.（2012）Japanese negotiation through emerging final particles in everyday talk. *Discourse Processes*, *49*, 243–272.

Thompson, S., & Ono, T.（2009）Toward a conversation-centered understanding of human language: Goals, assumptions, recent findings, and future directions. *Japanese/Korean Linguistics*, *17*, 95–115.

◆インタビューを終えて

　大野剛先生のインタビューでは，鋭い問題提起や，言語現象についての興味深いお話を聞かせていただきました。大野先生の軽快な関西弁はなるべく残すように努めましたが，編集上，表現を変えてしまった部分もあります。

　「話し言葉を研究しているのは興味があるからではなく，言語の本質的な性質をみるための唯一の手段だからだ」という趣旨のお話からは，真実を求める研究者としての強い思いがうかがわれました。また，自分が支持する理論と対立する理論をも理解しておくことが必要だというお話や，苦労せず手に入るデータで満足するのは間違いだというお話からは，目先の必要性に左右されず，研究を展開させるために視野を広くもって取り組むべきだというメッセージを感じました。重要な研究姿勢のあり方に改めて気づかせていただけた思いです。

第 16 章
宮崎里司先生へのインタビュー

宮﨑七湖

宮崎里司先生は大学卒業後，都内の日本語学校に勤務し，オーストラリアに渡られました。オーストラリアでは，モナッシュ大学で日本語教育に携わりながら，意味交渉の研究を進め，博士の学位を取得されました。その後，活躍の場を日本に移され，早稲田大学の日本語教育研究センター，同大学の日本語教育研究科で日本語教育と研究，ならびに，日本語教員の育成に携わっていらっしゃいます。

ご経歴

1982	早稲田大学第一文学部卒業（社会学専修）
1984–1988	都内日本語学校専任講師
1988–1997	モナッシュ大学文学部専任講師／モナッシュ大学日本研究科修士・博士課程
1997	モナッシュ大学日本研究科博士課程修了博士号（日本語応用言語学）
1997–2001	早稲田大学日本語教育研究センター講師
2001–2004	早稲田大学日本語教育研究科助教授
2004– 現 在	早稲田大学日本語教育研究科教授

インタビュー

日時・場所：2015 年 9 月 11 日（金），早稲田大学宮崎里司先生の研究室にて

聞き手：宮崎七湖・中井陽子・大場美和子

第16章　宮崎里司先生へのインタビュー　*201*

> **Point**
> ▶海外から日本語教育をみる目
> ▶多言語・多文化化が進む日本社会のなかで日本語教師ができること
> ▶広い視野をもって社会をみて，フィールドに飛び込み，行動できる日本語
> 教師であれ！

1　日本語教育の世界へ

宮﨑　宮崎先生は早稲田大学文学部を卒業して，すぐ日本語教師の仕事を始められたんですか。

宮崎先生　日本語教育学は早稲田の語学教育研究所というところで勉強しました。日本語教師になりたかったので，大学を卒業したら，青年海外協力隊に応募しようと思っていました。学生の時，JICA（Japan International Cooperation Agency: 独立行政法人国際協力機構）で青年海外協力隊を希望する大学生のための視察のようなものがあって，中米のホンジュラス大学を訪問したんです。ところが，向こうに行って色々なものをみると，自分がイメージしていた働き方と違うようにみえたんです。そこの学生は，ほとんど日本大使館とか領事館に派遣される人だから，エリートの日本語教育だった。でも，自分はその国の日本語教育の底上げをするようなことをやりたかったんですね。

その時 20 代なりに考えて，日本語を勉強したい年少者とかエリートではない普通の学生を教えたいと思いました。それで，協力隊に行くのをやめて，卒業してすぐに学習塾の教員を 2 年ぐらいしました。そのうち日本語学校の非常勤を始め，専任にならないかという話があったので，学習塾を辞めて日本語学校の専任になって 4 年間勤めました。

その後，ワーキングホリデービザが導入されて，シドニーに行った時に，色々な大学の授業の見学をしたりして，オーストラリアで大学院に進学できないかと考えはじめました。

2　モナッシュ大学での教育と研究の両立

宮崎先生　そのうちに働きながら大学院で勉強できるモナッシュ大学はどうかと，ネウストプニー先生に勧められて，家内と子供を連れて，日本語教員として行くことにしました。88 年の 3 月でした。

モナッシュ大学では，最初は修士課程に入ったんですけれども，途中から博士課

程に変更したんですね。それで，論文を書けば，博士号がもらえるけど，博士論文
が提出できなかったら，修士号すらもらえなくなってしまって，やめるにやめられ
なくなったんです。

　そして，97年に在外研究制度で行った南山大学で博士論文を書き上げました。ち
ょうどその頃，早稲田大学で「早稲田・オレゴンプログラム」を担当できる教員を
探しているから，早稲田に来ないかと言われて，家族と相談して，2年間行くこと
にしました。

3　海外から日本語教育をみつづけたいという思い

　宮崎先生　早稲田で働いているうちに，大学院をつくることになったんですけど，
第二言語習得が専門の教員がいなかったんですね。それで，大学院で第二言語習得
を教えるようになって，今に至るんですけど，僕は今でもオーストラリアに戻ると
いう意識があるんですよ。僕は海外から日本語教育をみつづけたいという思いがあ
るんですね。日本のなかでみていると，やはり自国中心主義的な考え方，上から目
線というか，それに違和感がある。向こうの文化とか言語とか言語政策とかを知ら
ないのに，「専門家様」ともちあげられていると，それにだんだん違和感をもたなく
なってくるんですね。その国の言語教育事情を知らない人に，押しつけの日本語教
育をされたのではかなわないと思いつづけたいんです。それで，日本が日本語教育
において主導的な立場にあるという考え方に疑問を投げかけるに至ったんです。

　最近，僕は言語政策とか言語教育政策，またはリテラシーに関心が高まっている。
オーストラリアの国勢調査では，「家で何語を話していますか」とか，「あなたの子
どもの母語とあなたの母語は違いますか」とか，色々なことを聞かれる。でも，日
本では聞かれない。メルボルンに10年近く暮らすことができたことが僕にとって
大きな転機だったかなと思っています。

4　モナッシュ大学での日本語教育実践

　宮崎　モナッシュ大学時代の教育と研究についてお聞きします。モナッシュ大学
で教壇に立たれるようになって，何か日本との違いに気づいたことがありましたか。
　宮崎先生　学生たちは，教室以外で学ばなければいけないという自覚をもってい
る点が違いますね。学生は高校時代までに，自分で調べて，プレゼンテーションを
するような勉強をしてきているので，そういう勉強をさせないと不満がたまるんで
す。

第16章　宮崎里司先生へのインタビュー　　*203*

　それから，学生がこの科目で学期を通して何を勉強しなければいけないかということを，非常に細かくシラバスに書いて，その通りにやらなければいけない。たとえば，この週はプレゼンテーションがあるから，アルバイトは多めには入れられないとか，学生は考えるんですね。来週テストをすると言うと，それシラバスに載っていませんと言われてしまう。

　宮崎　当時モナッシュ大学では，独自の教科書を作っていて，宮崎先生もお使いになっていたかと思うんですが……。

　宮崎先生　僕，実際にはあの *Interacting with the Japanese* はあまり使ってないんですよ。でも，日本語のイマージョンプログラム[1]には関わりました。他の先生と一緒に，日本の自動車産業に関するイマージョンプログラムを作りましたね。非常に面白かったので，あまりにも熱中しすぎて，自分の論文がおろそかになりそうでした。

5　会話能力の一要素としての意味交渉能力

　宮崎　先生の博士論文は接触場面の意味交渉のご研究ですが，これを研究テーマにしたきっかけがあるでしょうか。

　宮崎先生　最初は，色々なトピックを考えたんですね。フォリナートーク[2]とかティーチャートーク[3]とか，会話ストラテジー[4]とか。でも，どれも，「一発系」が多かったんですよ。たとえば，日本語の教科書の会話をみると，外国人が日本語がわからなかった時に，1回の聞き返しで問題が解決することが多い。外国人が「すいません，もう一度言ってください」と言うと，「これこれです」と説明をする。そうすると，外国人はたいてい「あ，わかりました」と言うんですよ。でも，本当の会話を分析すると，1回の聞き返しでは問題は解決しない。だから，調整が複数回出てくる会話の研究にしたんです。ネウストプニー教授は，「調整（adjustment）」は1回だけのような感じがするから，「交渉（negotiation）」にしましょうと。これが僕の博士論文の一つの独自性なんです。

---

1) 目標言語で教科を学ぶことで，目標言語の習得をねらったプログラムのこと。
2) 母語話者が外国人に対して話す時にみられる特有の話し方。
3) 教師が学生に対して話す時にみられる特有の話し方。
4) 会話を成り立たせるために使う方略のこと。たとえば，相手の言ったことがわからない時に，くり返しを要求する，言いたい言葉がわからない時に他の言葉や母語に置き換えるなど。

もう一つは，3人以上参加する会話は，ビジネス会議とか，普通にありますよね。このような会話でどのように自分が関わったりしているのかも意識しなければいけないと思ったんです。でも，教科書に出てくる会話や，これまでの会話ストラテジーの研究をみると，二者間の会話が多かった。それで，3人以上が参加する場面にしたんですね。これも新しい視点でした。

それから，聞き返しというのは，聞き手がわからないことを指摘して，話し手がそれに気づいて，「こんな意味ですよ」と調整する。でも，自分で話しながら，「何でしたっけ」って相手に聞く場合もありますよね。それから，独り言のように，自分で気づいて言いなおすこともある。あるいは，聞き手が気づいて確認することもある。こういった四つの調整パターンがあるんですね。それを考えていくとACTFL-OPI[5]批判につながったんですよ。

ACTFL-OPIでは，試験官は聞き返しをされても，それに答えちゃいけないじゃないですか。OPIの会話の分析をすると，私が考えている基本的な四つの調整パターンがバランスよく出てこない。僕は，会話力というのは，調整能力がどれぐらいあるかが重要なのではないかと思っています。そうした場合に，四つの調整パターンがどのように行われたのかもOPIの評価に入れてもいいのではないかと思っています。

もう一つ，ネウストプニー教授が言ったのは，交渉するのは意味だけではなくて，自分は何者であるのかといったアイデンティティもあるのではないかということ。自分が相手にどのように思われているのか，そういった自分のアイデンティティを相手にわかってもらう。つまり，ネウストプニー教授がそれまでの意味交渉の研究について最も批判したかったのは，社会言語とか社会文化的な交渉もあるのに，言語的側面しかみていないということですね。

宮﨑　会話能力には意味交渉をする能力も含まれている。その実情を明らかにして，それを教育実践につなげていくことを目指したということでしょうか。

宮﨑先生　教科書の会話文は実際の会話とは大きく異なる。教科書の限界を教師にも学習者にも嗅ぎとってもらいたいんですね。

---

5) The American Council on the Teaching of Foreign Languagesによって開発された外国語の口頭運用能力を測定するためのインタビューテストのこと。OPIは，Oral Proficiency Interviewの略である。

6　教師の管理下におかれていない学習者の習得への興味

宮﨑　次に，早稲田に移ってからのお話を伺いたいと思います。

宮﨑先生　僕がなぜモナッシュを辞めたか，研究の面からいうと，モナッシュ大学の学生が1–2か月ぐらいの休みを利用して日本に行くんですね。それで，帰ってくると，日本語がすごく上達している。どうして日本語能力がこんなに上がったのか知りたくなったんですね。全く日本語教師の管理下におかれていない学習者の習得を研究したいと思ったわけです。その時に，あるグループに着目したわけです。それが外国人のお相撲さんだったんです。

なぜ外国人力士は，教師に教えられなくてもあんなに上手になっていくのかなと思って研究したら，自律学習とか，目標言語にどっぷりつけ浸されるイマージョンプログラムの理論とかで説明ができるところがあったんですね。それから，お相撲さんの日本語習得を調べているうちに，この研究は，自分のおかげで学習者は日本語が話せるようになったと思っている日本語教師に対する非常に強いアンチテーゼになるのではないかと考えた。自分がこの学習者をつくりあげたと自負している教師が多いじゃないですか。

7　日本語教育ではない人々が日本語学習者とかかわる時代に

宮﨑先生　でも，そのうちに，お相撲さんだけではなくて，外国人の介護士とか看護師とか，刑務所や少年院の外国人とか色々なものに興味が出てきたんですね。自分なりに研究をしていくうちに，日本語教師ではない人がこれから自分の仕事をするうえで，日本語教育の知識や実践が必要になる。そういう職種がこれから増えてくると思うんです。たとえば，刑務所の刑務官とか，お相撲部屋の親方とか，特別養護老人ホームの研修担当をしている人とか。日本語教育のイロハは全然わからないけど，日本語を教えないと，作業事故に遭うとか不利になる人たちが増えてくる。その人たちが日本語教育の必要性を意識してくれればいいと考えた。それで，僕が考えたコンセプトが，「市民リテラシー」だったんですね。少しずつでも日本語教育を広げていかないと，どこにでも日本語教師が行って教えることができるわけではないので，専門家ではないけれども，日本語教育に関心をもってもらえる人をどんどん増やしたいなと思っているんですね。

宮﨑　おかみさんとか親方とかいった人たちが教師に代わるようなことをしていることから，介護，看護や刑務所などの別の分野へと関心が広がっていったのでしょうか。

宮崎先生　みんな刑務所とかには行かないじゃないですか。だから，私は最初にそういった水先案内人になろうと思ったんですよ。一人ではそれほど多くの場所に行けないから，私の後から研究をしてくれる人がいればいいと思っています。

　最近，外国人受刑者が多くなって，外国人に対してどのように日本語を教えるのかわからないと刑務官などに相談されるんですけど，私は日本語の教科書は文法の積み上げなんですと説明します。でも，外国人受刑者が自分の気持ちを刑務官に少しでもわかってもらうためには，助詞を落としてもいいじゃないですか。「私，頭，今日痛い」とか。正確に話すよりも，相手に自分の気持ちが少しでも伝わって自信をもつことの方が重要ですよね。今，日本の査証をもっていて，罪を犯しても強制送還で送り返せない受刑者が多い。彼らは受刑後，もう1回社会に出るんです。社会復帰するけども，日本語や社会文化がわからない外国人ほど再犯率が高いということがわかっています。負の連鎖を断ち切るために日本語教育をしなければいけない。だから，「日本語教育は最も代表的なソフトインフラ [6] なんですよ」と。それで，今，刑務所で日本語教育が始まりつつあって，僕も日本に帰ってきて，自分の役割が少し果たせているかなと思っています。

8　広い視野をもつことの重要性

　宮﨑　そうすると，先生のご研究は，日本社会を外国人がうまく参加して生きていけるような社会に変えていくことにつながるということでしょうか。

　宮崎先生　やはり日本は移民政策をきちんと考えなければいけないと思っています。日本は移民政策について厚生労働省に任せると，当然，労働のことしか考えていない。つまり，この人たちは生産年齢人口だから働いてもらって，納税者にしようと。でも，移民を日本人とか日本の社会に都合のいいように使ってはいけないと思っている。受け入れるのであれば，移民たちが社会参加をするのに必要なソフトインフラをもう少し整えなければならない。日本語教育はそういった観点から訴えなければいけないけれど，日本語教師は残念ながら，あまりにも世の中の動きと自分の専門領域がどのような関連があるのかを考えなさすぎだと思います。日本語教育を通して，日本人がどのように生きていかなければいけないのか，日本の社会状況の変化にどのように対応しなければいけないのか考えていきたいんですね。

6）社会に必要な無形のインフラ（国家や社会の存続に必要な基盤），たとえば，人材や制度などを指す。

ただ，先達が積み重ねてきたもの，たとえば，文法の効果的な教え方なんかを軽視してはいけないと思っています。日本語教育を社会との関連から考えていくことが重要だけれども，これまで日本語教育がつくってきたものの上に積み重ねていかなければならない。そうしないと，「やはり文法軽視ですよね」と言われてしまう。

宮崎　そうすると，日本語教師や研究者に伝えたいメッセージというのは，広い視野で日本社会をみていくこと，この日本の社会変化に対応していけるような教師になるということでしょうか。

宮崎先生　最近，僕は「日本人のための日本語教育」と言っているんですね。先ほど言ったように，日本語教育を職業としない人が，外国人と共に生きていかなければならない。日本人も学ばなければならないわけですよ。日本語教師を単なる語学屋だと思われるようにしてしまったのは，日本語教師自身だと思う。

日本語教師は，ネウストプニー先生が発信してきた言語政策なんかを自分とは関係のない分野だと思いつづけてきた。けれども，言語政策と日本語教育というのは決して異領域ではないよということを色々なところで辻説法したいんですね。だから，言語政策などをきちんと，元気よく語ってくれる日本語教師が増えてもいいかなと思っています。僕も59歳になりました。定年まで11年だけど，そんなにいつまでも元気よく語れるわけではないので，色々なかたちで跡を継いでくれる人が出てくればいいなと思っています。

9　日本語教師ができることを自ら探しに出かけていく行動力

大場　あまり知らない人がみると，「宮崎先生はお相撲さんや受刑者の研究をしている先生」という見方をしますよね。それに対してどのように対応されているんですか。

宮崎先生　人はやはりラベルを貼りたいんですよ。ああ，やはり先生お相撲でしょうとか，受刑者でしょうとか，外国人の介護・看護でしょうとか。これらは，実はばらばらではなくて，そこに流れているもの，通底するものがあるんですね。今，212万人を超える定住外国人がいるんですけど，そのなかの1割にも満たない，いわゆる留学生と呼ばれる人たちを日本語教育関係者は主に教えている。1割しかみてない日本語教師が知ったかぶりで語る，それは仕方がない。でも，あとの9割の外国人がどんなに苦労し，どんなに頑張っているのか，それは日本語教師も知った方が肥やしになるのではないかなと思っていますよ。だから，僕は，そういったものに焦点を当てたいんですよ。

中井　インタビュー冒頭で，先生はエリート層には興味ないとおっしゃっていましたが，今，色々な分野で教室外の外国人に興味をもたれているというのも，20，30年ずっと一貫したことなんですね。

宮崎先生　僕は御用聞きなんですよ。刑務所とか特別養護老人ホームに行って，「こういう専門なんですけど，何かお手伝いすることありませんか」とか，「もし必要なことがあれば私たちがお手伝いしますよ」って言うんですね。

僕，ベンチャー企業を立ち上げたんですよ。それで，今，海外のJICAとやっている仕事があります。それは日本とベトナムの共同の日越大学をつくること。ハノイに総額400億円の大学を作るんです。この日越大学は，教育言語がベトナム語と英語と日本語なんですけど，日本語のプログラムは一手に僕が引き受けたんですよ。今やっているのは遠隔教育のeラーニング。反転授業[7]を中心にやるので，そのプログラムを企業と一緒につくっていくんです。

日越大学の設立は，ナノテクノロジーとかiPS細胞とかそういった専門の人たちと一緒にやるんですね。彼らは日本語教育のことがわからないから，たとえば，インターンシップで学生が日本に来た時に日本語がわからないと困るから，インターンシップで必要な日本語はどんなものかを考えましょうといった提案をする。それから，専門教員がいつもハノイに行けるわけではないので，遠隔教育とか，ビデオ会議システムとか，オンデマンドとかを利用した教育を考えましょうといった提案もする。日本語教師も大きなビジョンをもってほしいと思っています。

10　日本語教育を俯瞰的にみて行動できる人材に

中井　最後に，後進の人たちへメッセージをお願いします。

宮崎先生　やはり政策的なことをもっと意識していかなければいけない。でも，さっき言ったように，日本語教育の経験がないのに，こういうことを語ってはだめだと思っているから，もちろん「て形」とかの文法も教えられなければならない，つまり，アクター（行為主体者）として，日本語を教えられる人材であることがまず大切です。それと同時に，エージェント（代理人）として，必要とされる人を必要とされる場所へつないでいける人材にならなければならないと思うんです。日本語教育を俯瞰的にみる人間がもっと増えないと。アクターとエージェントの両方がい

7）基礎的な知識は，自宅でビデオ講義を視聴して予習し，教室では講義を行わず，クラスメートと協働しながら応用問題に取り組む形態の授業。

第16章　宮崎里司先生へのインタビュー　*209*

ないとだめなんですよ。

　宮﨑　でも，修士で政策系の研究をしても，結局，エージェントになるところまでいかない場合が多いんじゃないでしょうか。

　宮崎先生　それでもいいんですよ。自分ではできないと自覚するじゃない？　そこでどうしたら，エージェントになれるのかということを考えてほしいんです。僕が少年院に最初に行ったのは2005年ですよ。ようやく法務省が予算化したのは10年後の今年ですよ。僕だって10年かかったんだ。修士の1年か2年で壁を感じて，諦めちゃだめなんですよ。

　お相撲さんだって単なる興味で研究しているわけではないんです。色々な分野で研究をしているけれど，必ず理由があって，自分なりの研究志向の連続性があるんです。いくつかやって振り返ったら，ああ，やはり通底するものがある。それは，教師が直接管理できない外国人をどのようにみつづけるのか，そこから何を学び取らなきゃいけないかを考えることなんです。

　宮﨑　今日は，お忙しいところ，貴重なお話をありがとうございました。

宮崎里司先生の主要参考文献

●主要著書

田中慎也・木村哲也・宮崎里司［編著］（2009）『移民時代の言語教育―言語政策のフロンティア（1）』ココ出版

宮崎里司（1999）「最近の学習ストラテジー研究の動向」宮崎里司・J. V. ネウストプニー［共編著］『日本語教育と日本語学習―学習ストラテジー論にむけて』くろしお出版，pp.37–52.

宮崎里司（2002）「学習ストラテジーの研究方法論」J. V. ネウストプニー・宮崎里司［共編著］『言語研究の方法―言語学・日本語学・日本語教育学に携わる人のために』くろしお出版，pp.53–65.

宮崎里司・マリオット, H.［共編著］（2003）『接触場面と日本語教育―ネウストプニーのインパクト』明治書院

宮崎里司（2006）『外国人力士はなぜ日本語がうまいのか―あなたに役立つ「ことば学習」のコツ』明治書院

宮崎里司（2010）「企業・大学・行政・地域をつなぐ日本語教育」日本語教育政策マスタープラン研究会［編］『日本語教育でつくる社会―私たちの見取り図』ココ出版，pp.139–150.

●主要論文

宮崎里司（1990）「接触場面における仲介訂正ネットワーク」『日本語教育』*71*, 171–180.

宮崎里司（1991）「日本語教育と敬語―主として敬語回避の観点から」『世界の日本語教

育』1, 91–103.

宮崎里司（1998）「第二言語習得理論における調整，意味交渉及びインプット」『早稲田大学日本語研究教育センター紀要』11, 177–190.

宮崎里司（1999a）「接触場面でのコミュニケーション調整とそのディスコースパターン―自己マーク自己調整を中心として」『早稲田日本語研究』7, 65–76.

宮崎里司（1999b）「第二言語習得とコミュニケーション調整モデル」『日本語研究と日本語教育―森田良行先生古稀記念論文集』明治書院，368–380.

宮崎里司（2000）「もうひとつの日本事情―海外でのインターアクションのための日本語教育」『21世紀の「日本事情」』2, 42–51.

宮崎里司（2002a）「「外国人力士に見ることばの習得」学―日本語習得とディスコース分析1」『日本語学』2, 180–93.

宮崎里司（2002b）「イマージョンプログラム入門―インターアクション能力の習得をめざしたコースデザイン」『ことばと文化を結ぶ日本語教育』凡人社，pp.67–80.

宮崎里司（2002c）「第二言語習得研究における意味交渉の課題」『早稲田大学日本語教育研究』1, 71–90.

宮崎里司（2003）「学習ストラテジー研究再考―理論，方法論，応用の観点から」『早稲田大学日本語教育研究』2, 17–26.

宮崎里司（2005）「日本語教科書の会話ディスコースと明示的（explicit），暗示的（implicit）な調整行動―教科書談話から学べること・学べないこと」『早稲田大学日本語教育研究』7, 1–25.

宮崎里司（2006a）「日本語教育とユニラテラリズム（単独行動主義）―言語教育政策からの一考察」『早稲田大学日本語教育研究』8, 1–11.

宮崎里司（2006b）「夜間中学日本語学級の日本語教育と指導」（小特集：夜間中学）『教育』56(4), 82–86.

宮崎里司（2006c）「言語習得研究の問題と展望―多様な課題の解決とマクロ的視野の確立に向けて」早稲田大学日本語教育研究科［編］『早稲田日本語教育の歴史と展望』アルク出版，pp.27–46.

宮崎里司（2007）「言語習得研究におけるパラダイム転換―異なる概念同士の止揚や結節点を探る試み」『早稲田大学日本語教育研究センター紀要』20, 89–103.

宮崎里司（2008）「北関東圏の外国人集住地域における課題―国交省による基礎調査及び地域環境調査から」『早稲田日本語教育学』2, 1–14.

宮崎里司（2009a）「第二言語習得研究のパラダイムシフト―「共生言語」および「同化」に関する概念の再考察」『日本言語文化研究会論集』5, 17–30.

宮崎里司（2009b）「多文化社会における日本語教育実践のあり方を問う」（特集：多文化社会における日本語教育実践のあり方を問う）『早稲田日本語教育学』4, 1–4.

宮崎里司（2010）「市民リテラシーと日本語能力」（特集：日本語教育が育成する日本語能力とは何か）『早稲田日本語教育学』8, 93–98.

宮崎里司（2012）「多文化共生社会の言語政策におけるジレンマ―センサス（census）と市民権テスト（citizenship test）からの提言」（特集：2011年度オーストラリア学会全国研究大会シンポジウム「オーストラリアの言語教育政策―多文化社会化する日本への提言」）『オーストラリア研究』25, 7–11.

宮崎里司（2013）「グローバルレベルと市民レベルで協同実践する行為主体者（アクター）から捉える新たなアーティキュレーションの提唱」『早稲田大学大学院教職研究科紀要』5, 29–44.

宮崎里司（2015）「外国人受刑者と日本語教育―矯正処遇のグローバル化政策の観点から」『早稲田大学大学院教職研究科紀要』7, 47-57.

Miyazaki, S.（1995）The negotiation process between Japanese native and non-native speaker teachers in lesson planning situation. In M. Wada, & A. Cominos（eds.）, *Studies in team teaching*. Tokyo: Kenkyuusha, pp.143-161.

Miyazaki, S.（2000）Communicative adjustment and adjustment marker: The point of request for clarification.『第二言語としての日本語の習得研究』3, 57-93.

Miyazaki, S.（2001）Theoretical framework of communicative adjustment in language acquisition. *Journal of Asian Pacific Communication*, 11(1), 40-60.

◆インタビューを終えて

　宮崎先生が指摘されているように，日本社会において，日本語教育の専門家以外の人々が職場や居住地などで日常的に日本語学習者と関わりあう時代になりつつあります。日本語学習者が社会に参加する上で，直面している日本語学習の問題やその解決法を考えるのに，これまで日本語教育が積み重ねてきた知見が活かせるよう，社会に提言を行っていくこと，また，日本人の「市民リテラシー」向上を目指した教育を行っていくことも日本語教員の役割であると改めて考えさせられました。

　宮崎先生がご自身の果たすべき役割を考えて，フィールドに自ら赴き，日本語教育の分野から何か手助けはできないかと動き回る姿，行動力に感服しました。「広い視野をもて」「数年であきらめてはいけない」「信念をもって行動すれば，社会をも変えられる」というメッセージが心に残りました。これまで，さまざまな制限や限界を理由に外国人を取り巻く社会的，政治的問題に対して，積極的に行動を起こしてこなかった自分を反省しました。

（宮﨑）

ちょっとひといき⑥：
介護の現場と日本語教育をつなぐ会話データ分析

　日本語教育では，ある特定の目的をもって日本語を学ぶ学習者を対象にする場合，その目的の分野に研究者自身が入り込んで，新たな研究を開拓していくこともあります。近年，日本では外国人介護人材の受け入れが始まり，介護の分野における日本語教育のための研究の必要性が生じています。私は会話データ分析により，介護の現場のやりとりの実態を明らかにすることを目指しています。

　まず，「介護技術講習会」を対象としたのですが，通常，講習会に関係者以外の者が入って研究を行うのは難しく，現場の協力なしには行えませんでした。私は講習会の講師の方々と相談して，外国人介護福祉士候補者にICレコーダーを装着して音声データを収録する方法をとりました。収集データからは，講習会で頻出する介護のやりとりのパターンがみえてきました（小原・大場 2012a,2012b；大場 2014）。この結果が介護の専門家からみても妥当かどうか，講師の方々からもアドバイスをいただきました。

　さらに，専門学校の介護福祉学科の留学生が介護施設でアルバイトをする場面の研究では，音声収録と同時に現場に入って様子を観察する参与観察も行いました（大場 2016）。お仕事の邪魔にならないように部屋の隅でひっそりとメモを取っていたのですが，私が早朝や遅番のアルバイトの時間に合わせてずっと参与観察をしているのにはさすがに現場の方々も驚かれたらしく，「ずっと見守っているんですか」「よかったら控室へどうぞ」と声をかけてくださいました。音声しか収録できない現場を，できるだけ自分の目で見て理解しようとしていただけの私には，「いや，見てはいるけど，見守ってはいないかな……」「いや，控室からじゃ留学生の様子が見えないし……」と現場の方々の予想外の解釈にちょっと驚きました。同時に，現場で日々働いている方々にとって，私がいかに不思議な存在だったかを再認識しました。

　介護の分野に入り込んで研究を進めるプロセスで，現場の視点をふまえたさまざまなアドバイスをいただきました。これは，分析結果を適切に解釈できるだけでなく，会話データ分析の活動が他の分野の人にどのように映るのか，どのように会話データ分析について説明したらいいのか考えなおすきっかけにもなりました。

（大場美和子）

参考文献

小原寿美・大場美和子（2012a）「介護演習で使用された日本語の特徴の分析―「介護技術講習会」におけるEPA介護福祉士候補者の談話データをもとに」『2012年度日本語教育学会春季大会予稿集』, 205–210.

小原寿美・大場美和子（2012b）「介護演習で使用された日本語の文法的・語彙的特徴の分析―EPA介護福祉士候補者の介護技術講習会における談話データを通して」『2012年度日本語教育学会研究集会第9回【研究発表・講演】中国地区（山口）』, 30–35.

大場美和子（2014）「介護技術講習会における介護演習の談話の特徴と問題の分析―EPA介護福祉士候補者の談話データを対象に」『2014年度日本語教育学会春季大会予稿集』, 91–96.

大場美和子（2016）「介護施設のアルバイト場面における作業内容とやりとりの分析―中国人介護留学生を対象に」『2016年度日本語教育学会秋季大会予稿集』, 162–167.

第17章
韓美卿先生へのインタビュー

尹　智鉉

韓美卿（한미경）先生は，1974年に国費留学生として来日され，お茶の水女子大学や早稲田大学等で主に敬語史について研究をなさり，1994年には東北大学で「捷解新語における敬語研究」という博士論文で学位を取得されました。長年韓国で日本語の教育と研究に尽力され，2013年8月に定年退職される際は，韓国の大学教育への貢献が評価され，韓国政府から「国務総理表彰」（国家勲章）を受章，さらに同年10月には，長年にわたる日韓交流への貢献を評され，「日韓文化交流基金賞」を受賞なさいました。

ご経歴

1967–1971	韓国外国語大学校日本語科
1973–1975	韓国外国語大学校大学院修士課程
1974–1976	お茶の水女子大学大学院修士課程（文部省招聘国費留学生）
1977–1981	早稲田大学大学院博士後期課程
1981–2013	韓国外国語大学校日本語科教授
1987–1988	東京外国語大学客員研究員
1994	文学博士（東北大学）
2003	韓国日語日文学会会長
2004–2006	韓国外国語大学校日本研究所所長
2006–2007	麗澤大学大学院客員研究員・大学院講師
2008	韓国外国語大学校教育大学院長
2009–2010	韓国外国語大学校日本語大学長
現 在	韓国外国語大学校名誉教授

インタビュー

日時・場所：2015年3月11日（木），韓国外国語大学校の共同研究室（韓国ソウル）にて
聞き手：尹　智鉉・大場美和子・宮崎七湖

214

> **Point**
> ▶韓国における日本語学研究の先駆者，女性研究者のパイオニア
> ▶敬語の史的研究から現代日本語のコミュニケーション研究への広がり
> ▶多くの学者とともに日本および日本語に関する研究成果の集大成をまとめる

1 日本への留学とさまざまな出会い

　尹　まず，先生が 1970 年代に日本に留学された時のことや，研究を始められたきっかけなどを教えていただけますか。

　韓先生　最初，韓国外国語大学の日本語学科を卒業しまして，1973 年 3 月に韓国外国語大学の大学院の 1 期生になりました。1 期生として入りましたが，1 年後には日本の文部省の奨学生，いわば国費留学生としてお茶の水女子大に留学しました。お茶の水女子大の修士課程では指導教授のご専門が敬語でしたので，私も敬語史の研究を始めました。

　尹　それで日本語の歴史的研究を始められたのですね。

　韓先生　はい。当時，まだお茶大には博士課程ができていなかったので，お茶大を修了してから，早稲田大学の博士課程に進学しまして，辻村敏樹先生のもとで日本語と韓国語の対照研究をしました。韓国の朝鮮時代の役人のための教科書として『捷解新語』[1] というテキストがあったのですが，そのなかの敬語の使い方などが十分に研究されていなかった時代でしたので，それを資料として日韓敬語の対照研究をやったわけです。その時はまだ博士号を取るのが非常に難しかった時代でして，一度韓国に戻って，まずは韓国外国語大学で職に就きました。その後，『捷解新語における敬語研究』という論文で 1994 年に東北大学で博士号を取りました。

　敬語の歴史的な研究をしながら，一方では現代語の敬語にも興味があって研究してみたいと思っていました。あと，韓国外国語大学の学部生時代に東京外大の梅田博之先生に教わる機会がありました。その後，私が日本で大学院を修了して韓国に戻った時にちょうど梅田先生がソウル大学の客員研究員として韓国に来ていらしたので，韓国語の敬語を研究されている梅田先生からもたくさん影響を受けました。

　とはいっても，まだ自分の博士論文が終わっていない時でしたので，研究してみたい他のテーマがあっても，まずは『捷解新語』の敬語の研究をやりました。考えてみれば博士論文が完成してから自分の研究の方向が変わっていったと思います。

1）『捷解新語_{しょうかいしんご}』は 17 世紀に朝鮮で編纂された日本語学習用テキストです。

その後は，以前から興味をもっていた現代語の日本語と韓国の敬語の対照研究など
を始めました。

2 韓国帰国後の教育・研究の環境における変化

尹　韓国に戻ってこられてから，日本留学時代とはさまざまな意味で変化があっ
たのではないでしょうか？

韓先生　やはり日本にいる時と韓国にいる時とでは環境が違いますね。韓国で
入手できる研究資料も限られていましたし，どんな資料やデータを使って研究する
か考えないといけませんでした。それで 80 年代まではシナリオや小説などを使っ
て，そのなかに書いてある敬語を研究していました。当時韓国で日本語の現代語の
敬語研究をしている人は，そういう資料を使っている場合がほとんどでした。もち
ろんドラマというのは，やはり書いた人がいますので，今も，シナリオを研究資料
として使うことの限界は少し感じています。しかし，当時ドラマのシナリオを資料
にして言語の使い方などを研究された日本語の論文がありまして，実際読んでみる
と非常に面白い内容でした。そこで，私も勇気をもってドラマを資料として研究を
始めました。研究してみるとなかなか興味深い内容になりましたので，『ドラマで
みる韓国人と日本人の言語行動』（韓 2007）という本にまとめて韓国で出版しまし
た。それを梅田先生が読んでくださり，「これは面白い」と言っていただいたので日
本でも出版することになりました。

そして，『韓国語の敬語入門』（韓・梅田 2009）を書いている時に，また次の研
究テーマを見つけました。韓国語も日本語も，上下関係や人間関係などによる敬語
の使い方において，結局，丁寧さの部分や配慮の部分が大事なんです。特に，韓国
語を使う時に，そのような意識が強くはたらきますね。でも，学術書や研究論文で
はあまり触れられていないことに気づきました。やはり人間関係のさまざまな要因
による敬語の使い方もそうですけど，本当は，あらたまりの部分や前置きなど，配
慮から出てくるのではないかと，そこに気がついていなかったような気がしました。
そこから，自分の研究が談話の方へ動いていきました。

ですから，歴史的にみると，敬語の研究というのは，人間関係と言語の形式とい
うものが非常に大事です。でも，だんだんやっているうちに，与えられた要因では
なくて話し手自身の表現・意図によってどういうふうに現れてくるかという，そこ
に興味が移りまして，その後の研究をまとめたのが，この『韓日言語コミュニケー
シ研究』（韓ほか 2013）ですね。

尹　なるほど。その後はいかがですか。

韓先生　もう最近でもないですが，インターネットの発達で人間関係の様子も変わってきていますね。そこで，知らない人に対してどのような敬語が使われているかといった研究をしていると，上下関係や親疎関係による敬語の使い分け，初対面の敬語なども出てきました。本当に色々面白いものが多いです。今の時代は，ウェブサイトの掲示板などを使って，匿名の不特定多数に対して質問したりしていますよね。それで，今度はそのウェブサイトの掲示板のなかからいくつかを選んで資料を集めてみました。でも，集めた資料をどうすればいいかと考えているうちに２年ぐらい経ってしまいました。数が数ですので，１人では作業も大変でしたし。それで，あいづちのことなど対話の研究をしていた人と共同研究のかたちで，自分が集めてもっていた資料の整理作業を一緒に始めました。対話や談話の研究をやっている人の認識と，敬語から入って配慮という観点からみている私の認識とは違うものだという点はよく知っていましたが，でも一緒にやってみると，やはり相乗効果が出てきました。

尹　完全に新しい研究テーマですね。

韓先生　その前は，ドラマを使って人間関係という要因で分析することが頭のなかにありまして，それによって本を構成していたのですが，今度はネット上で知らない人に対する書き込みの内容を見ました。すると，では親しい人同士はどうなのかということが気になりまして，韓国の映画を日本でリメイクしたものを３本使いまして，日本語版と韓国語版の同じ状況で用いられている表現の違いについて研究しました。

3　日本での留学経験と異文化体験の影響

大場　韓国に戻ってこられてからは，メディアの発展でドラマをかなり自由に見られるようになったからという，いわゆる外的要因から談話の方にいかれたのかなと思って伺いました。でも，それとはまた別に，日本での留学時代の経験との結びつきもあるようですが，ご研究されていることと留学して異文化に触れていたこととの接点のようなものはどのような感じだったのでしょうか。

韓先生　そうですね。留学して最初から史的研究をやろうとは思っていませんでしたが，周りの影響もあって博士論文では『捷解新語』をやりました。一方で，学部時代のご縁もあって，韓国語のネイティブとして梅田博之先生のご研究をお手伝いするチャンスも多かったということもあります。梅田先生は言語学者で，韓国語

がご専門でしたので，お手伝いしながら韓国語の研究にも少しずつ興味をもつよう
になって，現代語の対照研究も面白く感じるようになりました。敬語の研究はやは
り現代語の方が面白いと思いました。

　あと，先ほども文化のことを話しましたけれども，文化を知るということは本当
に難しいことです。たとえば，私が日本に最初に行った時，ちょうどテレビのある
学園ドラマが大人気でしたが，見ていると子供たちが先生の頭を殴ったり，「何や
る？」とか「○○とかしよう」といった非丁寧語で話をしていましたが，私はそれ
を見て，それが日本の文化だとは思わないで「やっぱりメディアって違うんだな」
というふうに思いました。子供が大人に対して敬語を使わないということは自分の
常識では考えられないことでしたので，ドラマでの作り話だと思いました。

　大場　違う世界として認識されていたのですね。

　韓先生　はい。ただのドラマでの話として見ていました。そして，ドラマを見て
いると，お母さんがときどき自分の子供に声をかける時や電話で話す時など，「母で
す」とか「お母さんです」とか言っていまして，これもやはり「ドラマだな」とし
か考えていませんでした。それが日本語らしい表現，日本の文化では適切な表現だ
とは来日するまでわかりませんでした。

　あと，もう一つの経験があります。私が学部を卒業した1971年には韓国外国語
大学にまだ大学院がありませんでした。本当は高校の先生になりたかったのですが，
高校に日本語科目ができたのは1973年度からです。それで学部を卒業した直後は
ある日系企業のソウル事務所に勤めていました。そして職場で見ていると，会社で
使う日本語の敬語が自分が知っていた一般的な敬語とまた違うんです。

　その会社は東京に本社がありますが，みんな「疲れた」とは言わずに，「しんどい，
しんどい」とか言って，東京の人なのにどうしてかと思いました。後になってわか
ったことですが，それは一種の会社用語みたいなものだったそうです。他にも，職
場で「〜していただく」という表現を覚えて使うようになりました。すると，「若い
人が日本語できますね」とか，「偉いね」とか言われました。

　その後，日本に留学しまして，大学院生になりました。最初は留学生会館にいま
した。その時に，私が近所の市場で「これを何とかしていただけますか」と言うと，
先生が「そんな「いただく」とかは市場で使わないよ」と言うのです。それで，さ
らに見ていると，「まいど。これ安いよ」とか言うではないですか。やはりその時も
異文化ショックのようなものがありました。韓国では，市場でもタクシーのなかで
も，とにかく年上の人には丁寧な言葉を使わなければなりませんから，文化の違い

を考えずに韓国の敬語の感覚で考えて，とにかく発想は韓国語で，言葉は日本語でということがたくさんありました。敬語を専門として学ぶようになってから，ドラマの会話や日常の会話を観察していて，「ああ，これは何か違うね」と，ようやくわかりました。

4 敬語研究と談話

尹 先生がこれまでやってこられたご研究では，ドラマや実際の会話のやりとりの分析など，大きい単位で日本語を分析されてきたりしたと思いますが，その意義についてはどうお考えですか。

韓先生 敬語の観点から談話をとらえる時というのは，結局，初めから最後まで会話のやりとりをみていきます。日本語の場合は最後の締めくくりの部分が非常に大事です。韓国語はほぼ，会話の最初の方で「그랬어요」という丁寧体の一種を使うと最後まで敬語のまま終わりますが，日本語の場合は，話の途中，親しみで緊張感がなくなると，もう非丁寧語を使ったりします。一つの発話者のなかで変化があったりしますので，そこが韓国語とは非常に違います。

あと，私は，談話の単位については，音声が言葉として表れてそれで意味が通る，そこまでをまとまったものとして談話の単位として考えます。たとえば，日本語の談話から指示詞や接続詞を取り出して，その使われ方などを分析している研究もありますが，自分ではあまり面白いと思いません。談話というのは，誰が話し手で，誰が聞き手なのかによって，文の構成や言葉の表現形式などが大きく変わってきますので，そこまでをすべて含めて一つのまとまりとしてみる必要があると考えているからです。

でも，最近の談話の研究というのはすごいですよね。韓国人の方が一方的に会話をやり通そうとしているとか，日本人の方がお互いに共話という感じで話す傾向があるとか。こういうことがわかってきたのは，やはり日韓対照研究を談話の方面でやっている人たちの研究成果だと思います。

5 日本語の研究と社会的貢献

尹 話は少し変わりますが，先生は研究者が自分の研究成果をもって社会に貢献し，社会に還元していくという点についてどのようにお考えですか。

韓先生 そうですね，研究をしている以上は，その成果を社会に役立たせたいと思っています。でも，医学や科学やITなどはすぐに世界を変えるような影響を与

えることができますが，人文学というのはそこまではなかなかいきませんよね。もちろん研究計画書を書く時には必ずこの研究が社会に役立つとか何とか書くのですが，実際すぐに目に見えるような効果はどうなのかというふうに考えてしまいます。ただ，徐々に変わってきたと思います。社会的貢献といった役割も自然と担うようになってきたような気がします。

　もう一つ。私は高校の教科書の著者でもありまして，私が教科書のなかに必ず書くのは，いわゆる言葉の意味や使い方などについてですが，そこにも色んな工夫をしています。たとえば，言葉が使われている文脈を正しく理解してもらえるように，4コマか8コマの漫画を使って言葉を使う状況を視覚的にもわかりやすく説明したりします。または，日本人のあいづちや断りの方法，そして褒め言葉などについて読者の理解に役立つようにコラムを書いて教科書に載せたりもします。大学生ぐらいの相手に対して「はい，よくできました」という言い方はあまりしないといったことを書いたこともあります。断り・拒絶の表現に関しても，「ここに捨ててもいいですか」「いいえ，いけません」とか，「芝生に入ってはいけません」とか，こういった直接的に禁止を表わす文型も実際の会話で使われる例はごく限られた場合だけですよね。ですから，単純に文型の紹介ではなくて，実際の日本語会話で使われる表現，すぐに使える表現をどんどん教科書の内容に取り入れまして，その後，韓国の他の日本語教科書でもそのような提示の仕方が広がっていきました。こういうのも，大学の外に向けた研究者の発信という意味では，社会的貢献の一つではないでしょうか。

6　草創期からの女性研究者・大学教員としての挑戦と努力

　尹　韓国へ帰国後は，大学で教育をされながら，後に日語日文学会の会長も務められたと伺いました。私の印象ですと，当時の韓国において大学や学会の組織というのは，どちらかというと男性社会ではなかったかと思いますが。

　韓先生　男の先生10人のなかに1人だけ女性という，今考えてみると大変だったような気がします。いつも緊張していました。私が勤めていた頃は，女性は大学の役職もあまり務めず，そして学会長というのは女性はやらないという時代でしたから。周りから勧められた面もあるのですが，私が学会長を務めたというのは非常に韓国の学会としては大きなことだったと思います。その後から女性の教員も同等の資格をもったといいますか，そういう象徴的側面もありますね。

　尹　そんななかで，先生は学会の会長をされながら，2003年の『日本文化叢書』

全6巻や，2013年に出版された『日本語学・日本語教育』の7冊も，多くの方と一緒に膨大な研究成果をまとめて本当に大きなお仕事を成し遂げられましたね。さぞ大変だったのではないかと推察いたしますし，ご自身で研究される時とは別の意味でご苦労もおありだったのではないかと思いますが，いかがでしょうか。

　韓先生　その時は，自分がただ学会長をやりたいというよりも，女性研究者のためにも責任をもってやり遂げなければならないのではないかという気はしました。その代わり，私の時からは，人材も多いし，2年ずつですとやや長い気もするので会長は1年ずつやればどうかと言い出して，1年の任期になりました。その学会長の任期1年間のなかで本6冊を出すということは本当に大変なことでした。

　私の本は『韓国語の敬語入門』（韓・梅田 2009）というタイトルでして，一般人が読むにはやや難しい面もありました。それ以前には1983年にテレビ講座をやったことがありまして，その時に解説を書いたりもしていまして，自分ではやさしく書いたつもりでしたが，やはり周りからは硬いとか，難しいといった指摘もありました。それで，一般人にもやさしく，多くの人に日本の文化をわかってもらえる，そういう本を出したかったのです。

　でも，私1人では絶対にできないことでした。私はもともと若い研究者と話すのが好きで，幸い，周りにいいアイデアをもっている方が何人かいまして，自分の計画を話して相談しました。あとは出版社を探すのが大変でした。一般人向けですから，まずタイトルはものすごく面白いものをつけましたね。後で出版の段階では研究者の先生たちが，私たちがつけたタイトルをまた変えたりして，結局まじめすぎるものになった気もしますが。日語日文学会で出したことになっているのですが，実際には執筆者が208人だったと思います。本当にいい研究者たちが自分の専門のことを書きましたから，決して自慢話ではありませんが，いまだそれはいい本だといわれています。最初の企画段階から依頼する時も，厳選という方針ももっていましたし，編集委員会でも最初の目的と違うものがあれば変えたりしました。そして，それがすべて1年以内にできて，その年の12月には『日本文化叢書』全6冊を出版できました。

7　後進へのメッセージⅠ：言語の個別性と普遍性
　尹　先ほども「若い研究者と話すのが好き」とおっしゃっていましたが，これまでたくさんの教え子を指導してこられたと思います。これから多くの若手たちが教育と研究という二つのことをどう結びつけながら，どのように取り組んでいけばい

いと思われますか。ご助言など，お願いいたします。

　韓先生　私は主に日本語の「敬語」について研究してきましたが，最近の研究は円滑なコミュニケーションを行うためには何が大事かという内容のものが中心になってきていると思います。学問でいうと，社会言語学やポライトネス（politeness），語用論などの分野がありますね。

　言語というのは，普遍性をもたなければならないと考えています。今はグローバル時代ですから日本語も韓国語も，世界言語の中の普遍性という側面をもう少し考えていく必要があると思います。韓国語も日本語もお互いに共通点が多く，お互いの言語について理解しやすい部分がありますが，もう少し視野を広げて，世界言語のなかでそれぞれの個別性と普遍性について考えていくこと，それが，これからの研究者のみなさんに期待しているところです。

　尹　言語のもつ個別性と普遍性について，もう少し教えていただけますか。

　韓先生　言語の普遍性と個別性というのは，敬語の観点からみると，たとえばこういうことですね。2000年に文部科学省の諮問に対する答申として「現代社会における敬意表現」が出ました。その後，2007年に文科省のさらなる諮問の答申として「敬語の指針」が出ました。でも，私はみていて思いました。その指針の内容は，言語の普遍性はもっているけれども，日本語としての個別性は十分に含まれていないのではないかと。結局後で反応がよくなくて，日本語の個別性を取り入れた敬語の指針をまた作ったと聞きました。

　日本語の個別性について敬意表現から考えてみると，たとえば，日本人は高校までは尊敬語や謙譲語といった敬語をあまり使わず，その後，意識的にそういう敬語を覚えて使うようになります。社会人の必修条件のような感じで，大人になって改めて敬語の使い分けを覚える場合が多いと思います。普通は「です／ます」を使って失礼にならない程度の敬語でも十分ではないかと思っている人も多いです。一方で韓国では，2-3歳の子供にも敬語をすごく教えますね。韓国だと，子供でもきちんと敬語を使わないと相手に失礼になる場合があります。

　さらに，日本語の敬語というのは，結局，聞き手中心になっています。聞き手に対する配慮のうえに，言語形式として，教養のあるものを使いなさいということですから，相手に配慮するという点では同じだと思います。こういった日本語の個別性と普遍性の問題をどうするかという点が，日本語の世界化のために考えていくべき課題の一つではないかと思います。もちろんこれは敬語だけの問題ではありませんし，文法などもそうです。

8 後進へのメッセージⅡ：日本語教育への提言

韓先生 もう一つは日本語教育の方です。先ほども言いましたが，最近は教科書に文化のことがたくさん載っていて，日本の三大祭りや，七五三は何歳で何月にやるとか，そういうことも詳しく紹介しています。それは一つの知識であって，「文化」というよりも「文化の知識」ではないかと思います。そのようなことも必要ではありますが，外国語教育・言語教育というのは何が目的かというと，まずは自分の必要なこと，たとえば日本に韓国人が1人で行った時にどのようにして1日を生きていくか，そういうことができるようになることだと，私は思っています。

　自動販売機があって何でも買える時代ではありますが，自分が必要なことが言葉で言えるようになるということが，まず言語教育がやるべきことの一つではないかと思います。日本人はあまり握手をせず，おじぎの方がいいとか，そういった文化も知らなければなりませんから，もちろん文化教育も必要です。でも，最近はちょっと文化を強調しすぎているのではないでしょうか。本当は外国語教育というのはもう少し，必要な言葉を話せるようにすることだと，私は思います。

　そして，外国人がそっくり日本人になるよりは，むしろ外国人としての存在感をもった方がよいと，私は思います。その人が外国人だとわかれば，私たちも外国人を理解しようと努力しますから，文化というのも一方的なものではないと思います。文化の理解はもちろん必要だと思います。でも今は，自分の国の歴史や文化もまだ十分に知らないのに，韓国の日本語教科書をみると，日本の文化に関する知識や情報を出しすぎている感じもあります。日本語を教える時も文化の話を楽しくするのはいいのですが，もともとの目的は言語教育ではないかと言いたいですね。

　談話もそうです。外国語教育でも談話全体の文脈が通らないといけません。何か食べたい時に，とにかく「食べたい」と言えば日本人はその意味はわかってくれます。だから，最初は，あまり活用のことを考えたり，間違ってはいけないと怖がったりせず使えばいいのです。意味が通ればいいです。長い文を作れるようになることよりも，まずは発話者が自分の言いたいことを端的にでもわかりやすく言えるようになることが重要だと思います。日本語学習者が自分の言いたいことを相手にきちんと日本語で伝えられるようになること，そこをしっかりやっていってほしいと思います。

　尹 今日は本当に貴重な数々のお話を大変ありがとうございました。

第17章　韓美卿先生へのインタビュー　　*223*

韓美卿先生の主要参考文献

◉主要著書・論文

韓美卿（1980）「捷解新語の言う敬語かたち―日本語の敬語と韓国語の敬語」『国語学研究と資料』*5*, 1–37.

韓美卿（1982）「韓国語の敬語の用法」『講座日本語学 12』明治書院

韓美卿（1995）『捷解新語における敬語研究』Pagijong Press

韓美卿（1995）『捷解新語における敬語形式用例集』Pagijong Press

한미경（韓美卿）（2004）『일본어고전문법（日本語古典文法）』太学社

韓美卿（2006）「韓日両国人の対人意識による敬語行動」『日本研究』*28*, 7–32.

한미경（韓美卿）（2007）『드라마로 보는 한국인과 일본인의 경어행동（ドラマで見る韓国人と日本人の敬語行動）』J&C

韓美卿（2009）「日本語の敬語の分類に関する一考察―「敬語の指針」をめぐって」『日本研究』*41*, 315–336.

한미경（韓美卿）（2012a）「한일영상매체 담화의 행위요구표현양상（韓日映像メディアの談話における行為要求表現の様相）」『일본언어문화（日本言語文化）』*21*, 211–233.

한미경（韓美卿）（2012b）「경어연구와 커뮤니케이션（敬語研究とコミュニケーション）」『일본어학연구（日本語学研究）』*34*, 25–41.

한미경（韓美卿）（2013）『일본어경어사（日本語敬語史）』太学社

韓美卿・梅田博之（2009）『韓国語の敬語入門―テレビドラマで学ぶ日韓敬語比較』大修館書店

한미경（韓美卿）・강창임（2011）「한일양국의 인터넷상의 「질문」의 담화분석―개시부와 종료부를 중심으로（韓日両国のインターネット上の「質問」の談話分析―開始部と終了部を中心に）」『일어일문학연구（日本研究）』*77*, 3–23.

한미경（韓美卿）［編著］（2013）『한일언어커뮤니케이션연구（韓日言語コミュニケーシ研究）』太学社

한미경（韓美卿）［編］（2013）『일본어학과 일본어교육（日本語学・日本語教育）1-7』J&C

일어일문학회편（日語日文学会［編］）（2003）『일본문화총서（日本文化叢書）1-6』Gloseum

◉主要教科書・教材

한미경（韓美卿）（1999）『엘리트일본어（エリート日本語）』時事日語社

한미경（韓美卿）（2000）『新엘리트일본어（新エリート日本語）』時事日語社

한미경（韓美卿）ほか（2010）『중학교생황일본어（中学校生活日本語）』教学社

한미경（韓美卿）ほか（2013）『고등학교일본어Ⅰ（高等学校日本語Ⅰ）』教学社

■インタビューを終えて

　インタビュー当日，韓国外語大で先生にお会いし，インタビューをさせていただきながら，本当に気さくで物腰の柔らかい方だと感じました。韓先生は，韓国における日本語研究の先駆者で，女性研究者としても草分け的存在です。学部を卒業される頃は大学院がまだできていなかったり，修士課程が終わる頃は同じ大学に博士課程がなかったりと，これまで，ご自分の思う方向にいくことができず，やむを得ず別の選択をせざるを得なかったということを，インタビューで初めて知りました。それでも，その歩みを止めることなく，ご自分にとってできる最大の努力で，最善の方向性を見出してこられたことに，一人の人間として，研究者として，たくさんの気づきを得ることができました。韓美卿先生のように，自分も立ち止まることなく，しっかり進んでいこうと思いました。今回のご縁に心より感謝しております。

（尹）

第18章
任榮哲先生へのインタビュー

大場美和子・尹　智鉉

任榮哲（임영철）先生は，1984年から大阪大学大学院に留学され，博士号取得後は韓国に帰国し，韓国における日本語教育および社会言語学の確立において，その礎を築いてこられた方です。日韓両国における言語や文化を比較した研究・教育活動を精力的に行い，その成果を発信してこられました。日韓の相互理解のために精力的にご活躍された，両国間の架け橋のような存在です。

ご経歴

1980–1984	駐韓日本国大使館勤務
1984–1990	大阪大学文学研究科博士前期・後期課程修了
1990	学術博士（大阪大学）
1990–1993	慶北大学校人文大学日語日文学科助教授
1993–2015	中央大学校文科大学日語日文学科教授（2015年2月にご退職）
1996–1997	大阪大学客員研究員
1999–2000	大阪樟蔭女子大学客員研究員
2000–2001	東京大学客員研究員
2001–2003	韓国・日本語学会会長
2002–2007	埼玉大学大学院客員教授
2004–2006	中央大学校日本研究所所長
2007–2008	国立国語研究所特別招聘客員研究員
2007–2009	中央大学校外国語教育院院長
2009–2011	中央大学校韓日文化研究院院長
2011–2012	首都大学東京客員研究員

インタビュー

日時・場所：2015年6月13日（日），任榮哲先生の個人オフィス（韓国ソウル）にて
聞き手：中井陽子・大場美和子・尹　智鉉

Point

▶日本語を学んで多様な情報の獲得へ

▶研究成果を社会に公開し，誤解や偏見を取り除く教育へ

▶指導教官のメッセージをキャッチして行動を

1　日本留学の経緯とその後の研究の発展

中井　まずは，先生の留学のきっかけと，その後の発展などからお願いいたします。

任先生　大学の日語日文学科を卒業した時に，ちょうどソウルの日本大使館で職員の募集があって，試験に通って採用されました。そこの領事が沖縄県出身で，最初のうちは，うまく聞き取れなかったんですが，日本について色んなお話を聞きました。もちろんその時は，少し慣れない感じもあったんですけれども……。そして，日本の外務省へ出張に行くチャンスがありました。出張中は日本が知りたくて，ほとんど寝ませんでした。

尹　実際に，日本に滞在して，自分の目で見たり，日本の方と触れあったりして，興味をおもちになったんですね。

任先生　そうですね。もっと勉強しようと，そういう気持ちが湧いてきました。それから，たまたま，領事が徳川宗賢先生の『日本の方言地図』（徳川 1979）という本を読んでいて，「大阪大学に行けば有名な先生がいらっしゃいますよ」と教えてくださって，日本に行って勉強してみたいと思うようになりました。そして，大阪大学大学院文学研究科の社会言語学講座の徳川・真田ゼミにチャレンジしました。日本出張と領事との出会いが，人生の転機を迎える一つのきっかけになりました。

中井　実際に，大阪に行かれたらまた方言が全然違うかと思うのですが……。

任先生　「「買ってきて」と「買うてきて」」とか（笑）。最初は，聞き取れなかったことがいっぱいありましたが，チューターがいたので，週1回会って，質問したり教えてもらったりしました。それから，博士前期課程に進み，最初は擬声語・擬音語に関して興味関心をもっていたんですが，なかなかうまくいかなくて困っていた時，指導教官の真田信治先生が，『日本語学』（真田 1986）に面白いことをお書きになりました。日本の社会言語学の大きな課題，在日韓国・朝鮮人の言語生活の実態の解明についてでした。

日本の社会言語学の問題として，実際はもっと取り組まなければいけないはずなのに，そして恐らくその認識は，多くの研究者が共有しているはずなのに，研究が行われていないという内容でした。その文面を読んで目からうろこが落ちました。

しかしながら，当時は，在日韓国・朝鮮人に関する調査研究は，非常に難しかったんですね。生々しい問題が絡んでいて，客観的・科学的な取り扱いが難しいところがあるけれども，そこを逃げずに一生懸命やってみたらどうかということでした。

　大阪には在日韓国・朝鮮人が多く住んでいて，私の場合，日本人よりは調査しやすいかもしれないと思って，在日韓国人の調査をするようになりました。このテーマで博士前期課程を終え，博士後期課程に進んで，ゼミで発表したら，徳川先生が，「アメリカに住んでいる在米韓国人の場合は，どうでしょうか」と。これは婉曲的な表現だったと思うんですね。アメリカへ行って調査してきてくださいという。

中井・大場・尹　（笑）

任先生　日本に住んでいる韓国人とアメリカに住んでいる韓国人とは，それぞれ言語環境が違うと思うんです。アメリカは多文化・多言語社会ですが，それに較べると日本は単一文化・単一言語社会のような状況です。それで，1988 年にアメリカへ行って，1 か月間ぐらいかけてニューヨーク，シカゴ，テキサス州のヒューストン辺りを歩きながら調査をしました。そして韓国人についても調査を行い，博士論文となりました（任 1993）。

　以降，博士の学位を取って帰国，大学に就職をし，これからどのように研究を展開していくべきかと思っていた時に，徳川先生にさらに発破をかけられたんです。「中国にも朝鮮族が沢山住んでいるんじゃないの？」と。それなら在中朝鮮族が多く住んでいる中国の吉林省へ行こうということで，延辺へ飛んで行って調査をしました。ただ，就職すると，調査のためにしょっちゅう海外へ行ったり来たりするのは難しいですよね。

　ちょうどその頃，水谷信子先生のあいづちに関する研究の論文（水谷 1984）を読んで，言語行動に興味関心をもつようになって，韓国人と日本人のあいづちの比較研究をしてみました（任・李 1995）。それから，韓国の学術振興財団の 2 年間のプロジェクトが通ったので，日本や中国で，大学院生と一緒に依頼行動や断りに関する調査をやったりしました（任・金 2012）。また，7 年間のプロジェクト（Brain Korea 21）でオーストラリア，ドイツ，スロベニア，フランス，スペイン，イタリア，イギリス，エストニヤ，ルーマニアなどで，日本人が日本文化をどのように世界に普及したのか，日本語教育の実態はどうであるかという調査を行い，国に報告したり発表したりしました（任・林 2009; 任 2010）。

　それから，国立国語研究所の尾崎喜光さんからは，対人行動に関する共同研究のお誘いがありまして，一緒に研究をするようになりました（尾崎 2008）。それから，

アメリカで言語人類学を研究された井出里咲子さんが，韓国の中央大学で日本語教育に携わるようになりました。そこで，井出さんが韓国で経験したこと，私が日本で経験したことなど，お互いの研究を活かして，『言語』に6回にわたって連載しました（任・井出 2000）。それがベースになって『箸とチョッカラク』（任・井出 2004）の出版となりましたが，趣旨は，韓国人と日本人が，お互いに誤解や憶測などをしないように，社会に役立つ本を書いてみようということでした。

　この本では，韓国語と日本語の挨拶やあいづち，敬語行動，授受表現，依頼や断りの仕方，さらには韓国人と日本人の話題や褒め方の違いなど色々な内容を扱っています。ただ，学部レベルでは少し難しいので，大学院生の授業で使っています。今年も高麗大学で依頼があって，韓国と日本の言語と文化について講義をしました。

2　韓国の日本語学習者の激減

　任先生　韓国の日本語教育は，かなり危機に瀕している状況ではないかと思うんです。日本の国際交流基金の 2013 年の調査報告をみますと，他の国では，日本語学習者数が増えているのに，韓国は減ってしまいました。昔なら，韓国は「日本語学習者大国」で，相撲にたとえると「東の横綱」だったんですね。しかし，今はもう，中国語に人気を奪われ，日本語に翳（かげ）りがみえはじめるようになって，残念ながら，以前に比べますと学習者が減ってしまったんですね。この状態では，今後，談話レベルまで教育をするのは無理ではないかという気もしますが。

　中井　談話レベルまでは無理とは，もう少し基礎の段階までということですか。

　任先生　せいぜい初級の会話や文法程度までではないかと思うんです。また，ネイティブの教師が求められる傾向にありますが，これは会話中心の授業で，実用面を大事にするということですね。そして，日語日文学科をなくしてしまった大学もあります。この結果，教師は「教養の日本語」の担当になります。これは，大体6か月間で「あいうえお」から始まって挨拶などの簡単な会話を扱う時間が多くなります。さらに，日本への留学生が少なくなってしまった，ということですね。

　それに，韓国の日本語教育の現状をみてみますと，語学とか文学に少し偏っていることも問題だと思います。もう少し幅広く，日本の歴史・政治・経済・社会・文化などをも教えるべきだと思っておりますが，カリキュラムを変えるのが至難の業ですね。専攻の先生も少ないですしね。

　中井　日本語の魅力がなくなるというか。

　任先生　日本語の魅力がだんだんなくなりつつありますね。昔は，修士課程を修

了すると，「教養の日本語」を教えていたんですが，最近はこの授業も減ってしまい，大学院を修了しても教えるところがなくて，困っていますし，そのうえ，大学院への進学者が少なくなってしまい，厳しい状況に立たされていますね。泣き面に蜂の悪循環といえるでしょう。

このように韓国における日本語教育は，色々と危機に瀕していますので，これからは幅広く，日本の文化などと結びつけたカリキュラムを開発して，広くオープンにして教えるべきだと思っております。関連して，ちょっと自慢話みたいなことになってしまいますが，中央大学校の日語日文学科では日本文化の色んなジャンルを紹介してきました。管見によれば，韓国で日本の歌舞伎を最初に公演したのは，中央大学です。最初のうちは，反対もかなり強く，警戒心もありました。それでも歌舞伎をやったり，能や狂言を公演したりしました。それから，日本舞踊，落語，太鼓，茶道，カルタなども。

大場　幅広い。

任先生　最近は，松阪慶子さんがお見えになって『万葉集』の朗読劇をやりました。それから，茶道の裏千家からは，ほぼ毎年大宗匠が直接お見えになって，シンポジウムをやったり，お茶を点てていただいたりしました。学生からは，お茶を点てるのを見て「あれ，何ですか」「お茶を飲むのにあんな形式がいるんですか」という反応もありました。日本の茶の湯の奥深さを知らないから，疑問に思うのは当然かもしれません。ただ，去年，今年は，政治的に韓日関係がかなり冷え込んでいて，日本と何かをやろうとすると少し問題というか……。たとえば，中央大学校で，毎年2回春と秋に日本から先生をお招きしていた学術シンポジウムも，今は開いていません。今，そういうことが何となくやりにくいようなムードなんですね。マスコミの影響などもあると思いますけれどもね。

中井　中央大学校で，日本文化を紹介し始められたのは，何年頃だったのですか。

任先生　2000–2001年頃からでしょうかね。15年以上ですね。

中井　その頃が全盛期で，学習者も多かったんでしょうね。

任先生　多かったです。そういう時代もあったんですね。

3　言語を学習する利点

中井　先生は，幅広い観点から教育を全体的に行わなければいけないとお考えのようですが，そのなかでの言語とはどのような位置づけなのでしょうか。

任先生　色々と位置づけられると思うんですが，私は，言語は一つの道具だと思

っております。言語を習得して，そこから何かを知るためにうまく利用すればいいのではないでしょうか。たとえば，日本語がわかれば，日本語を通じて色々な情報が入手できますよね。日本がこんなに発展したのは，翻訳という素晴らしい文化があったからではないかとも思うんです。昔の中国の古い文献や欧米からの文献を日本語に訳して，それを呼び水とし，国や個人の発展のために活かしてきたんですよね。

それから，韓国の大学の先生の研究室には，日本の留学経験がなくても，日本語の書籍や翻訳書がある場合が結構多いんですが，これは，日本人がどのように研究しているのか，その分野の最近の動向がどうであるかを参考にしたいからではないでしょうか。つまり，日本語を道具として利用すれば，色んな情報が手に入り，もっと夢が広がっていくのではないでしょうか。それで，私はいつも，日本語がわかれば，古今東西の文化や思想，経済，政治などに関する色々な情報が得られるから日本語を勉強してほしいと主張しつづけてきました。日本語を習えば自分の言語や文化などが歴然とみえてきますし，日本語を通じて異文化と接触し，視野を広げることができますよね。そのようにして，韓国における日本語の位置づけをとらえなおす必要があるのではないかと思っております。

中井　逆に，日本語がブームだった頃は，なぜ学習者が増えたのでしょうか。

任先生　そもそも，外国語を学ぶ理由は，二つの典型があり，「教養言語」と「実用言語」に分けられますね（井上 2000: 34-35）。もとは，西洋でも東洋でも教養のための古典語（ギリシャ語，ラテン語，漢文など）と実利的利用のための近代語とは，はっきり分かれていたんですね。それで，日本語の学習者が増えた理由は，就職などに役に立つ実用的な日本語，そして，即戦力としての日本語が背景にあったんじゃないでしょうか。つまり，すぐ隣に，自分の国より先に立って行く国があるので，日本語がわかれば，直接日本人と話しあったり，日本語の文献を通じて，その国ではどのようにやっているのかがわかり，すぐ応用がききますからね。

中井　仕事にも役に立つし，研究の世界でも応用がきくということですね。

任先生　全くその通りです。日本語を知っている人には，色々面白いことがあったんじゃないでしょうか。

中井　少し大きな質問になりますが，先生は，特に，日本と韓国の文化と言語の比較をされてきていますが，そこの根底にある相違点や共通点のようなものが，どんなところにあるとお考えでしょうか。私も今回のインタビュー調査で，韓国に来させていただいて，すごく何か不思議というか興味があるんです。すごく似ている部分と違う部分があって，日本語学習者の人たちもそういうところに興味をもって

新鮮な驚きと安心感とがあったと思います。根底に何が流れているんでしょうか。

任先生　難しい質問ですね。まず，言語的にみてみますと，違うところもありますが，似ている面もたくさんありますね。韓国語にも日本語の「コソアド」や「テニヲハ」にあたるものもありますし，語順もよく似ていますすし，「オノマトペ」も多く，同じ漢字文化圏なので同一の漢字を使ったり，敬語というものが体系的に発達していたりしますよね。

それから，言語行動の面も，似ている部分も違う部分もありますね。たとえば，褒め方一つみても，韓国人は相手の所持物や外見を褒める傾向にありますが，反面，日本人は相手の才能を褒めるという違いがありますね（金 2012）。それから，依頼や断り方などでは，韓国人と多少なりとも付きあった経験のある日本人は，韓国人の話し方はあまりにもストレートで，少し圧倒されるくらいだとか嫌気がさすとかという場合が結構多いかもしれません。このように，韓国人は自分の意思を言葉でもって明確に伝えることに価値をおき，わだかまりなく本音を率直に伝えることが，後腐れもなく気持ちいい人間関係の形成につながると考えているんですね。

こうした韓国人とは対照的に，日本人は直接的な表現よりも個人間の意見の衝突や対立を極力避けて，話者相互間の「察し」や「配慮」を介して間接的で曖昧な表現を用いることが多いですね。これは相手を傷つけることを避けたいという気持ちから生じる行動でしょう。でも，一概にはいえませんが，欧米などと較べると，韓国と日本は，言語的にも文化的にも相違点より類似点の方が多いと思われます。

4　社会に役立つ研究

任先生　少し話が広がりますが，徳川先生が1999 年にウェルフェア・リングイスティクス[1] という考え方を提唱されましたが，これからは，そういう方面に興味関心をもって研究を展開していくべきではないかと思うんです。研究者は，世の中に関係なく，伝統的なパラダイムに沿って，自分の研究分野を楽しみ，真理を追求することも大切ですが，社会に貢献することをも考えるべきではないかと思います。

つまり，これまでの研究成果を，どのように社会に役立てるか，足りないところ

---

1) Welfare Linguistics: 社会言語科学会初代会長の徳川宗賢氏が提唱した概念で，「福祉言語学」「厚生言語学」とも訳される。科学者の社会的責任として，目指すべきは「人々の幸せにつながる」「社会の役に立つ」「社会の福利に資する」言語・コミュニケーション研究であるとしている。詳細については，徳川・ネウストプニー（1999）を参照されたい。

はどこなのか，そういうことを考える時期になっていると思います。今後の言語研究のあり方を方向づける福祉と幸福のウェルフェア・リングイスティクスを提唱するもので，全く同感ですね。

それで，今まで日本語を教えたり，日本文化を教えたりしてきましたが，逆に韓国のことも日本に発信したくなりました。その一環で書いてみたのが『韓国の日常世界』（任 2004）です。韓国人は日常的にどのように生活を営んでいるのかという内容です。中国にも紹介したくて，中国語版も出しました（任 2010b）。それから，研究を社会に役立てるには学際的（interdisciplinary）な共同研究が必要ではないかと思うようになって，色々なチームと組んで共同研究をやったりしました。

中井　共同研究のメリットというのは，どのあたりなのでしょうか。

任先生　一つは，日本人や韓国人だけでは思いつかないところを共同でやることで，ある言語現象が浮き彫りになってくるところだと思います。もう一つは，共同研究を通じて得られた知見を，お互いに紹介できるということではないでしょうか。日本の結果を韓国に紹介したり，韓国の結果を日本に紹介したりすることですね。たとえば，これは韓国と日本と台湾との共同研究で，国・国民・言語のイメージ形成について調査をし，韓国語版と日本語版を出版しました（齊藤ほか 2012）。お互いに理解を深めるため，少しずつでも地道にやっていけばいいと思います。このように共同研究によって，先ほどおっしゃった韓日の根底に流れているものがより鮮明にみえてくるかもしれませんしね。

5　恩師からの学びを院生の教育へ

中井　任先生は徳川・真田両先生のもとで博士論文を書かれたのですよね。

任先生　はい，そうです。当時の大阪大学には，徳川宗賢先生，寺村秀夫先生，佐治圭三先生がいらっしゃいました。徳川先生のところに真田信治先生，寺村先生のところに仁田義雄先生，佐治先生のところに土岐哲先生が，それぞれ，助教授としていらっしゃいました。

当時の大阪大学は，講座制で，私の場合は指導教官が 2 人でした。論文を書く時は，まず，日本人のチューターに日本語をチェックしてもらって，真田先生のところに持っていきます。それで，コメントなどをいただいてから，さらに修正を行い，徳川先生のもとへと，こういう段階を踏みました。かなり厳しかったといえば，厳しかったですね。

中井　その時に，任先生が受けた影響みたいなものは，おありでしょうか。

任先生 たくさんあります。学問に対する真摯な姿勢については，枚挙に暇がないんですが，非常に些細なことをご紹介いたしますと，徳川先生からは，日常の生活の中で手紙というのはすごく大事だということを教わりました。徳川先生はいつも鞄の中に，葉書を持っていらっしゃいました。非常に達筆で，筆まめでした。それから，真田先生は，手帳の訂正は修正液できちんと消します。今は，私も実行していますけれどもね。

それから，教えるスタイルも，大体，両先生から習ったことをそのまま院生の指導に活かしているのではないかと思いますね。ゼミの発表では，ストレートには質問しにくいというか，相手がキャッチできるように遠回しに言ったりします。ストレートな表現をそれほど好まないのは，両先生から教わったことかもしれませんね。

学位を取った時には料亭に招待してくださったんですよ。この部屋の２倍くらいの大きさだったと思うんですが，徳川先生が前に座っていらっしゃいました。将軍の前なので（笑），恐縮して畏まっていたんですが，人生最大のもてなしでしょうか。

中井 先生は，一番弟子ぐらいでしょうか。

任先生 一応，韓国人としては一番弟子ですね。それから，博士学位は，外国人としては最初に取りました。

中井 それはもう，料亭ですよね（笑）。

任先生 （徳川先生の手書きの資料を見せながら）これは，徳川先生の字のスタイルです。私は，これを真似たのです。

中井 字までですか？

任先生 そうですね。１から10まで，全てを真似したかったんですね。「真似から学ぶ」というじゃないですか。

中井 字の書き方だけでなく，筆まめは言語に関することですし，遠回しなアドバイスも言語の使い方ですし，修正液についても言語というのはきっちり記述しなければいけないという研究の姿勢が感じられますね。

大場 そういうメッセージを任先生ご自身がきちんとキャッチされて，それを研究や教育に反映されているのかなあと思いました。

任先生 そうかもしれませんね。そして，徳川・真田ゼミでは，ゼミが終わると飲みに行くことがありました。その時に「今日の発表は，こういうところが少し問題だったんじゃない。これからはこのようにしてみたらどうでしょうか」などと教えてくださいました。実際の発表の時に，すぐ質問するというのは難しいですよね。一杯入ったら本音が言いやすくなるかもしれませんね。それが勉強になりました。

中井　任先生が，院生教育をなさる時も，そのようなスタイルですか。

任先生　もちろん，そうなんですよ。

大場　即答ですね（笑）。

中井　お話を伺っていると，大阪大学の影響が大きいようですが，院生教育ではどういう理念で研究者や教育者の養成にあたられていたのでしょうか。

任先生　私のもとで修士論文や博士論文を書いて学位を取った院生もいますが，一応，私のところは留学のための準備段階だと思っております。それで，なるべく語学をはじめ日本文化や日本事情など基礎的なことを学んで，日本へ行くよう院生に勧めて日本の大学院にたくさん送り出しました。語学は直接その国へ行って習った方がいいという信念がありました。しかし，最近は日本へ行く学生が少なくなったので，残念で仕方がありませんが……。

6　ウェルフェア・リングイスティクスの影響

中井　ウェルフェア・リングイスティクスについては，徳川先生は授業や指導の中で何かおっしゃったりしていたのでしょうか。

任先生　授業では，そういうことはなさらなかったんですね。『社会言語科学』にウェルフェア・リングイスティクスについての対談が載った時には，私はすでに帰国して，日本語教育に携わっていた時期だったからです。もちろん，対談を拝読して色々と刺激や影響を受けました。

中井　そのウェルフェア・リングイスティクスの影響は，任先生に具体的にどのように及んだのでしょうか。

任先生　難しい質問ですが，従来の文法構造の解明とか音韻体系といった言語記号がつくる言語の内的な研究を尊重すべきことは至極当然ですが，その呪縛に縛られない新しい視点で言語の体系とは直接関係をもたない外的な研究から光を当てることもすごく大事だということですね。こういった視座から，韓日のコミュニケーション・スタイルに着目し，言語と文化の実態を解明することは，とても意義のあることだと思うようになりました。そして，誤解や偏見をなくすには，研究をして，その結果を公にして改善策を模索しなければならないと思うようになりました。

中井　そのための研究なのですね。

任先生　そうです。井出さんと2人で書いた『箸とチョッカラク』が，まさにそうなんですが，これは，ある言語現象を明らかにし，お互いに先入観による誤解や偏見をもったらいけませんよということを広く知らせたかったんですね。つまり，

第18章　任榮哲先生へのインタビュー　　235

韓日相互間の言語文化や価値観，そして，コミュニケーション・スタイルなどを理解しましょうということです。

　　中井　知識がないまま，日本の規範で韓国をみると，韓国人のことがよくわからなくなってしまうんですね。そこを先生が間に入られて，双方の対照研究をなさっているということでしょうか。

　　任先生　そうですね。日本人の立場からみれば，ごく当たり前のことが，韓国人の立場からみれば不思議にみえることがありますね。一例として，韓国人は日本人が割り勘をするのをみて，日本人はケチだと短絡的に考えてしまうことがあります。要するに，「韓国人はこうなのに，日本人はこうだ」とステレオタイプ化してしまうことですね。これはいけませんね。韓国人と日本人の違いをことさら強調するのではなく，言語行動や言語運用の背景にある要因を，それぞれの社会・文化のなかで徹底的に究明し，お互いが色眼鏡をかけて相手をみたり，相手をカテゴリー化してはいけないということをわからしめることが肝心ですね。

　　中井　外国人の視点を入れることで両方の文化がみえてくるということですね。

　　任先生　全く，おっしゃる通りです。こういう研究がもっと多くなればなるほど，研究が社会に貢献できると思います。こういう本を読んだり教育で活かしたりすることで，お互いに誤解や偏見もなくなるのではないでしょうか。そして，教育はすごく大事で，教育を通して，ギクシャクしている韓日の関係も，きっと仲良くなるのではないでしょうか。

7　これまでの研究の振り返り

　　大場　先生が日韓の社会言語学を比較された論文（任 2014）を拝読して，本日お話を伺っていると，先生がご関心をもたれてきた研究の経緯が，まさにこの論文の各節の題目になっているのだなと気がつきました。これまでの研究成果を総合的にみなおすメタ研究をされたきっかけは，研究成果を伝えることで教育へつなげ，そして，誤解や偏見を解くといった道筋をお考えになったということでしょうか。

　　任先生　一応，そのように思っております。それから，この論文は実は社会言語科学会の講演の依頼がきっかけです。「私にはとてもじゃないけど無理です」と断ったんですが，再び依頼があって，それで真田先生に相談したところ「いや，そんなことないよ。今までやったことを整理して話せばいいんじゃないの？　あなたは実績があるんだから，そのなかから選んで，自分の研究史そのものを話したら十分じゃないの？」と励まされて，「よし，そしたらやってみよう」と勇気を出して，奮

ってお話ししたんです。

　まず，在日・在米韓国人および在中朝鮮族の調査結果を述べ，次に徳川先生のウェルフェア・リングイスティクスがベースとなった『箸とチョッカラク』のなかから一部を拾い，尾崎さんとの共同研究の成果などを盛り込み，これまでの研究を順序立てて披露しました。講演では，国立国語研究所の前所長の杉戸清樹先生をはじめ有名な先生方が前に座っていらっしゃったので，本当に緊張して汗をかきました。

　大場　実際，このようにご研究をまとめられてみて，いかがでしたか。

　任先生　色々足りないというか，もう少し面白いことも書けたのにうまく書けなかったというか，韓国と日本のこれからの研究者のために，もう少し提言などをすべきだったのかとか……。

　大場　膨大なご研究をまとめて，なお，厳しい姿勢でいらっしゃるのですね。

8　今後の研究者・教育者へのメッセージ

　中井　提言という言葉が出てきましたが，ぜひ，今後の日本や韓国で研究や教育をしていく人たちへのアドバイスなどをいただけたらと思います。

　任先生　まず，しっかり理論をふまえたうえで，調査なり記述なりをしてほしいということですね。調査をして，その結果を公表したらいいという安易な考え方をしたり，調査結果がこうであると結果だけを優先してしまったりすることがあるように思います。つまり，調査結果の位置づけをあまりにも軽く言ってしまうことで，それが，かえって誤解や偏見につながってしまうという可能性について，もう少し深く考えてみてほしいですね。

　実際，調査というのは難しいし，調査結果の解釈はもっと難しいと思います。自分が行った調査が何を調べたものなのか，さらに，そのデータからどこまでのことがいえるのかということをより科学的に検証しつつ，研究を進めてほしいですね。

　中井　もっと言語現象の深いところまで，根底に流れているものをみた方がいいということですか。

　任先生　はい。ある言語現象の根底に流れているものを突きとめるには，言語学に関する知識だけでは解決できないことが多くあると思います。社会，文化，歴史など諸分野について幅広く学んでおく必要があると思います。

　それから，これから日本語教育をしていく人たちは，日本人ならば，誰でも日本語教師はできるといわれた時期は，とうに過ぎました。教育の専門性を認識して，実力向上に努めるべきだと思います。単なる日本語そのものについての十分な言語

学的知識ばかりではなく，教師自身の言語能力，また日本文化，国際事情などへの広い理解が求められますね。特に，学習者の有する価値観や思考，行動様式，社会的背景などを十分に認識し，立場の違いを理解できる広い視野をもつことが必要であると思っております。

任榮哲先生の主要参考文献

●主要著書・論文

任榮哲（1992）「二言語併用の社会言語学的研究―在日・在米韓国人の実態調査の結果から」『日本語学』*11*(13), 102-116.

任榮哲（1993）『在日・在米韓国人および韓国人の言語生活の実態』くろしお出版

任榮哲（2004）『韓国の日常世界―生活・社会・文化の基礎知識』ベストセラーズ

任榮哲（2005）「韓國語における配慮表現―日本語と比較して」『社会言語学』*13*(1), 229-247.

임영철（任榮哲）（2008）『한국어와 일본어 그리고 일본인과의 커뮤니케이션（韓国語と日本語，そして日本人とのコミュニケーション）』太学社

任榮哲（2010a）「ヨーロッパと東アジアにおける日本文化に対するイメージ」『フランス日本語教育』*6*, 202-209.

任榮哲／孫海英［訳］（2010b）『韩国文化迷你手册』外语教学与研究出版社

任榮哲（2014）「日本社会言語学との出会い，そしてその後の道程」『社会言語科学』*16*(2), 4-17.

임영철（任榮哲）（2015）『일본인은 왜 속마음을 말하지 않을까（日本人はなぜ本音を言わないのか）』Sallimbooks

任榮哲・李先民（1995）「あいづち行動における価値観の韓日比較」『世界の日本語教育』*5*, 239-251.

任榮哲・井出里咲子（2000）「似ていて違う？―ことばと文化の日韓比較（1）〜（6）」『言語』*29*(7), 98-103; *29*(8), 92-97; *29*(9), 100-106; *29*(10), 100-105; *29*(11), 100-105; *29*(12), 78-83.

任榮哲・井出里咲子（2004）『箸とチョッカラク―ことばと文化の日韓比較』大修館書店

任榮哲・林之賢（2009）「ヨーロッパにおける日本文化の発信と日本語教育―仏・伊・スロベニアにおける大学生の対日意識を中心に」『ヨーロッパ日本語教育』*14*, 108-115.

任榮哲・金允喜（2012）「依頼行動における個人情報要求への負担度に関する一考察―韓中日3ヶ国の大学生を中心に」『日本研究』*17*, 高麗大学校, 159-178.

齊藤明美［編］生越直樹・篠原信行・任榮哲・齊藤良子（2012）『言語学習と国，国民，言語に対するイメージ形成の研究―日本と台湾の韓国語学習者と韓国と台湾の日本語学習者を中心に』J&C

真田信治・生越直樹・任榮哲（2005）『在日コリアンの言語相』和泉書院

●主要教材・教科書

임영철（任榮哲）（2009）『한국문화를 일본어로 소개하는 사전（韓国文化を日本語で紹介する事典）』J&C

임영철（任榮哲）ほか（2012）『고등학교 일본어』1（『高等学校 日本語』1）天才教科書

임영철（任榮哲）ほか（2013）『고등학교 일본어』2（『高等学校 日本語』2）天才教科書

参考文献

井上史雄（2000）『日本語の値段』大修館書店
尾崎喜光［編］（2008）『対人行動の日韓対照研究―言語行動の基底にあるもの』ひつじ書房
金庚芬（2012）『日本語と韓国語の「ほめ」に関する対照研究』ひつじ書房
真田信治（1986）「社会言語学の方法」『日本語学』5(12), 4–12.
徳川宗賢［編］（1979）『日本の方言地図』中央公論新社
徳川宗賢・ネウストプニー, J. V.（1999）「ウェルフェア・リングイスティクスの出発」『社会言語科学』2(1), 89–100.
水谷信子（1984）「日本語教育と話しことばの実態―あいづちの分析」『金田一春彦博士古稀記念論文集　第二巻　言語学編』三省堂, pp.261–279.

◆インタビューを終えて

　このインタビューは，任先生のソウルのオフィスにお邪魔して行いました。当日，任先生は，場所がわかりにくいからとわざわざ近くまで笑顔で迎えに来てくださいました。インタビューでは，研究や教育のお話に加え，字まで真似たという任先生の恩師徳川先生，真田先生に対する強い敬愛の念が印象的でした。任先生が貪欲な探求心をもって日本に留学し，指導教官から多くを学んだこと，それがその後の研究や教育にも大きく影響していることがよくわかりました。任先生から多くを学んだ学生が，今後の日韓の相互理解へとつながる活躍をしてくれるものと思います。

　このインタビュー時の日韓関係は，残念ながら良好とは言いがたい状態でした。でも，私の韓国出張のフライトは，東方神起のコンサートのためになかなか予約が取れずに苦労をしたのもまた事実であり，日本と韓国の関係は多角的にみていかなければならないと実感しました。そのためにも，研究者は研究成果を積極的に社会に公開し，多くの人が自分で日韓のやりとりの仕方やその背景を解釈できるようにしていくことが大切だと思います。この研究成果の公開に，会話データ分析は大いに貢献できるものと思います。　　　（大場）

第 19 章
櫻井恵子先生へのインタビュー

尹　智鉉

櫻井恵子先生は，東京大学大学院教育研究科在学中に国際交流基金の日本語教師養成講座で1期生として学ばれ，最初の赴任先であるタイの大学で日本語教師の仕事を始められました。その後，ご家族とともに1982年に韓国に渡って以来，現在に至るまで韓国の日本語教育のためにご尽力をされ，韓国OPI研究会の会長なども歴任されました。また，日本語教育の分野のみならず，韓国の多文化共生社会づくりのためにも精力的に活動されています。

ご経歴

1970–1977	東京大学大学院教育学研究科修士課程・博士後期課程
1974–1976	タイ・国立タマサート大学日本語講師
1982–1994	韓国聖心女子大学客員教授
1982–1983	KBS（韓国放送公社）日本語講座
1994–2012	韓国仁荷大学校日語日本学科教授
1999–2003	韓国OPI研究会会長，ACTFL公認OPIテスター
1999–2003	韓国日語教育学会副会長
1994	日韓合同教育研究会創立
2013	韓国継承日本語教育研究会発足

インタビュー

日時・場所：2015年6月12日（木），櫻井先生のご自宅（韓国京畿道）にて
聞き手：尹　智鉉・中井陽子

> **Point**
> ▶世界への関心が日本語教師という仕事へ
> ▶韓国における日本語教育の現場でたゆまぬ努力と挑戦
> ▶韓国の社会の中で，日本語教師として，そして生活者として生きる

1 平和への祈りと日本語教育のはじまり

尹　まずは日本語教育を始められた頃のお話から聞かせていただけますか。

櫻井先生　私はもともと大学院で比較教育学を専攻していましたが，知りあいの先生に「行ってみないか」と言われまして，国際交流基金の日本語教師養成講座を受講しました。それが終わったら日本語教師として海外の好きなところに行かせてくれるという，そういう時代でした（笑）。それで，東京大学の博士課程は一度休学して，国際交流基金からの派遣でタイのバンコクにある国立大学に赴任しました。

尹　最初の海外赴任先はタイだったんですね。

櫻井先生　はい，一番はじめに。その時に日本の外務省が資金を提供して東南アジアの大学に日本語講座が設置されるようになって日本語教育を担当する講師を日本から派遣していましたが，やはり大学で教えるためには修士号がないとだめということでした。当時，日本語教育の大学院といえば国際基督教大学ぐらいしかありませんでしたので，日本語教育学の修士号をもっている人がほとんどいませんでした。それで，すでに他の専攻の修士号をもっている人に対して日本語教育の集中講義のようなものを受けさせてから海外に送り出していました。私は，大学でもともと比較教育をやっていたのですが，国際交流基金で１期生として日本語教育の集中講座を受講しました。当時水谷修先生とか，文法は鈴木忍先生，それから木村宗男先生とか，すごく有名な方たちに教えていただきました。

中井　その頃，タイで教科書はどのようなものをお使いだったのでしょうか。

櫻井先生　私が行った時はアメリカで出版された英語で解説しているような教科書でした。

中井　タイ人の学生は結構英語ができますか。

櫻井先生　まあね。きっと日本人よりはできるかもしれないけど。でも，英語で教えるのはよくないということで，日本から帰ってきた若いタイ人の先生が一所懸命タイ語ベースの日本語教科書を作ろうとしていたのですが，私が赴任していた時代はまだ英語ベースの教科書を使っていました。

あと，当時の日本語教育というと，やはり文法とか音声教育とか，いわゆる日

本語学の各分野を重視した，すごく堅い日本語教育でした。一方，私は，もともと教育学の研究室でしたので大学院では授業分析とかカリキュラムなどを学びながら，自分では比較教育や国際教育などを主に研究していました。ですから，当時は二足のわらじを履いているみたいな感じでしたね。でも，後から日本語教育もすごく変わってきました。日本語学の観点だけでなく，学習ストラテジーとか，自律学習とか，授業分析という，もっと教育学的な内容や観点も注目されるようになったと思います。

　尹　日本語教師として，海外に行ってみようと思われたのは何かきっかけがありましたか。

　櫻井先生　私たちは日本の学生運動の世代なんですね。1967 年だったと思いますが，日韓のある学生交流に参加しまして，初めて訪れた外国が韓国でして，そこで既に今の（韓国人の）夫に出会いました。そのあと，日本で「アジア勉強会」というものをやりました。それは反戦運動をしていた方が組織した勉強会でした。大学に通いながら，自分たちが全部カリキュラムを作って，講師を呼んできて，アジア研究を 3 年間ぐらいやりました。そしたらもう呼ぶ講師がいなくなりました。その頃日本のアジア研究というものはまだ発達していませんでした。こうなったら自分たちが実際に現地に行って住んでみて，そこで生活しながら研究しようと，そのために海外に行く方法は各自がみつけるということだったのです（笑）。

　尹　激しい学び方ですね（笑）。

　櫻井先生　そうそう（笑）。ちょうどその時に国際交流基金が日本語教育の集中講座を始めまして，その講座を受講したら海外の大学に派遣するということでした。当時，韓国にいた夫とは文通をしていましたが，彼はまだ学生でして，日本へ留学すると言っていましたが，学費などの問題がありました。一方で，日本語教師は今と違ってすごく優遇されていましたから，私が出稼ぎに行ったんです。もちろん，タイに行って，実際海外で生活しながら仕事してみたいというのもありましたし，私のキャリアにとってもすごくよかったと思います。

　尹　タイにはどれぐらいいらしたのですか。

　櫻井先生　任期は 2 年でした。任期途中の夏休みには日本に一時帰国しまして，留学生として日本に来ていた夫と結婚しました。タイのタマサート大学で 2 年間の任期が終わって東京に戻ってきてから子供も生まれました。子育てをしながらも津田塾大学で教育学の非常勤をやっていましたね。その後，夫の日本留学が終わりまして，韓国の大学へ赴任が決まりましたので子供 2 人を連れて家族みんなで韓国へ

来ました。それが 1982 年です。

2 韓国における興隆期の日本語教育現場での日々

尹 韓国ではお仕事もされていたのですか。ちょうど 80 年代あたりから韓国の日本語教育は盛り上がりをみせはじめたのではないかと思いますが。

櫻井先生 そうですよね。色々な大学で日本語教育が始まりました。私が韓国に来たのが 3 月でしたので，ちょうど新学期も始まりまして，次の日から授業でした。最初は非常勤講師でしたが，子供はお手伝いの女性に預けて韓国に着いた翌日にはもう授業をやっていましたね。

尹 その時は最初から韓国に定住するお考えでしたか。

櫻井先生 そうですね。やはり家族がいましたので。

尹 それでも，韓国に着いた翌日から教育の現場に入っていかれたわけですけど，何か戸惑いのようなものはありませんでしたか。

櫻井先生 初めて教室を見に行きました。その頃は韓国でも日本語教育をやっていたというより，昔，日本語ができたとか，そういう理由で日本語担当の教員になっていらっしゃることが多かったのです。教室に行きましたら，学生たちが一生懸命に何かを復唱していました。よく聞いてみると日本語の古典の学校文法でした。私は一応日本語教育の教え方というものを習っていたわけですから，「えー？」という感じです。

尹 でも，韓国の社会状況から考えますと，きっと入ってきたばかりの人間がいきなり変えるなどできないですよね。

櫻井先生 そうです。教科書もかなり古いものをずっと使っていました。昔，日本で勉強なさったのかな。今は使っていないような表現。たとえば，「よろしゅうございますか」という敬語表現とか，そういうものをかなり早い段階で勉強するんです。それから「明日は天気になりましょうか」とか，そういう表現も。「すごく困るなー」というものがたくさん入っている教科書でした。それも学校文法だし。それが日本語のスタンダードだったのです。

中井 教科書はそれしかなかったのですか。

櫻井先生 他のものがないことはなかったけど，もう昔から使っている先生もいらっしゃいましたので。「こういう表現は今は使わない」とか，「これはおかしい」という指摘ができない雰囲気でしたね。

中井 その教科書は韓国人の方が作られたのですか。日本人も参加していたので

第19章　櫻井恵子先生へのインタビュー　*243*

しょうか。

　櫻井先生　韓国人だけです。その本，今ももっているからお見せしましょうか。

　尹　（本を手に取って）この本ですか。興味深いですね。

　中井　貴重な資料ですね。その先生方が日本語を学ばれた時代の影響でしょうか。

　尹　日本語教育のものというより日本史とか日本の国語の教科書のようですね。

　中井　会話もあるみたいですがね。

　櫻井先生　こういうものです。「お立ちなさい」とか，「お座りなさい」とか，「なさい」というのが敬語で丁寧な表現として扱われています。「お立ちなさい」と言われたらちょっとびっくりしますよね（笑）。

　中井　出版が 1978 年 11 月ですね。櫻井先生も韓国にいらして最初はこの教科書で教えられたのですか。

　櫻井先生　いえ，私は会話の授業担当でしたから，この教科書は使いませんでした。会話の教科書は別にありました。

　尹　当時からも文法とかは韓国人の先生，日本語のネイティブの方は会話・作文といった役割分担のようなものはあったのでしょうか。

　櫻井先生　そうですね。だから日本人に文法なんか教えさせませんよね。

　中井　先生は会話でどのような授業をなさっていたのですか。

　櫻井先生　最初は韓国の聖心女子大学というところにいました。そこで教えたのは教養の日本語でした。日本語教師は誰もいなくて，シスターだけでした。日本で作られた日本語の教科書を英語で教えたりしていましたけど，韓国人の学生からすればやはり難しかったみたいで，それで，私が勝手に教科書を作りました。誰もいませんでしたから（笑）。

　中井　会話用の教科書ですか。

　櫻井先生　会話というか，教養科目の日本語授業用の教科書です。会話の部分を入れて，文法の解説もあってというような教科書を作りました。その大学に 10 年ぐらいいましたが，外国人だということで，ずっと客員教授だったのです。要するに，ずっと昇格はなしという客員講師でした。これではつまらないなと思っていたところ，仁荷大学が韓国人と同じ立場で日本人教員を募集していたので，そちらに移りました。仁荷大学は日語日文学科もありましたし。

　尹　教養科目の担当から専門学科の方へ移られてからは，学科の学生とか組織で求めることも少し変わったのではないかと思いますが。

　櫻井先生　そうですね。やはり日本語専攻の学科でしたし，やれることの幅みた

いなものが広がりますよね。仁荷大学に移ったのが1994年でした。ちょうどコミュニカティブ・アプローチとか入ってきて，そういうものを使って学生たちと色々やってみました。何より，やれることの幅が広がりましたね。教養科目の時は1年ぐらいしか取らないので，せいぜい中級ぐらいまでいく程度でしたから。仁荷大学の時は日本の大学と交換留学の制度がありまして，日本から留学に来る学生もいれば，韓国から留学生を送り出したりもしました。それはよかったです。

　尹　仁荷大学は，新しい教授法や教科書などを授業に取り入れようとすると，わりと自由に任せてもらえる雰囲気でしたか。

　櫻井先生　勝手にやりました（笑）。私たち日本人教員は主に会話の授業を担当していたこともありまして。だけど，コミュニカティブ・アプローチなんていうのは韓国では無理だとずいぶん言われましたよね。

　尹　最初は壁みたいなものがあったのではないかと思います。

　櫻井先生　そうですね。そんなものを韓国に適用しようとするのは無理だと言われました。

　中井　どうして無理なのですか。

　櫻井先生　今までそういうものをやってこなかったから。そういう「間違ってもいい」とかいうようなものはだめだと。文法でかっちり固めてからと（笑）。

　中井　基礎をかっちりということですね。

　櫻井先生　私はできるだけ日本の人と出会えるようなものをやりたいと思って，色々やったんですけど，そんなのは危ないとか（笑）。今は高校生たちもやっていますけど，日本人にインタビューしに行くというのがありますよね。自分が聞きたいことを聞いて，また調べて，アンケートして，発表するとか。そういうのをやったりしました。

　尹　教室の外と教室をつなげる活動ですね。

　櫻井先生　私はなるべくそういうのをしようと思って。日本人と実際日本語で話してみることができるように，日本から知りあいが来たら教室に呼んで話をしてもらうとか色々なプログラムをやってみました。

　中井　当時韓国ではそういう教え方があまりなかったと思いますが，先生はそういう新しい教え方などの情報をどこから得られたのですか。他の国の事例とか，英語教育とかですか。

　櫻井先生　そう，英語教育とか。あと，日本の国内の事例とかを日本語教育の雑誌などで読んで，面白そうなものがあったら，こっちでもやってみようとして，自

第19章　櫻井恵子先生へのインタビュー　*245*

分たちの状況でどういうふうに可能かなと考えたり，工夫したりしました。

3　日本語教師の教育観と教授法，そして教育政策

尹　先生が最初韓国に着任された 1980 年代から，1990 年代，2000 年代と，韓国の日本語教育もさまざまな面で変化しつづけてきたのではないかと思いますが，実際にはいかがだったでしょうか。

櫻井先生　そうですね。初めはやはり文法翻訳式でしたね。それが，すごく長かったです。文法翻訳式が基本みたいな。先生たちも自分がそれで習ってきたから，やはりそれじゃなきゃ安心できないみたいな部分はあったかもしれません。新しい教授法が入ってきても大学の先生はなかなか変えないのです。むしろ高校から変わりましたね。というのは，韓国の高校というのは政府の教育政策によってカリキュラムなどが決まりますからね。1997 年に韓国の教育部 [1] が新しい方針を打ち出しまして，外国語教育は一斉にコミュニカティブ・アプローチを取り入れることになったんです。日本語だけじゃなくてすべての言語がコミュニカティブ・アプローチでやるから新しい教科書を作れと。

中井　すごいですね。

櫻井先生　それで新しい日本語の教科書を作りましたね。私はその審査をやった方ですけど。全部コミュニカティブ・アプローチでやれということでしたけど，先生たちはそれが何なのかよくわからなかった（笑）。でも，教科書として出版するためには，政府が示している審査基準をクリアしないといけませんから。先生たちも色々工夫して，努力して。それでいくつかの教科書が選ばれました。高校で教えている日本語の先生たちも最初は戸惑ってしまったようです。「え？　これ，どうやって教えるの？」みたいに。それでも結局頭を切り替えざるをえないので，そういう講習会なども結構開かれたと思います。政策の影響で高校の方は大きく変わったけど，大学はむしろ自由ですから，自分たちがやってきた方法でずっとやっていた気がします。

4　教育と研究の両輪

尹　続いて，教育と研究ということについてお話を伺えたらと思います。先生は，どちらかというと具体的な教育実践に基づく研究を主にしてこられたのではないか

---

1)　日本の文部科学省のように韓国の教育政策を管轄する省庁。

と思いますが，最初からそのような研究に興味をおもちだったのですか。

櫻井先生　そうですね。OPI（Oral Proficiency Interview）[2] の研究もやりましたし。純粋に理論だけという研究はあまりしていないですね。OPI は日本ではもうずいぶん長いのですが，韓国では 1996 年くらいに OPI のテスターを養成するワークショップがありまして，私は 2 期目に参加しました。勉強してみると，すごく新しくて，学ぶことが多かったです。その後，韓国でも OPI 研究会ができました。

尹　先生が OPI に興味をおもちになったのは 1990 年代の後半ぐらいのことですけど，それは長い間，会話の授業を担当されていたことも理由の一つなんでしょうか。

櫻井先生　ええ。自分でも会話の授業を担当してきましたけど，会話が上手だということの基準は何なのかとか，色々疑問がありましたから。あと，さらに会話力を向上させるためにはどうすればいいのかとか。OPI は一種のテストですが，それだけじゃなくて，そこから出てくるものはすごいです。結局学生たちのインタビューをとって，全部文字起こしをして，そこから分析しました。もちろん，談話研究をしている人のなかには，OPI は一種の試験みたいなものですから，少し特殊な会話だという人もいますけど。でも，ある基準に沿った構造みたいなものがあって，そこでのインタビューを分析してみて，この人はどういうレベルでどういうところが弱くて，どういうところを伸ばせばいいのかというコメントを書いていくのはすごく勉強になりました。

中井　そういう OPI テスターのご経験が授業に活かされたりしたのでしょうか。

櫻井先生　そうですね，どういう点を伸ばせば学生たちがもっと上手になるのか。たとえば，よくいわれますけど接続詞の使い方です。やはり単文で答えてはいけなくて，なるべく接続詞でつなげて長く話すとか。それによってレベルが上がります。

中井　先生は OPI 関連のデータで研究とかもよくされていますよね。

櫻井先生　そうですね，KY コーパス[3] というのがありまして，英語と中国語と韓国語の母語別に全部コーパスになっています。それを自分の研究で使いたいと言えば許可を得て使うことができます。それで研究された方がずいぶん多いですよね。文法研究はやはり学習者の実際の言語行動に基づいてやらないといけないといったことを述べている本もあります。それから，OPI のデータをもとにした中級，上級，

2）全米外国語教育協会が開発した，外国語の口頭運用能力を測定するためのインタビューテスト。

3）90 人分の OPI テープを文字化した言語資料〈http://opi.jp/shiryo/ky_corp.html〉。

第19章　櫻井恵子先生へのインタビュー　*247*

超級の教科書もありますね。そういうところでも調査結果が使われたりしています。教授法もそうだし，あと談話分析みたいに上級の学習者の談話を分析してみて，その特徴を探るとか。そして，超級に上がるためにはどういうことが必要かというのがそこから出てくるとかですね。

　尹　当然のことかもしれませんが，実践をやることと，それをじっくり検証することというのはうまく循環していかないといけないなと改めて思いました。

　櫻井先生　そうですね。

　尹　人によっては，自分の教育と研究は全く別物だと考えている人もいるような気がします。特に，これからの若手に対して，教育と研究という両輪をうまく連動させていくためのアドバイスをいただけませんか。

　櫻井先生　やはり理論だけというのはちょっとだめで，それを実際の教育現場と突きあわせてそこから色々な問題とかダイナミックスが出てくると思いますね。韓国には，結構理論のための理論のような研究も多いかもしれません。

　尹　先ほど先生のお話を伺って，やはり教育現場で得た知恵を発信したり，新しい研究成果を現場に還元したりすることは本当に大事だと思いました。

　櫻井先生　そういう新しい理論とかやり方が入ってきて，それをまずはやってみようとするのは，どちらかというと日本人ネイティブ教師の方が積極的だったと思います。日本の大学とか大学院で日本語教育を専攻して，実際日本でやってみたという経験がある人もいたりしますし。わりと若い先生も多いので，そういう新しいものを取り入れることにも関心がありましたね。「在韓日本語講師研究会」とか学会とか，発表する人もすごく多かったので，そこから広がっていく感じがあったと思います。

5　日本語教育から多文化共生へ

　尹　ところで，櫻井先生は日本語教育のことだけでなく，より幅広い意味での教育の問題や，最近は韓国の多文化社会に関する活動もされていますよね。

　櫻井先生　ええ，そうですね。前から関心はあったのです。ちょうど 2003 年に私が大学の特別研究期間で早稲田大学で研究していた時に，「母語・継承語・バイリンガル研究会」という研究会が作られました。私もちょうどそこにいて関心があったので研究会に参加したりしました。その後も夏にいつも大会があるので行ったりしていました。韓国も最近はそういう子供がすごく多くて，自分も関心がありましたし，研究会を作ろうという話になって，2013 年に韓国継承日本語教育研究会を

始めました。それも教育実践と研究という二つの面で色々やっています。韓国は本当に始めたのが遅いと思いますが，まずは，多文化家庭の多い地域で子供たちを集めてやっている教室を見に行きました。それを主導して教えている方自身もそういうお母さんでしたね。オーストラリアに5年ぐらいいて，オーストラリアの継承語教育で先生をやっていたそうです。それで結婚してこちらに来て，当然韓国にもあるだろうと思ったらないということで自分たちがやるしかないと。

尹　すでに2003年ぐらいから興味をおもちだったものが，ちょうど韓国社会のニーズとも合って，いよいよ具体的な活動を開始されたのですね。

櫻井先生　そうですね。そして，最近は多文化のことで論文を書いている人たちはものすごく多くて，洪水みたいに論文が出ているようです。

尹　そんななかでも櫻井先生はOPIで培われたテストのスキルや，得られた知見などを，新たな関心事としての継承語教育にうまくつなげて，広げていらっしゃるような印象を受けました。

中井　先生のお子さんたちも日本語と韓国語のバイリンガルですよね。

櫻井先生　うちの子供は3人いますけど，みんなバイリンガルですね。家では日本語を使っていました。それで年に一回は，一か月ほど日本に行っていました。

尹　先生のご家庭の場合，基本的に韓国の学校に通っていて，家庭のなかでは日本語でコミュニケーションをされていたということですね。

櫻井先生　そうです。日本語の学校に行きたいというのはなかったけど。中学・高校ぐらいになってからかな，日本語の勉強も少し始めました。周囲は「あー，ほんと？　中学・高校になってから勉強したんだね。それでも大丈夫なのね」とか言います（笑）。

中井　家庭環境や教育環境によっては，バイリンガルになることがなかなか難しいお子さんもいますよね。

櫻井先生　最近は言葉がたくさんできることはいいことだということが広がっているから少なくはなっていますが，やはりそういうのはありますよね。英語，日本語，中国語はまだ経済性のある言葉だけど，モンゴル語とかインドネシア語，タイ語などの場合は，家族のなかでも意見が違ったりして，家でも使わないように言われたりすることもあるようです。

中井　そういったところの支援とかもなさっているわけですよね。

櫻井先生　韓国は，昔は国際結婚しない国でしたが，今は10%を超えています。多文化施設もできたりして，色々支援もしていますけど，まだまだ課題が多いと思います。

尹　なるほど。今日は本当に興味深いお話をたくさん伺うことができて，大変勉強になりました。貴重なお話をありがとうございました。

櫻井先生の主要参考文献

●主要著書・論文

사쿠라이 게이코（櫻井恵子）（1996）「한국 대학생의 일본어 학습 전략에 관한 연구（韓国大学生の日本語学習ストラテジーに関する研究)」*Foreign languages education, 2*(1), 97–115.

사쿠라이 게이코（櫻井恵子）（1998）「이문화 접촉 경험과 일본어 학습（異文化接触と日本語学習)」*Foreign languages education, 5*(1), 383–404.

사쿠라이 게이코（櫻井恵子）（1999a）「일본 대학의 외국어교육개혁（日本の大学の外国語教育改革)」『仁荷教育研究』5, 381–402.

櫻井恵子（1999b）「韓国の日本語学習者の談話展開の分析―接続表現を中心に」『日語日文学研究』35, 281–303.

櫻井恵子（2000a）「韓國の高校生の會話にあらわれた親密体習得過程の分析」『日本學報』45, 211–226.

櫻井恵子（2000b）「〈事例研究〉ビデオレターによる交流授業―相互交流型の外國語教育をめざして」『日本語教育研究』2, 139–148.

櫻井恵子（2002）「親密体のどこか難しいか―ロールプレイの分析から」『日本學報』50, 489–504.

사쿠라이 게이코（櫻井恵子）（2003）「의음어, 의태어의 습득에 관한 연구―OPI 의판정의 대응을 중심으로（擬音語・擬態語の習得に関する研究―OPIのレベル判定の対応を中心に)」『日本學報』54, 139–150.

櫻井恵子（2005）「ICTを利用したOPI口頭試験」『日本語教育研究』9, 65–78.

櫻井恵子（2006）「〈事例研究〉イマーションとしての日本語キャンプ」『日本語教育研究』11, 137–148.

櫻井恵子（2008a）「韓国の日本語教育における評価の問題」『日本語学研究』22, 67–81.

櫻井恵子（2008b）「몰입학습 교육」李德俸［編著］『현대일본어교육의 이해（現代日本語教育の理解)』J&C, pp.97–106.

櫻井恵子（2008c）「韓国と日本の多文化家庭の子供たちの言語教育」『日韓合同教育研究会第14回交流報告書』12, 23–30.

櫻井恵子（2011）「韓国における多文化家庭の子どもの教育」『国際移動と教育』明石書店, pp.249–267.

●主要教科書・教材

사쿠라이 게이코（櫻井恵子）・김숙자・사이토・아사코（2006）『일본어 듣는 힘（日本語　聴く力)』時事日本語社

김숙자・조문희・사쿠라이・게이코（櫻井恵子）（2008）『인트로 일본어 1（イントロ日本語 1)』Saramin

김숙자・조문희・사쿠라이・게이코（櫻井恵子）（2009）『인트로 일본어 2（イントロ日本語 2)』Saramin

◆インタビューを終えて

　櫻井先生のインタビューの際はご自宅にお招きいただきました。ご自宅では，環境学者で社会学者でもいらっしゃる御夫君にもお目にかかることができました。最近は日韓の国際結婚もだいぶ増えてきて，それほど珍しいことでもありませんが，1970年代のまだまだ厳しい社会状況のなかで，韓国人の男性に出会い，韓国の家庭に嫁ぎ，韓国における日本語教育の草創期から研究と実践に従事してこられた櫻井先生の数十年にわたるさまざまな闘いに，心から敬意を表したいと思います。

　インタビューを終えて，最も印象深く残っていることは，櫻井先生の教育に対するぶれない信念と行動力です。自分が面白い，または新たな可能性があると思えたら，たとえ周りが無理解だったり，大変そうにみえたりしても臆することなく，まずは挑戦してみること。そしてそこで得られた学びと気づきを多くの人と共有していくこと。まさに持続可能な「研究と実践の連携」を生みだすための処方箋を教えていただいた気がします。

(尹)

第3部のまとめ：12人のインタビュー調査からみえてくるもの

　以上，会話データ分析を行ってこられた12人の教育者・研究者の先生方へのインタビュー調査での語りから，実際にどのような背景から研究を始め，どのような理念のもと研究を継続して行い，その研究成果をどのように社会に役立てようとされていたのかといった研究と実践の軌跡を学ぶことができました。どの先生方も，その時代に求められていた会話データ分析の研究分野や手法に出会い，それを追求していくことで，新たな研究を生み出し，発展させ，社会に役立てようとする「研究と実践の連携」をされてきました。また，そうした研究の知見を大学院生への教育などで後進に伝えていくという貢献もされてきました。

　以下，先生方の語りのなかに出てきた「研究と実践の連携」の試みについて，**巻末資料「会話データ分析の活用法」**（☞ p.262-264）にまとめてみました。巻末資料は，あくまでも先生方に語っていただいた内容をもとに，執筆者の判断によって要約・分類してまとめたものです。また，インタビューの際に話題に上がらなかった事項，あるいは，紙面の都合で割愛してしまった事項は，このリストのなかに含められませんでしたので，ご了承ください。さらに，なるべく先生方の語りで用いられた用語をそのまままとめるようにしたので，若干の用語のずれがある点も留意してください。語りのまとめ方の手順は，次の通りです。

　まず，先生方が行ってきた「研究と実践の連携」が，第1部の「第3章　「研究と実践の連携」の必要性」で説明した以下の（1）と（2）のどれにあたるのかを考えてみました。各項目の詳細は，第1部第3章をご覧ください。

（1）教育者・研究者による「研究と実践の連携」
　　a. 会話データ分析とその研究成果の活用
　　b. 実践研究での会話データ分析の活用
　　c. 教師自身の会話能力の向上のための会話データ分析の活用
（2）学習者による「研究と実践の連携」

　この結果，インタビューの語りのなかの事例は，「（1）教育者・研究者による「研究と実践の連携」」の「a. 会話データ分析とその研究成果の活用」にあたるものが最も多くみられました。そこで，このa. の部分について，表1のように，「研究と実

表1「研究と実践の連携」における三つの段階

a. 会話データ分析とその研究成果の活用		
【会話データ分析】	①言語の現象を探る	②研究成果をさまざまな人に伝える
【研究成果の整理】	①理論の構築・提案・見直し	②多くの研究をまとめる
【実践現場での活用】	①日本語教育	②教育者・研究者の養成
	③社会・実践現場に成果を公開・還元する	④世界とつながる

践の連携」における三つの段階別に分類を行い，それぞれの会話データ分析の活用法の具体例を巻末資料「会話データ分析の活用法」に示しました。

　第1部では，「会話データ分析 – 会話指導学習項目化 – 会話教育実践」といった会話教育に限定した会話データ分析の「研究と実践の連携」（中井 2012）について述べました。しかし，12人の教育者・研究者の語りからみえる会話データ分析の活用法の例をみると，さらに広範囲にわたる会話データ分析の成果について述べられているため，「会話指導学習項目化」の部分は，「研究成果の整理」としました。また，「会話教育実践」も，会話教育だけでなく，研究成果をより広く多様な現場で活用していくという意味で，「実践現場での活用」としました。

　巻末資料にまとめた12人の教育者・研究者の先生方の会話データ分析の活用法の事例から主に以下の四つのことがわかります。

（1）会話データ分析によって，言語の現象を探り，その成果を広くさまざまな人に伝えることで，社会に生きる人々が自身の会話を振り返り，よりよいコミュニケーションができるようになることに役立てたいという目的

（2）会話データ分析によって明らかになった言語の現象の記述を集約し，一般理論を構築することで，人間のコミュニケーションの全体像をみようとする目的

（3）そうした研究の集大成として，積み上げられてきた多くの研究業績をまとめ上げることで，今後の教育者・研究者にとって参考になるようにするという功績

（4）会話データ分析の研究成果を日本語教育や教育者・研究者の養成，社会に成果を公開する，世界とつながるなど，さまざまな実践現場に活かすことで，社会のなかで生活を営む人々にとって役に立つ研究となるような試みが実際に行われていること

こうした点から,「研究→実践」という方向性がみえてきます。しかし,それだけでなく,「実践→研究」のように,実践を行うことで,研究のヒントが得られ,研究が広がるという点も,次の先生方の語りのなかにみられました。

> ・実用面での研究の進展が理論的な研究を助ける（南先生）
> ・教えながら研究することで,研究の可能性を広げつづけられる（リンゼー先生）

その他に,「b. 実践研究での会話データ分析の活用」では,教師が自身の授業をビデオに撮って振り返って授業改善する方法や,実践研究のなかから得られたヒントをもとに次の授業に活かす試みなどがみられました。

また,「c. 教師自身の会話能力の向上のための会話データ分析の活用」では,教員養成・研究者養成の一環で,受講生自身の雑談などの会話を撮影して振り返るという試みも行われていました。この取り組みを通して,受講生が会話データ分析の視点を得て,自身の会話を振り返り,会話の仕方を改善するきっかけを得ることができると考えられます。これは,第1部第3章で紹介した中井（2009, 2012）の教員養成の教育実践の例と共通点があると思われます。

さらに,(2) 学習者による「研究と実践の連携」では,日本語学習者自身に身の回りの会話を分析させたり,自身の会話を分析して振り返らせたりする例がみられました。これにより,学習者自身で身の回りの会話への気づきや自己改善を促し,自信をもってコミュニティーのなかに入っていけるようになることを目指していました。これも,第1部第3章で紹介した中井（2004, 2008, 2011, 2012）の学習者による「研究と実践の連携」を目指した会話教育の例と共通点があると思われます。

そして,こうした会話データ分析の研究とその成果を活かした実践は,教育者・研究者がこれまで受けてきた異文化体験や日本語学習・日本語教育経験,恩師や新たな研究との出会いなどによって,喚起されていたといえます。さらに,その体験や教育が自身の教育観に反映されたり,実践現場に活かされていたりしていました。これは,たとえば,次の先生方の語りからうかがえます。

> ・自身の異文化体験が日本語教育,接触場面研究への関心につながったきっかけの一つとなる（三牧先生）
> ・自身の日本語学習体験から学生が困難に思う点を理解して教育にあたる（リンゼー先生）

- 言語教育は，学生の視野を広げることに貢献できる（リンゼー先生）
- オーストラリアに 10 年間住んでいた経験から教育・研究に対する問題意識をもっており，常に，海外から日本の日本語教育を見つづけたいと考えている（宮崎先生）
- 日本語教育が役立つかさまざまな現場で御用聞きして，提案する（宮崎先生）
- 日本語と韓国語の違いを感じた自身の体験をもとに，研究のヒントを得る（韓先生）
- 韓国人と日本人が，お互いに誤解や憶測などをしないように，留学の体験や研究成果をふまえて日本と韓国の言語文化，価値観，コミュニケーション・スタイルについてまとめた（任先生）

　そうした自身の体験や教育のなかで見出された研究の種を実らせ，また実践現場に還元していくという循環もみられました。そして，共同研究を行ったり，院生指導を行ったりするなかで，他者と情報交換をして影響を与えあうことにより，より会話データ分析の研究意識が広がり，「研究と実践の連携」への意識が高まっている様子もみられました。

　以上のような教育者・研究者の貴重な語りから，今後，私たちがどのような理念のもと，どのように会話データ分析を行いながら，研究と実践を行っていけばよいか，多くのヒントが得られると思います。さらに，先生方のそれぞれのお話から，いかに研究や日本語教育の世界に入られ，会話データ分析の研究に関心をもっていかれたかがわかると思います。日本語が母語の先生方は，日本語を母語として研究し，また，海外に渡ることで，外国の目から日本語をみるという姿勢もおもちでした。日本語が母語ではない先生方は，ご自身の日本語学習経験を通して，そこで関心をもった点を研究されるとともに，自身と母語を同じくする学習者への指導を自身の経験をもとに行われている様子がわかりました。そして，先生方は，まだ研究の蓄積も教材も充実していないなか，日本語教育の基礎を築いてこられました。その間，常にグローバルな視点から日本・日本語を見つめ，「研究と実践の連携」を行ってこられました。我々も，先生方のお話を参考に，日本と海外の過去・現在・未来をつなぎ，また，研究と実践もつないでいくことで，社会に貢献していくことが求められるでしょう。

（中井陽子）

おわりに
「研究と実践の連携」の可能性

　以上，本書では，これまでの会話データ分析がどのように行われてきて，その研究成果がどのように活用され，社会に貢献してきたのかについて，日本国内，米国，豪州，韓国の文献調査，および，12 人の教育者・研究者へのインタビュー調査をもとに，量的・質的の両面から明らかにしました。そして，談話レベルでの会話データを分析対象とした研究の総称を「会話データ分析」（中井 2012）とし，より広い枠組みからとらえたことで，さまざまな種類の会話データ分析について，その時代的，社会的，文化的な変遷と特徴をみることができました。本書を通して，これまでの会話データ分析の研究と実践の軌跡を知り，今後の会話データ分析の方向性や活用法のあり方のヒントが得られたことと思います。

　この研究調査の出発点は，中井の博士論文をまとめた中井陽子（2012）『インターアクション能力を育てる日本語の会話教育』（ひつじ書房）でした。この中井（2012）では，中井個人が行ってきた会話データ分析の研究と，その研究成果の教育実践への活用といった，個人レベルの「研究と実践の連携」を中心にまとめました。しかし，その後，こうした会話データ分析の「研究と実践の連携」がこれまでの教育者・研究者のなかでどのように行われてきているのかについて知りたくなりました。

　そこで，これまで共同研究を行ってきた仲間，研究関心を同じくしていた仲間とともに，科学研究費に申請し，さまざまな方々のご協力を得ながら，この研究調査を行うことができました。まず，科学研究費のメンバー 6 人で手分けして，日本国内，米国，豪州，韓国で発行されている日本語教育関係の論集を中心にあたり，膨大な論文のなかから会話データ分析を行っている論文を探し出し，その特徴と「研究と実践の連携」の例を調査できました。これにより，これまでの論文を書いてきた方々の世界と出会うことができました。また，12 人もの教育者・研究者の方々にお会いし，お忙しいなかインタビューをさせていただき，多様な「研究と実践の連携」の例について学ぶことができました。

　このように，たくさんの方々のご協力のもと，中井の博士論文をここまで広げることができ，また，長年の研究課題であった「研究と実践の連携」について具体的に知ることができたことは，本当にありがたいことだと思っています。

以下，本書の文献調査とインタビュー調査からみえてきた会話データ分析の活用の方向性を俯瞰的にとらえて，(1) 会話データ分析の「研究と実践の連携」のあり方，および，(2) 多分野との連携の必要性について述べたいと思います。

1 「研究と実践の連携」のあり方

本書では，会話データ分析について，第1部で「研究と実践の連携」とは何かについて述べた後，第2部と第3部で実際の文献の調査，および，教育者・研究者へのインタビュー調査の結果について述べました。これらを簡単にまとめると，図1，図2のようになります。

まず，図1のように「教育者・研究者による「研究と実践の連携」」として，「a. 会話データ分析とその研究成果の活用」「b. 実践研究での会話データ分析の活用」「c. 教師自身の会話能力の向上のための会話データ分析の活用」の3種類が考えられます。さらに，「a. 会話データ分析とその研究成果の活用」を細かくみると，【会

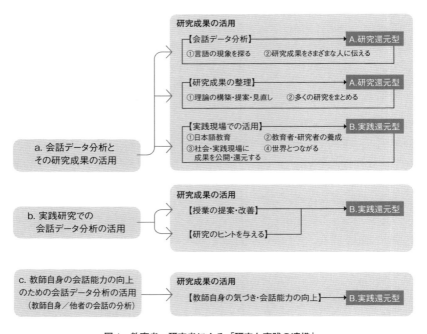

図1　教育者・研究者による「研究と実践の連携」

話データ分析】の段階では，「①言語の現象を探る」「②研究成果をさまざまな人に伝える」という活用がありました。これは，第2部の文献調査で分析した「(5) 目的別タイプ」における「A. 研究還元型」，つまり，論文のかたちで研究成果を広く公開し，研究を積み上げていくタイプにあたるといえます。【研究成果の整理】の段階では，会話データ分析の研究成果の活用として「①理論の構築・提案・見直し」「②多くの研究をまとめる」というものがみられました。これも，「A. 研究還元型」にあたるといえます。一方，【実践現場での活用】の段階では，「①日本語教育」「②教育者・研究者の養成」「③社会・実践現場に成果を公開・還元する」「④世界とつながる」という活用がみられました。これは，研究成果を積極的に実践現場で活用していくという点で，「B. 実践還元型」ともいえるでしょう。

そして，「b. 実践研究での会話データ分析の活用」では，実践現場の会話をデータとして，そこで何が起こっているのかをみて，実践への提案をしたり，改善を試みたりする【授業の提案・改善】がみられました。これは，「B. 実践還元型」といえるでしょう。また，実践のなかでの疑問点や実践研究から得られたヒントを種にして，新たな研究を始める「実践→研究」といった【研究のヒントを与える】もみられ，「研究と実践の連携」の循環に欠かせないものだと考えられます。

また，「c. 教師自身の会話能力の向上のための会話データ分析の活用」では，教師や研究者を目指す者が自身や他者の会話を分析してみて，会話の分析の視点をもつとともに，自身の会話能力も向上させるという「研究と実践の連携」のかたちもみられました。これは，「B. 実践還元型」といえるでしょう。

次に，図2の学習者による「研究と実践の連携」では，学習者が自身や他者の会話を分析してみることで，会話への気づきを促すとともに，自身の会話の仕方を改善したり，どうやったらコミュニティーに参加しやすくなるかを検討したりすることを可能とします。これは，「B. 実践還元型」といえるでしょう。そして，この図2の「学習者による「研究と実践の連携」」は，会話データ分析による自身の会話能力向上という点で，図1の「c. 教師自身の会話能力の向上のための会話データ分析の活用」と似ているともいえます。

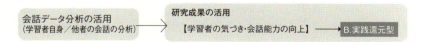

図2　学習者による「研究と実践の連携」

このように，「(5) 目的別タイプ」における「A. 研究還元型」と「B. 実践還元型」は，双方に役割があり，補完的に連携していくことも必要だと考えられます。たとえば，「A. 研究還元型」であれば，その分野の研究の積み上げに寄与するだけでなく，「B. 実践還元型」の研究を支える強固な知見を提供することができるでしょう。一方，「B. 実践還元型」の研究で浮かび上がってきた問題点について，「A. 研究還元型」の研究で解決していくこともあるかと思われます。

そして，会話データ分析を活かした「研究と実践の連携」は，第2部の文献調査で分析したような，「論文の種類（①研究論文，②実践研究論文）」「分析データ場面（①母語場面，②接触場面，③両場面）」「会話データの種類（①自然談話，②メディア，③実験，④コーパス，⑤作例，⑥携帯メール・SNS）」「目的別タイプ（A. 研究還元型，B. 実践還元型）」など，さまざまな研究タイプや研究対象，研究目的のもと，行われています。よって，会話データ分析を行う際は，自身がどのような研究タイプや研究対象で研究を行えばよいのか，そして，なぜその研究を行うのかという研究目的を問いながら，自身が「研究と実践の連携」のどの段階にいるのかを意識化することが大切だと思われます。

そのうえで，時代の流れや社会の需要に応じて，「A. 研究還元型」と「B. 実践還元型」の研究を連携させ，研究者と教育者で会話データ分析の「研究と実践の連携」を推し進めていく必要があると考えられます。図3は，こうした会話データ分析による「研究と実践の連携」の連携を表しています。上部は「個人内の連携」，下部は「他者との分業・連携」が図示してあります。また，図の下に，本書の第2部で分析した会話データ分析の特徴（研究），および，第3部で得られた研究成果の活用例についてまとめてあります。

たしかに，自身が行った会話データ分析の研究成果をすぐに実践現場での活用に結びつける「個人内の連携」は，個人が実践現場にどの程度関わっているかによって難しい場合もあると思われます。あるいは，「B. 実践還元型」の研究を目指しても，実践現場のデータを得ることが難しい場合や，研究成果を実践に活かすことが困難な場合もあるでしょう。しかし，後々，会話データ分析の研究成果を自身や他者が実践現場で活用したり，過去の研究成果をふまえて異なる研究を始めたりすることもありえます。あるいは，実践現場をもたない研究者の場合，会話データ分析の研究成果をわかりやすいかたちで提示することで，現場をもつ実践者が活用していくという「他者との分業・連携」も考えられます。そして，自身の研究成果をいかに他者にわかりやすく伝えるか，また，他者の研究成果をいかに自身の研究や実

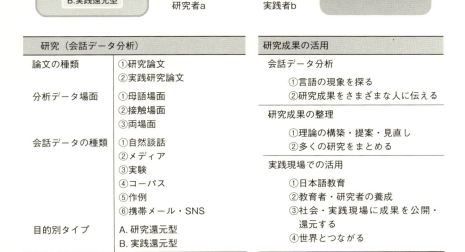

図3 会話データ分析の「研究と実践の連携」
(個人内での連携・他者との分業・連携)

践に活用できるかを意識しつづけることも忘れてはならないことだと思います。

このように,個人内で研究と実践をつなげることを意識すること,および,他者と連携することで,「研究と実践の連携」の循環がより活発に起こることが期待されます。

2　多分野との連携の必要性

　本書では，主に，日本語教育関連の論集の調査，および，日本語研究・日本語教育の教育者・研究者へのインタビュー調査で得られた会話データ分析の「研究と実践の連携」についてまとめました。しかし，これは，日本語教育の世界に閉じられたものではありません。こうした知見の集積は，日本語研究・日本語教育以外のさまざまな分野でも参考になると考えられます。あるいは，会話データ分析の知見の集積が他の分野の研究手法でも参考になるかもしれません。自身の研究分野や手法で得られた「研究と実践の連携」の知見は，なるべく他の多くの分野の人々にも発信していくことが重要だと考えられます。本書も，より多くの研究分野，実践現場をおもちの方々に手に取っていただけることを願います。

　一方，自身の研究分野や実践現場だけでなく，他の研究分野や実践現場での知見を学んで，自身の研究や実践につなげていくことも重要です。会話データ分析は，哲学，心理学，社会学，文化人類学，認知科学，情報工学など，多様な研究分野の知見を取り入れながら発展してきており，その研究成果は，外国語教育，国語教育等の教育現場や，医療・心療・看護・介護の現場，社会福祉学（手話），法学（法廷現場）など，さまざまな研究分野で活用されてきています（中井ほか2016）。また，近年は，EPA（Economic Partnership Agreement: 経済連携協定）による外国人介護士・看護師の受け入れに関連した研究も進められてきています。その他，日

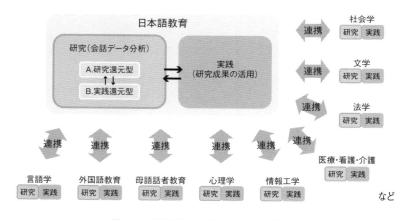

図4　日本語教育の分野と多分野の連携の例

おわりに　*261*

本語母語話者の大学生の初年次教育などにおけるレポート指導，口頭発表指導など
に，日本語教育の知見が活かされつつあります。こうした多分野間で知見を活用し
あっていくことにより，「研究と実践の連携」の内容がより多角的になり，充実した
ものに発展していく可能性があります。

　このような「日本語教育の分野と多分野との連携の例」を表したのが図4です。
他のさまざま分野と連携して，会話データ分析による研究と実践の成果を共有し，
双方で活用しあい，新たな視点を得ることで，研究分野全体の「研究と実践の連携」
の発展が期待されます。なお，多分野との連携は，お互いの研究の知見を共有して
多角的な視点から共同研究を行うものもあれば，他の分野の研究会やセミナーに参
加して情報交換を行うもの，さまざまな分野の論文や参考書などを読んで自身の研
究に取り入れられないか検討するものなど，さまざまな連携の仕方があると考えら
れます。

　以上，会話データ分析の「研究と実践の連携」のあり方，および，多分野との連
携の必要性について述べました。これまで行われてきた会話データ分析の特徴の変
遷をみて，その研究成果の活用法を知ることで，今後の研究と実践の方向性を考え
なおす糧としていただければ幸いです。

(中井陽子)

巻末資料：会話データ分析の活用法
（12人の教育者・研究者へのインタビュー調査をもとに）

1　教育者・研究者による「研究と実践の連携」

a. 会話データ分析とその研究成果の活用

〈会話データ分析〉

①言語の現象を探る

・シナリオなどによる言語の分析（北條先生）
・「地域社会での言語生活」の実態を探る大規模調査（南先生）
・留学生が日本に来た時によく接触しそうな人の話し言葉の研究（杉戸先生）
・社会を立ち現われさせることばをみる（杉戸先生）
・言語行動表現の対人的な機能を探り，言語行動と社会とのつながりを考える（杉戸先生）
・非母語話者が日本語を使った時に周囲にどういう人間関係が生まれるかを意識して研究を行う（杉戸先生）
・日本の言語社会における気配りの謎をメタ言語表現から解きたい（杉戸先生）
・日本語教育に活かすために，まず日本語母語話者の初対面会話を分析する（三牧先生）
・理系の研究室の実態調査を行う（三牧先生）
・行為を作っていくなかで，どのように形式が使われているのかをみる（森先生）
・実際のビジネス電話会話における援助の申し出がどう行われているかを分析する（リンゼー先生）
・学生がコミュニティーに入り込んでいく際に必要とされる振る舞い方や日本語の使い方を探る（リンゼー先生）
・話し言葉が一番基本的な言語であるため，言語の本質的な性質をみるために話し言葉をみる（大野先生）
・自然会話のコーパスを作って，実際の用例のデータに基づいて研究を進める（大野先生）
・教師の管理下で学習を行っていない外国人から習得の仕組みを学びとる（宮崎先生）
・実際の接触場面における会話の現象に着目して研究を行う（例：意味交渉，三者会話）（宮崎先生）
・教師に教えられなくても日本語が上手になる外国人力士の研究を行う（宮崎先生）
・インターネット上の人間関係の意識や敬語使用をみる（韓先生）
・日本語と韓国語の対照分析を行う（韓先生）
・世界言語のなかでの普遍性という側面を考えていく（韓先生）
・研究を社会に役立てるために学際的な共同研究を行う（任先生）
・学習者のインタビューを録音・文字化して，分析する（櫻井先生）

②研究成果をさまざまな人に伝える

・自身の研究を発表することで，自分のやりたいことがはっきりしてきた（北條先生）
・人間関係を促進させるような情報を提供するための研究を行う（例：よりよく教えるための日本語教育，教える教材作りなど）（杉戸先生）
・人々が言語行動のあり方を知り，自身の言語行動を変えられるような研究を行う（杉戸先生）
・日本語学習者が母語と日本語の言語行動の共通点，相違点に気づけるような研究を行う（杉戸先生）
・日本語教育について学ぶことで，言語に敏感な感覚をもった人が増えれば，社会がよくなる（三牧先生）
・日本語教育以外の分野の方々に日本語教育のおもしろさを伝えるために論文を書く（文野先生）
・教師に現場の実態を分析し観察する視点をもってもらい，それによって現場を改善し，仕事の楽しさや幸福感を感じてもらいたいと思い，論文を書きつづける（文野先生）
・日本語教育に関わる人たちの地位や発言権を守るために，研究をしてアピールする（森先生）
・教育実践について国際会議で発表する（リンゼー先生）
・研究成果を本のかたちで出版する（韓先生）
・研究を社会に役立たせたい（韓先生）
・誤解や偏見をなくすためには，研究者は研究をして，その結果を公にしないといけない（任先生）

巻末資料　*263*

〈研究成果の整理〉

①理論の構築・提案・見直し

・一般理論を追及して，コミュニケーション行動の全体を把握する（南先生）
・言語研究のタイプなどをマクロな視点から分類・整理する（杉戸先生）
・談話のダイナミックな様相をみて，ポライトネス理論の観点から理論的に説明する（三牧先生）
・まず実態をみて，実態を説明できる理論に結びつける（三牧先生）
・言語学の基礎を学んで，ある理論がどのような理論に対抗して出てきたのか理解する（大野先生）

②多くの研究をまとめる

・著書・講演・博士論文・論集編纂・共有コーパス構築など（各先生方）

〈実践現場での活用〉

①日本語教育

・日々出てくる学習者の質問に答える（北條先生）
・授業用の教材を作成する（北條先生）
・研究成果をシラバスとしてまとめる際に，日本語レベル別に教えていく順を検討する（北條先生）
・教師間で共有できる教科書を作成する（北條先生）
・外国との接触によって，日本語社会に昔からある「気配り」にはどのようなものがあるかを知る。そうした知見を整理し，学校教育や日本語教育で何ができるか検討していく（杉戸先生）
・理系留学生の研究室での生活実態を調査し，その研究成果をふまえて，日本語のクラスで学生に研究室文化を調査してくるタスクを課す（三牧先生）
・ペア・ワークやグループ・ワークなどの教室場面の分析や，学習者と日本語母語話者との会話の分析を行い，教科書の会話や教室でのドリル練習，インタビュー・テストの不自然さに気づき，その点について日本語教員の会議で議論する（森先生）
・研究では，形式より行為に重きをおいているため，教室活動でも行為のタスクが達成できたかどうかに重きをおくようにする（森先生）
・収集した会話データを日本語クラスで用いて教える（リンゼー先生）
・意味交渉の能力も口頭試験評価基準に入れるべきだと提言する（宮崎先生）
・教科書のモデル会話は，自然会話と大きく異なるため，教科書の限界を知るべきだと指摘する（宮崎先生）
・自律学習，イマージョンの効果についての研究成果を発信することによって，自分の力だけを過信する日本語教師に知らしめる（宮崎先生）
・高校の日本語教科書に，あいづちや断りの方法，褒め言葉などについて書く（韓先生）
・日本語を習えば，自身の言語や文化などが歴然とみえてくる。さらに，日本語を通じて異文化と接触し，視野を広げることができる（任先生）
・政府の外国語教育政策の変革により，高校で使用するコミュニカティブな教科書を作る（櫻井先生）
・授業活動の事例をまとめた論文を参考に，コミュニカティブ・アプローチを取り入れた授業活動を行う（例：日本人へのインタビュー）（櫻井先生）
・OPI インタビューを文字化して分析し，学習者のレベル，弱点，伸ばすべき点などについてコメントを書く（例：接続詞の使い方など）（櫻井先生）
・文法研究は学習者の実際の言語行動に基づいて行い，その成果を日本語教育に活かすべきである（例：OPIのデータをもとにした教科書作成，各日本語レベルの話し方の特徴と上のレベルに上がるために必要なことの指摘など）（櫻井先生）

②教育者・研究者の養成

・社会人，大学院生対象の日本語教師養成を行う（北條先生）
・大学院ではデータの信頼性や論理展開について議論を行う（三牧先生）
・教室活動を行う際に研究の知見をどのように取り入れられるかといった考えを院生に伝える。また，研究成果に基づき，学習者の会話を評価する際に何をみてあげるのかといった点も院生に助言する（森先生）
・ワークショップなどで研究成果を発信することで，初学者が話し言葉研究を始めやすくなったり，より正確に分析できるようになったりすることをねらう（大野先生）
・さまざまな現場を開拓して発信することで，その後に続く研究者の水先案内人になる（宮崎先生）

③社会・実践現場に成果を公開・還元する

- 理系の研究室の留学生の実態を調査し，その報告書を研究室にもっていって報告を行い，留学生が抱える問題などにも気づいてもらう（三牧先生）
- 一般向けに，接触場面も含めた初対面会話の研究内容について伝えるために，新聞のコラムを執筆（三牧先生）
- 他分野に出ていくためにも，教師一人ひとりが外に発信していくべきだ（文野先生）
- さまざまな現場で日本語教育の専門家ではないが日本語教育に関心をもつ人を増やしたい（宮崎先生）
- 外国人犯罪者の再犯を防ぐための日本語教育の必要性を説く（宮崎先生）
- 日本語教育を通して，日本人が社会の変化にいかに対応していくべきかを考える（宮崎先生）
- 韓国語入門のテレビ講座を担当する（韓先生）
- より多くの人々に日本の文化をわかってもらえるような一般人向けの本を出す（韓先生）
- 韓国人と日本人が，お互いに誤解や憶測などをしないように，留学の体験や研究成果をふまえて日本と韓国の言語文化，価値観，コミュニケーション・スタイルについて，書籍にまとめる（任先生）
- 研究者は，社会に貢献するウェルフェア・リングイスティクスについても考えるべきだ（任先生）
- これまでの研究成果をどのように社会に役立てるか，足りないところはどこなのかを考える（任先生）
- ウェルフェア・リングイスティクスにも興味関心をもって研究を展開していくべきだ（任先生）

④世界とつながる

- 教育やそのための研究を通して，世界とつながっていく（北條先生）
- 普遍性と個別性の問題をどのようにするかという点がこれから日本語を世界化させていくための一つの課題である（韓先生）
- 韓国人に日本語や日本文化を教えるだけでなく，韓国のことについても日本に紹介し，さらに中国にも紹介したいと考える（任先生）

b. 実践研究での会話データ分析の活用

- 教師が自身の授業をビデオに撮り，そこで何が起こっているのかを見て，まず自分の癖に気づく。そして，自分の無意識の行動の理由について考え，次の授業で小さい変化をつけてみると，何かが変わり，全体が変わってくる（文野先生）
- 教師教育において，自身のビデオ分析をさせ，視点を変えてコミュニケーションを観察する訓練をする（文野先生）
- 教室談話を分析する院生たちへの指導のため，自身も教室活動や教室外の会話テーブルでの会話の分析を行う（森先生）
- 教室談話の分析から，ドリル練習の不自然さを発見する（森先生）
- ロールプレイ中の学生の発話から語用論的な観点を取り入れた教育の必要性が喚起される（リンゼー先生）

c. 教師自身の会話能力の向上のための会話データ分析の活用

- 受講者が初対面の会話をやってみて振り返るという大学院授業を実施する（三牧先生）

2　学習者による「研究と実践の連携」

- 日本語のクラスで学生に研究室文化を調査してくるタスクを課す（三牧先生）
- 学習者が日本人と話している会話を学習者に見せ，話題の発展のさせ方などを分析させ，自信をもたせる（森先生）
- 学習者にインタビュー・テストのビデオを書き起こさせて，自己評価させる（森先生）
- 学習者に会話データの分析をさせて，その会話の特徴について自身で発見させる（例：プロジェクト，アニメ映画の分析）（リンゼー先生）

（中井陽子）

執筆者紹介（*は編著者）

中井陽子*（なかい ようこ）
東京外国語大学大学院国際日本学研究院教授
執筆担当：はしがき，各部概要説明・まとめ，
第1・2・3・4・5・8・9・10・14章，
おわりに

大場美和子（おおば みわこ）
昭和女子大学大学院文学研究科言語教育・コ
ミュニケーション専攻／人間文化学部日本語
日本文学科准教授
執筆担当：第1・4・11・18章，ちょっと
ひといき⑤，⑥

寅丸真澄（とらまる ますみ）
早稲田大学日本語教育研究センター准教授
執筆担当：第1・4・10・12章，ちょっと
ひといき①

増田将伸（ますだ まさのぶ）
京都産業大学共通教育推進機構准教授
執筆担当：第1・5・13・15章，ちょっとひ
といき②

宮﨑七湖（みやざき ななこ）
新潟県立大学大学院国際地域学研究科／国際
地域学部国際地域学科准教授
執筆担当：第6・13・15・16章，ちょっと
ひといき③

尹　智鉉（ユン ジヒョン）
早稲田大学日本語教育研究センター准教授
執筆担当：第7・17・18・19章，ちょっと
ひといき④

文献・インタビュー調査から学ぶ会話データ分析の広がりと軌跡
研究から実践まで

2017 年 9 月 30 日　初版第 1 刷発行
2020 年 10 月 30 日　初版第 2 刷発行

編著者　中井陽子
著　者　大場美和子・寅丸真澄・増田将伸
　　　　宮﨑七湖・尹　智鉉
発行者　中西　良
発行所　株式会社ナカニシヤ出版
☎606-8161　京都市左京区一乗寺木ノ本町 15 番地
　　　　　　　Telephone　075-723-0111
　　　　　　　Facsimile　　075-723-0095
　Website　http://www.nakanishiya.co.jp/
　Email　　iihon-ippai@nakanishiya.co.jp
　　　　　　　郵便振替　01030-0-13128

印刷・製本＝ファインワークス／装幀＝白沢　正
Copyright © 2017 by Y. Nakai
Printed in Japan.
ISBN978-4-7795-1157-8

本書のコピー，スキャン，デジタル化等の無断複製は著作権法上の例外を除き禁じられています。本書を代行業者等の第三
者に依頼してスキャンやデジタル化することはたとえ個人や家庭内での利用であっても著作権法上認められていません。

ナカニシヤ出版 ◆ 書籍のご案内

基礎から分かる会話コミュニケーションの分析法　　高梨克也［著］
さまざまな会話コミュニケーションを明示的な方法論で観察し，理論的かつ体系的に説明しようとする人のための入門書。　　　　　　　　　　　　　　　　　　　　　　　　　　本体 2400 円 + 税

最強の社会調査入門
これから質的調査をはじめる人のために
前田拓也・秋谷直矩・朴 沙羅・木下 衆［編］
「聞いてみる」「やってみる」「行ってみる」「読んでみる」ことから始まる社会調査の極意を、16 人の社会学者がお教えします。　　　　　　　　　　　　　　　　　　　　　　　　　本体 2300 円 + 税

エスノメソドロジーへの招待
言語・社会・相互行為　　フランシス，ヘスター［著］
中河伸俊・岡田光弘・是永 論・小宮友根［訳］
社会学の新たな質的調査法として注目されるエスノメソドロジー。その実践方法をフィールド別に平易に解説する待望の入門書。　　　　　　　　　　　　　　　　　　　　　　　本体 3000 円 + 税

動物と出会う I
出会いの相互行為　　木村大治［編］
「狩る」か？　「挨拶する」か？　人間と動物，動物と動物，人間と人間が出会うとき，そこでは何が起きるのか？　　　　　　　　　　　　　　　　　　　　　　　　　　　　　　本体 2600 円 + 税

動物と出会う II
心と社会の生成　　木村大治［編］
「心」とは何か？　「社会」とは何か？　人間と動物を同じ地平で考えるとき，「心」と「社会」はどうみえるのか？　　　　　　　　　　　　　　　　　　　　　　　　　　　　　本体 2600 円 + 税

世界の手触り
フィールド哲学入門　　佐藤知久・比嘉夏子・梶丸 岳［編］
多様なフィールドで、「他者」とともに考える、フィールド哲学への誘い。菅原和孝と池澤夏樹、鷲田清一との熱気溢れる対談を収録。　　　　　　　　　　　　　　　　　　　本体 2600 円 + 税

話し合いトレーニング
伝える力・聴く力・問う力を育てる自律型対話入門　　大塚裕子・森本郁代［編著］
様々な大学での授業実践から生まれた、コミュニケーション能力を総合的に発揮する話し合いのトレーニングをワークテキスト化！　　　　　　　　　　　　　　　　　　　本体 1900 円 + 税